老龄化条件下
微观人力资本
与资产投资研究

李 超◎著

知识产权出版社
全国百佳图书出版单位

图书在版编目(CIP)数据

老龄化条件下微观人力资本与资产投资研究 / 李超著. —北京:知识产权出版社,2019.7
ISBN 978-7-5130-6063-9

Ⅰ.①老… Ⅱ.①李… Ⅲ.①人口老龄化—影响—家庭—人力投资—研究②人口老龄化—影响—家庭—私人投资—研究 Ⅳ.①F241②F830.59

中国版本图书馆CIP数据核字(2019)第020524号

内容提要

本书针对老龄化条件下家庭人力资本与资产投资特征和影响因素,细致考察了老龄化对家庭教育、劳动力迁移、储蓄、金融资产投资的影响机制和效应,并基于此探讨了老龄化条件下劳资关系均衡的动态演化趋势,以此提出了老龄化条件下系统促进人力资本投资和物质资本增长的理论机制和实现路径。

责任编辑:阴海燕　　　　　　责任印制:孙婷婷

老龄化条件下微观人力资本与资产投资研究
LAOLINGHUA TIAOJIAN XIA WEIGUAN RENLI ZIBEN YU ZICHAN TOUZI YANJIU
李超　著

出版发行:知识产权出版社 有限责任公司	网　址:http://www.ipph.cn
电　话:010—82004826	http://www.laichushu.com
社　址:北京市海淀区气象路50号院	邮　编:100081
责编电话:010—82000860转8693	责编邮箱:laichushu@cnipr.com
发行电话:010—82000860转8101	发行传真:010—82000893
印　刷:北京建宏印刷有限公司	经　销:各大网上书店、新华书店及相关专业书店
开　本:720mm×1000mm 1/16	印　张:13
版　次:2019年7月第1版	印　次:2019年7月第1次印刷
字　数:210千字	定　价:58.00元
ISBN 978-7-5130-6063-9	

序

PREFACE

传统老龄化的经济分析多基于宏观视角，相关研究存在着传导机制不清晰和研究结论不明确两大困境。宏观视角下，老龄化会通过劳动力市场和资本市场分别作用于劳动力数量、质量与资本供给，影响要素禀赋结构和比较优势，进而影响经济增长。微观视角下，家庭既是人力资本投资的微观决策主体，也是储蓄、股票、基金、国债等金融资产的微观投资主体，无论从劳动力市场还是资本市场角度，老龄化都通过作用于微观家庭的人力资本投资、消费、储蓄、资产选择等决策，对全要素生产率、资本积累、产业结构、金融市场和经济增长等宏观因素产生影响。基于微观家庭视角厘清老龄化的影响机制是科学评价老龄化效应的关键，本书针对老龄化条件下家庭人力资本与资产投资特征和影响因素，细致考察了老龄化对家庭教育、劳动力迁移、储蓄、金融资产投资的影响机制和效应，并基于此探讨了老龄化条件下劳资关系均衡的动态演化趋势，以此提出了老龄化条件下系统促进人力资本投资和物质资本增长的理论机制和实现路径。主要研究内容和结论如下：

第一，针对老龄化对家庭教育投资的影响，基于微观家庭视角构建了一个两期世代交叠模型，发现在反馈式的家庭代际关系中老年和少儿人口抚养比对家庭教育投资有负效应。实证分析证实了理论模型的结论，表明老龄化显著降低了我国家庭教育投资水平及其占家庭总支出的比重，并对家庭教育投资概率与规模都有显著负效应。此外，老龄化对我国农村和中西部家庭的影响大于城镇与东部家庭，对低收入家庭人力资本投资的负效应大于中等收入家庭，而对高收入家庭无显著影响，这意味着老龄化会加大我国城乡、区域和阶层间的人力资本禀赋差距。研究还发现，少儿人口数量及比重对家庭教育投资也有显著负效应，这支持了子女质量与数量的替代理论，意味着为缓解老龄化而采取的放松生育政策会进一步挤出微观人力资本投资。

综上,本书提出了老龄化和放松生育背景下促进我国人力资本积累的政策含义,主要包括:随着老龄化加剧,我国应加大公共教育投资力度,以抵消老龄化对微观人力资本投资的负面影响。更加有针对性地帮扶受老龄化影响较大的农村家庭、中西部家庭、低收入家庭等弱势群体,提高其教育投资水平,缩小区域和阶层间的人力资本禀赋差距和收入分配差距。针对放松生育政策辅以配套的人力资本投资措施,减小抚幼负担对人力资本的负效应。

第二,迁移是人力资本投资的重要方面,针对老龄化对家庭劳动力迁移的影响,基于微观家庭决策视角构建了劳动力迁移模型,并利用中国家庭追踪调查面板数据进行了实证分析。研究发现,若只考虑就业挤出效应,老龄化会抑制农村劳动力迁移,而如果老年人从事隔代抚育则会促进劳动力外出就业。中低龄、女性和健康老年人提供了更多的隔代抚育,对农村劳动力迁移的影响更小或不显著。分析结果还显示,老龄化对年轻、男性和高学历农村劳动力的影响更小,养老抚幼责任主要由年长、女性和高中以下学历的劳动力承担,隔代抚育对劳动力迁移的促进效应主要作用于年轻和低学历劳动力。此外,养老压力对我国农村劳动力迁移的负效应按区域划分自东向西依次减小,并对资产水平较低的底层家庭影响更为显著。

基于此,本书提出了老龄化条件下促进我国农村劳动力转移就业的政策含义。主要包括:应充分利用我国家庭的传统的隔代抚育机制,在日益严重的老龄化进程中充分发挥隔代抚育的积极作用,通过促进农村劳动力转移就业提高其劳动力参与率,进一步发掘人口红利。从老年人福利角度,农村劳动力外出就业在减少老年人所获照料的同时,还会增加其照料孙辈未成年人的家务劳动,应重点帮扶主要提供隔代抚育的女性和老年人。从劳动力特征角度,老龄化对我国农村的女性、高龄和低学历劳动力迁移的负效应更显著,此外这一负效应主要作用于资产水平较低的家庭,因此老龄化条件下进一步发掘农村剩余劳动力潜力,应更加有针对性地重点支持这部分劳动力转移就业。

第三,关于老龄化对家庭储蓄的影响,理论分析来看,老龄化对微观储蓄有生命周期的消费效应和预防效应两方面影响,其净效应尚不明确。本书利用中国家庭追踪调查面板数据，实证研究了家庭年龄结构与储蓄率的关系，结果显示老龄化对我国微观家庭储蓄率的净效应为正，意味着家庭由于老龄化而产生的预防动机大于生命周期消费模式对储蓄率的负效应，我国以此收获了第二次人口红利。此外，老龄化对家庭选择储蓄和储蓄规模都有显著正效应，说明第二次人口红利同时体现在微观储蓄的参与决策和数量决策。以上结论在对不同类型的储蓄和消费的回归中均表现出稳健态势。平均而言，老龄化虽提高了各收入阶层、各区域、城镇和城乡家庭的储蓄，但对收入水平较低的东部家庭和农村、中西部家庭影响更大，间接印证了老龄化对微观储蓄率的正效应源于第二次人口红利的预防动机。

据此，本书提出了老龄化条件下充分利用第二次人口红利的政策。主要包括：从资本积累和资本市场视角考察老龄化对中国经济的影响，不应仅关注老龄化对第一次人口红利的不利影响，还应重视老龄化的预防储蓄动机创造的第二次人口红利，客观科学研判老龄化对中国资本积累和经济的净效应。应积极利用老龄化创造的第二次人口红利，有效利用新增储蓄，促进资本转化和资本形成，推动经济持续增长。在第二次人口红利的利用方面，需要注意其阶层、城乡和区域的结构性差异，更加有针对性地制定政策措施，合理利用第二次人口红利为中国经济带来的缓冲期，加快要素市场调整和经济体制改革，提前评估并科学应对老龄化对中国经济的长期影响。

第四，关于老龄化对家庭金融资产投资的影响，研究发现老龄化对我国家庭金融资产投资规模无显著影响，但会改变微观金融资产投资结构：老龄化会显著增加家庭现金和金融机构存款占家庭金融总资产的比重，同时对家庭风险性较高的金融资产投资有负效应，并显著降低其占家庭金融总资产的比重。这说明老龄化会促使家庭将更多的金融资产配置为现金和金融机构存款这类较为传统和风险性最低的资产，同时挤出风险性较高的金融资产投资。此外，老龄化对风险性较高的金融资产投资的影响同时体现在参与决策和数量决策上，既降低了家庭投资风险性较高资产的概率，也会促使已经选择这类资产投资的家庭降低投资数量。研究还发现，老龄化对不同类型金融资产投资的影响存在显著的异质性，对现金和金融机构存款投资比重的影响显著为正，对风险性较高资产投资的负效应主要体现为降低股票资产投资，对基金和金融衍生品投资影响不显著，对政府债券投资的影响显著为正。

基于此，本书提出了老龄化条件下因应微观金融资产投资趋势的金融市场政策。主要包括：应重视老龄化的金融资产需求效应，科学评估老龄化对金融市场结构的影响，积极主动采取措施促进老龄化进程中金融市场健康发展。银行、证券公司、基金公司、金融衍生品交易机构等不同类型的金融机构应有针对性地采取不同措施应对老龄化带来的冲击。老龄化条件下家庭金融资产配置的风险偏好会降低，更倾向于减少风险性较高的资产投资，这意味着我国金融市场需要因应老龄化发展加强金融创新，推出更为符合老龄化条件下家庭投资偏好的金融产品。

第五，针对老龄化条件下劳资关系均衡的动态演化，本书结合产权和法权两个基本视角，对广义劳资关系的演进过程进行了逻辑分析。研究发现劳资关系演进经历了三个不同质的阶段，劳资主体双方在人力资本投资和劳动努力程度方面的目标差异是劳资冲突的内在根源。劳资关系均衡实质是特定的法权体系下要素产权投资所达到的稳态，而劳资关系的最优均衡依存于物质资本、人力资本和劳动努力水平三方面的产权投资均实现社会最优。本书结论是，劳资要素的法权和产权共同影响劳资关系的均衡结果，劳资关系冲突性具有恒久性，当要素法权对产权进行完整保护并且劳动者拥有完全的谈判力时，劳资关系实现冲突最小化从而达到最优均衡，同时实现劳资客体关系矛盾最小化和主体关系和谐。

基于老龄化对微观人力资本与资产投资影响的分析结论，本书指出：在劳动者方面，老龄化显著降低了我国家庭教育投资水平及其占家庭总支出的比重，为缓解老龄化而采取的放松生育政策会进一步挤出微观人力资本投资，因此，从人力资本角度分析，老龄化对劳动者的外部选择权和谈判力有负效应。此外，老龄化对我国微观家庭储蓄率的净效应为正，意味着老龄化对资本供给的影响为正，从外部选择权的角度，提高了劳方的谈判力。对资方而言，老龄化降低了劳动年龄人口规模，因此从外部选择权的角度来看，它提高了资方的谈判力。本书指出，我国劳资关系调控的政策立足点是：以劳资关系最优均衡为目标，在法权体系中努力实现对劳动力产权的完整保护，在产权方面提高劳动者的外部选择权和产权强度，从法权和产权两方面提高劳动者的谈判力。

目 录
CONTENTS

第1章　绪论 ···1

1.1　研究背景与研究意义 ··1

1.1.1　现实背景 ···1

1.1.2　理论背景 ···2

1.1.3　研究意义 ···3

1.2　研究思路与主要内容 ··4

1.2.1　研究思路 ···4

1.2.2　主要研究内容 ···5

1.3　研究方法 ···7

1.3.1　文献分析法 ···7

1.3.2　理论分析法 ···7

1.3.3　实证分析法 ···8

1.4　主要创新点 ··8

第2章　文献综述——微观家庭视角的老龄化研究动态 ···········11

2.1　家庭老龄化研究的兴起 ···11

2.2　老龄化条件下家庭人力资本投资的代际合作研究 ········13

2.2.1　家庭人力资本投资的反馈式代际合作机制研究 ····14

2.2.2　家庭人力资本的隔代投资机制研究 ················17

2.3　老龄化条件下家庭人力资本投资的代际竞争研究 ······19

2.4　老龄化条件下家庭储蓄、消费与资产配置研究 ·········22

2.4.1　老龄化与微观家庭储蓄、消费的关系研究 ·······22

2.4.2　老龄化与微观家庭金融资产配置的关系研究 ·············27

　　2.5　本章小结 ························31

第3章　老龄化对微观教育投资的影响分析 ···········33

　　3.1　老龄化对家庭教育投资的影响机理分析 ·········36

　　3.2　老龄化条件下家庭教育投资特征分析 ··········39

　　　　3.2.1　数据处理 ·····················39

　　　　3.2.2　特征分析 ·····················40

　　3.3　老龄化条件下家庭教育投资的影响因素分析 ·······43

　　　　3.3.1　计量模型 ·····················43

　　　　3.3.2　基本分析 ·····················44

　　　　3.3.3　稳健性分析和异质性分析 ··············51

　　3.4　进一步讨论——养儿育女是"消费"还是"投资" ····55

　　　　3.4.1　效用与孝道 ····················56

　　　　3.4.2　养儿育女"消费"和"投资"属性的演化趋势 ···57

　　　　3.4.3　老龄化对养儿育女的影响 ··············59

　　3.5　本章小结 ························60

第4章　老龄化对微观劳动力迁移的影响分析 ··········62

　　4.1　老龄化对家庭劳动力迁移的影响机理分析 ········65

　　4.2　老龄化条件下家庭劳动力迁移特征分析 ·········67

　　　　4.2.1　数据处理 ·····················67

　　　　4.2.2　特征分析 ·····················67

　　4.3　老龄化条件下家庭劳动力迁移的影响因素分析 ······71

　　　　4.3.1　计量模型 ·····················71

　　　　4.3.2　基本分析 ·····················72

　　　　4.3.3　不同类型未成年人和老年人的影响 ··········74

　　　　4.3.4　对不同性别、年龄和教育水平劳动力的影响 ·····77

　　　　4.3.5　对不同区域和阶层家庭的影响 ············78

　　4.4　本章小结 ························80

第5章　老龄化对微观储蓄的影响分析 ·····················82

5.1　老龄化对家庭储蓄的影响机理分析 ·····················82

5.2　老龄化条件下家庭储蓄特征分析 ·····················85

　　5.2.1　数据处理 ·····················85

　　5.2.2　特征分析 ·····················85

5.3　老龄化条件下家庭储蓄的影响因素分析 ·····················88

　　5.3.1　计量模型 ·····················88

　　5.3.2　基本分析 ·····················88

　　5.3.3　稳健性分析 ·····················92

　　5.3.4　分阶层和区域的异质性分析 ·····················94

5.4　本章小结 ·····················97

第6章　老龄化对微观金融资产投资的影响分析 ·····················98

6.1　老龄化对家庭金融资产投资的影响机理分析 ·····················98

6.2　老龄化条件下家庭金融资产投资特征分析 ·····················100

　　6.2.1　数据处理 ·····················100

　　6.2.2　特征分析 ·····················101

6.3　老龄化条件下家庭金融资产投资的影响因素分析 ·····················104

　　6.3.1　计量模型 ·····················104

　　6.3.2　老龄化条件下家庭金融资产投资规模分析 ·····················106

　　6.3.3　老龄化条件下家庭金融资产投资结构分析 ·····················108

　　6.3.4　异质性分析 ·····················118

6.4　本章小结 ·····················119

第7章　老龄化条件下劳资关系均衡的动态演化分析 ·····················121

7.1　劳资关系的一般模型构建 ·····················121

7.2　劳资关系的历史演进逻辑 ·····················126

　　7.2.1　劳动力产权缺失阶段的劳资关系——劳动力的人身依附 ·····················126

　　7.2.2　劳动力产权残损阶段的劳资关系——要素的形式平等 ·······129

7.2.3　劳动力产权完整阶段的劳资关系——要素的权利均衡 ········134

　7.3　劳资关系的冲突与均衡分析 ···138

　7.4　老龄化对劳资关系均衡的影响分析 ·································142

第8章　结论、政策建议与研究展望 ··144

　8.1　主要研究结论 ···144

　8.2　政策建议 ···147

　8.3　研究不足与展望 ···149

附录 ···151

参考文献 ···176

第1章 绪　　论

1.1　研究背景与研究意义

1.1.1　现实背景

20世纪90年代以来，我国快速进入人口老龄化发展阶段，相比于1990年，2016年60岁和65岁以上人口占总人口的比重均翻了一番。老龄化进程中，劳动年龄人口增长趋缓，15~59岁的劳动年龄人口在2012年达到峰值，15~64岁的人口在2014年达到峰值。由于我国15~40岁的年轻劳动力在2002年就达到拐点，所以2004年劳动力短缺在东南沿海地区初现端倪；目前41~59岁的年长劳动力虽仍在增长，但由于迁移困难和技能老化而劳动参与率较低。伴随着人口结构和劳动力供求转变，我国年平均实际工资自2000年以来稳步增长，到2014年翻了两番，同时GDP增长率趋缓，平均实际工资增长率在大多数年份都超过了GDP增长率。改革开放以来，我国经济持续快速增长所依赖的劳动力优势，正随着老龄化的加剧而成为历史。❶

---

❶ 数据来源：根据国家统计局《中国统计年鉴（2017）》测算，http://www.stats.gov.cn/tjsj/ndsj/2017/ind-exch.htm。

老龄化会通过劳动力市场和资本市场分别作用于劳动力数量、质量与资本供给，影响要素禀赋结构和比较优势，进而影响经济增长。家庭作为教育投资成本、收益、风险的主要承担者，它一方面是人力资本投资的微观决策主体，另一方面也是储蓄、股票、基金、国债等金融资产的微观投资主体，因此劳动力市场和资本市场视角下老龄化对经济的微观影响机制都发生于家庭之中。此外，老龄化条件下家庭人力资本和资产投资的动态演化趋势，也会影响老龄化对经济的影响效应。

1.1.2 理论背景

关于老龄化对经济影响的研究主要有两类。一类研究是劳动力市场视角，从劳动力供给角度探讨老龄化对劳动力年龄人口、劳动参与率、要素比较优势及经济增长的影响，现有关于老龄化与劳动力市场的分析也多集中于老龄化对劳动力数量的负效应（Van Der Gaag，2015；Maestas et al.，2016；张川川等，2014；周祝平，刘海斌，2016；郭凯明，颜色，2016；童玉芬，王静文，2018）。然而关于老龄化对劳动力质量和人力资本禀赋影响的分析极少，为数不多的研究都基于宏观视角（李海峥等，2017；刘文，张琪，2017），缺乏有关老龄化对微观人力资本投资影响的系统研究。关于老龄化对微观人力资本投资的影响机制和效应，尚待细致地理论研究和实证分析。另一类研究是资本市场视角，即经典的人口红利范式，包括基于生命周期消费的人口红利模型（Modigliani，Brumberg，1954）和基于预防动机的第二次人口红利理论（Lee，Mason，2006；Fried，2016；蔡昉，2009），从老龄化对储蓄、金融资产配置和投资的影响角度探讨其经济增长效应。这类研究中，利用我国省际面板数据进行的关于老龄化对储蓄率的实证研究所得结论不尽相同（汪伟，2010；毛毅，2012；张克中，江求川，2013；刘铠豪，刘渝林，2015），老龄化对储蓄以外的金融资产影响的分析较为有限（李健元等，2011；余静文等，2014；袁志刚，余静文，2014；樊纲治，王宏扬，2015），都缺乏基于资产配置微观主体角度的机制分析和实证研究，资本市场视角下老龄化对储蓄、投资和经济增长的影响效应尚不明确。

1.1.3 研究意义

本书从家庭人力资本和资产投资角度，探究老龄化对经济的微观作用机理，研究意义具体体现为三点。

第一，老龄化条件下家庭人力资本与资产投资特征和影响因素是现阶段理论研究的新命题，相关研究仍处于探索阶段。老龄化条件下家庭人力资本和资产投资的决策机制与人口红利时期有明显区别：静态来看，老龄化加剧了家庭人力资本和资产投资的竞争程度，但动态视角下老龄化对二者的影响效应较为复杂。尤其是关于老龄化对家庭人力资本和资产投资的影响效应等关键性问题，尚缺乏系统的理论分析和定量测算。

第二，我国文化背景下的家庭与西方家庭有显著差异，我国家庭独特的人力资本和资产投资机制具有独立研究的理论价值。西方学术理论背景下的家庭人力资本与资产投资理论虽可提供较完善的方法论范式，但难以充分解释我国家庭人力资本与资产投资特征。比如，我国传统孝养伦理与人力资本投资的代际合作模式、多代大家庭格局与隔代抚育机制、风险偏好与预防性储蓄动机等因素使我国家庭人力资本和资产投资与西方家庭有显著不同，由此决定了老龄化对我国家庭影响的异质性。因此，基于西方模型的研究结论难以形成契合我国现实背景的可操作性政策，针对我国家庭结构进行人力资本和资产投资机制研究具有独特的理论价值。

第三，厘清老龄化对宏观经济影响的微观机理，是后人口红利时期系统促进人力资本投资和物质资本增长的前提和基础。本书在揭示老龄化与家庭人力资本和资产投资关系的基础上，对老龄化条件下家庭人力资本和资产投资决策机理进行了微观视角的系统研究。本书围绕老龄化对家庭人力资本投资和资产投资的影响效应，通过量化测算老龄化对家庭教育投资、劳动力迁移、储蓄、金融资产投资的影响机理和效应，从中对老龄化条件下家庭人力资本和资产投资的决策机制进行剖析，由此提出老龄化进程中系统促进人力资本投资和物质资本增长的理论机制和实现路径。

1.2　研究思路与主要内容

1.2.1　研究思路

本书从老龄化条件下家庭人力资本与资产投资的特征和影响因素角度系统分析老龄化对我国要素市场和经济的影响，利用微观面板数据对家庭教育、迁移、储蓄与金融资产投资进行计量分析，将理论研究与经验数据实证有机结合，增强分析结论的科学性，以此探究老龄化条件下系统促进人力资本投资和物质资本增长的理论机制和实现路径。

在研究视角方面，以人力资本投资和资产配置的微观家庭视角为切入点（如图1-1所示），通过定量测算老龄化对微观人力资本投资、储蓄、金融资产配置的影响，形成"老龄化→家庭结构→家庭决策→人力资本与资产投资"的逻辑分析链条。这有助于厘清老龄化条件下人力资本与资产投资特征、影响因素与微观机制，细化有关老龄化对劳动力市场和资本市场影响机理的研究，加深对相关微观机制的科学把握，提出契合微观主体决策基础的宏观政策。

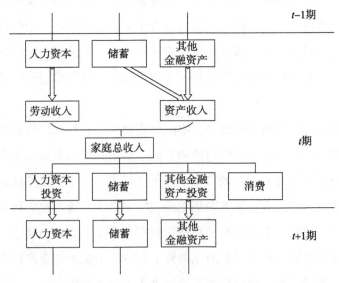

图1-1　微观家庭视角的人力资本与资产投资模式

注：t代表某时期，$t-1$代表t时期之前的一个时期，$t+1$代表t时期之后的一个时期。

在研究方法方面，通过将家庭人力资本与资产投资、利己与利他偏好统筹纳入理论模型，运用均衡分析和比较静态分析探究相关核心变量的均衡解，在此基础上，利用微观家庭数据对理论研究结果进行计量测算与实证检验，探究老龄化条件下家庭人力资本与资产投资的特征和影响因素，最后得出对策性含义。综合运用这些研究方法对文章分析结果进行多重验证，形成"理论分析→特征分析→实证分析→对策性含义"的研究路径，从而获得理论研究与经验数据有机结合、相互印证的分析结论。

1.2.2 主要研究内容

本书共8章，主要研究内容如下。

第1章 绪论，介绍了本书研究的现实背景、理论背景及研究意义，研究思路、框架及主要研究内容，研究方法和主要创新点。

第2章 文献综述——微观家庭视角的老龄化研究动态，分析了家庭老龄化研究兴起的背景、原因和现状，并分别从老龄化条件下家庭人力资本投资的代际合作机制，老龄化条件下家庭人力资本投资的代际竞争关系，老龄化条件下家庭储蓄、消费与资产配置等三方面梳理、述评了相关研究成果。针对老龄化条件下家庭人力资本投资的代际合作方面的文献，主要从家庭人力资本投资的反馈式代际合作机制、家庭人力资本的隔代投资机制两方面综述了相关研究成果。针对老龄化条件下家庭人力资本投资的代际竞争方面的文献，综述了微观家庭决策、代际交换、社会群体博弈等视角下的相关研究成果，并梳理了有关我国家庭代际关系的现状与趋势的研究。针对老龄化条件下家庭储蓄、消费与资产配置方面的文献，主要考察了老龄化与微观家庭储蓄、消费的关系和老龄化与微观家庭金融资产配置的关系两方面研究成果。

第3章 老龄化对家庭教育投资的影响分析，基于反馈式的家庭代际关系构建了一个两期世代交叠模型，将人力资本投资的利己和利他偏好纳入分析框架，并考虑养老负担的预防动机，以此理论探究我国经济、文化和制度背景下，老年人口抚养比和少儿人口抚养比对家庭教育投资的影响。进而利用中国家庭追踪调查数据分析了老龄化条件下家庭教育投资特征，实证研究了老龄化和抚幼负担对微观人力资本投资的影响及其城乡、区域差异，并对比分析了老龄化对不同收入水平家庭的影响。

第4章 老龄化对家庭劳动力迁移的影响分析，基于微观家庭决策视角，通过构建家庭劳动力迁移决策模型，理论探究了老龄化对农村劳动力迁移的影响。基于此利用中国家庭追踪调查数据，分析了老龄化条件下家庭劳动力迁移特征，实证检验了老龄化和隔代抚育对我国农村劳动力迁移的影响效应，并细致分析了不同类型老年人和未成年人影响的差异，以及老龄化对不同年龄、性别、受教育水平、区域和阶层劳动力迁移影响的异质性。

第5章 老龄化对家庭储蓄的影响分析，从理论层面分析了老龄化对微观储蓄率的生命周期消费效应和预防储蓄效应，利用中国家庭追踪调查数据实证分析了老龄化条件下中国家庭的储蓄特征，考察了老龄化的生命周期消费机制和预防储蓄机制的净效应，以此探究了中国第二次人口红利的可得性。在此基础上，对不同类型的储蓄、储蓄率、消费和消费率进行了稳健性检验，并细致分析了老龄化对微观储蓄率影响的阶层、城乡和区域差异。

第6章 老龄化对家庭金融资产投资的影响分析，基于微观家庭金融投资视角，利用中国家庭追踪调查数据，细致考察了老龄化条件下家庭金融资产投资特征和影响因素，通过分别探究老龄化对现金及金融机构存款、风险性较高的金融资产投资规模和比重的影响，分析了老龄化对家庭金融资产投资规模和结构的影响，并对比考察了老龄化对不同类型金融资产投资影响的异质性。

第7章 老龄化条件下劳资关系均衡的动态演化分析，基于老龄化对微观人力资本与资产投资影响的分析结论，本书指出：在劳动者方面，从人力资本角度，老龄化对劳动者的外部选择权和谈判力有负效应。此外，老龄化对我国微观家庭储蓄率的净效应为正，这意味着老龄化对资本供给的影响为正，从外部选择权的角度来看微观家庭储蓄提高了劳方的谈判力。对资方而言，老龄化降低了劳动年龄人口规模，因此从外部选择权的角度，提高了资方的谈判力。

第8章 结论、政策建议与研究展望，总结本书的主要研究结论，据此探究老龄化条件下系统促进人力资本投资和物质资本增长的理论机制和实现路径，提出相应的政策建议。基于研究不足分析了未来的研究方向。

1.3 研究方法

1.3.1 文献分析法

研究初期采用文献分析法，对现有国内外关于人口老龄化、人力资本与资产投资的文献进行分类梳理和系统研究。基于理论与实证维度，详细分析已有文献如何具体揭示人口老龄化背景下微观家庭的人力资本与资产投资特征、机制与影响因素，对已有研究成果进行归纳与总结，形成本书研究的文献基础。基于此，分别从老龄化条件下家庭人力资本投资的代际合作机制，老龄化条件下家庭人力资本投资的代际竞争关系，老龄化条件下家庭储蓄、消费与资产配置等三方面梳理、述评相关研究成果。

1.3.2 理论分析法

本书针对老龄化条件下家庭人力资本与资产投资特征进行了理论模型研究。第一，基于反馈式的家庭代际关系构建了一个世代交叠模型，将家庭人力资本与资产投资、利己与利他偏好统筹纳入理论模型，运用均衡分析和比较静态分析探究相关核心变量的均衡解。第二，迁移是人力资本投资的重要形式，其决策机制与教育投资的有所不同，本书针对家庭劳动力迁移构建了一个微观劳动力迁移决策模型，从理论层面探究了老龄化条件下家庭劳动力的迁移特征和老龄化对农村劳动力迁移的影响。第三，针对老龄化条件下劳资关系均衡的动态演化，本书结合产权和法权两个基本视角，通过构建劳资博弈模型，理论分析了广义劳资关系的演进过程。

1.3.3　实证分析法

利用中国家庭追踪调查面板数据，针对不同的数据结构、变量特征和研究问题的需要，科学选取前沿计量方法，使用了普通最小二乘法、随机效应模型、双向固定效应模型、Tobit 模型、FRM 模型、Heckman 两阶段模型等，对老龄化条件下家庭人力资本与资产投资特征和影响因素进行了实证分析。通过选取不同的被解释变量、解释变量、控制变量和实证模型，对研究结论进行了多重检验，考察结论的稳健性。此外，为考察老龄化条件下不同类型和不同区域家庭人力资本、资产投资的异质性，以及老龄化对不同性别、年龄、学历、健康水平的家庭成员影响的异质性，进行了细致的分类别研究和子样本分析。

1.4　主要创新点

本书的主要创新点包括以下四个方面。

（1）从理论和实证角度发现了老龄化对微观教育投资的负效应。通过构建世代交叠模型，研究发现即使考虑养老负担的预防动机和人力资本投资的利他偏好，老年和少儿人口抚养比对家庭教育投资仍有负效应。实证研究发现，老龄化显著降低了我国家庭的人力资本投资水平及其占家庭总支出的比重，不仅降低了家庭投资人力资本的概率，对投资量也有显著负效应。研究还发现，老龄化对人力资本投资的负效应自东向西依次增大，对低收入家庭人力资本投资的负效应显著大于中等收入家庭，而对高收入家庭的人力资本投资无显著影响。这意味着老龄化会加大我国城乡、区域和不同收入阶层间人力资本禀赋的差距，不利于缩小收入分配差距。分析结果还表明，抚幼负担对我国家庭的人力资本投资也有显著影响，对家庭投资人力资本的概率有显著正效应，而对人力资本投资量有显著负效应，并且其负效应大于老龄化所带来的影响。此外，抚幼负担对我国农村家庭和中西部家庭的负效应显著大于城镇家庭和东部家庭，对低收入家庭人力资本投资的影响小于其他阶层家庭。抚幼负担的研究结果支持了我国家庭子女质量与数量的替代理论，这意味着为缓解老龄化而采取的放松生育政策会进一步挤出微观家庭的人力资本投资。

（2）发现并验证了老龄化对劳动力迁移决策的双重影响机制。第一，老龄化并非单向影响劳动力迁移。若只考虑老龄化的就业挤出效应，老龄化对农村劳动力迁移有负效应；而如果老年人从事隔代抚育将劳动力从抚幼负担中解放出来，老龄化会促进劳动力迁移。第二，相对于学龄期未成年人而言，学龄前未成年人更依赖父母照料，会挤出父母更多的市场劳动时间，老年人为学龄前未成年人提供隔代抚育对劳动力迁移的促进作用更大；高龄、男性、健康水平较低的老年人会挤出我国农村劳动力更多的市场劳动时间，对迁移的负效应更大，同时也提供了更少的隔代抚育；中低龄、女性和较为健康的老年人对农村劳动力外出就业的影响更小或不显著，但提供了更多的隔代抚育。第三，养老压力对年轻劳动力的影响更小，隔代抚育主要促进了年轻劳动力迁移；抚幼负担对男性劳动力迁移的影响不显著，养老压力对男性劳动力外出就业的负效应小于对女性劳动力的影响，说明家庭养老抚幼负担更多由女性劳动力承担；养老压力对高学历劳动力迁移没有显著影响，老龄化的就业挤出和隔代抚育效应主要作用于高中以下学历的农村劳动力。第四，养老压力对我国农村劳动力迁移的负效应自东向西依次减小，并且其影响主要作用于资产水平较低的家庭。

（3）基于微观家庭的预防动机证实了我国第二次人口红利的可得性。第一，老龄化对中国微观家庭储蓄率有显著正效应，这意味着家庭由于老龄化而产生的预防动机大于生命周期消费模式对储蓄率的负效应，中国以此收获了第二次人口红利。第二，老龄化对家庭是否选择储蓄和储蓄规模都有显著正效应，意味着第二次人口红利同时体现在微观储蓄的参与决策和数量决策。此外老龄化对三种不同类型的储蓄额和储蓄率都有显著正效应，对三种不同类型的消费额和消费率的影响显著为负，由此证明了以上结论的稳健性。第三，老龄化对各收入阶层、区域和城乡家庭储蓄的影响都显著为正，但在收入水平较低的家庭和农村、中西部地区更为显著，这也间接印证了老龄化对微观储蓄率的正效应源于第二次人口红利的预防动机。

（4）基于微观家庭投资视角验证了老龄化对我国金融市场结构的影响。第一，研究结果表明，老龄化虽对我国家庭金融资产投资规模无显著影响，但会改变微观金融资产投资结构：老龄化会显著增加家庭现金和金融机构存款占家庭金融总资产的比重，同时对家庭风险性较高的金融资产投资有负效应，并显著降低其占家庭金融总资产的比重。这说明老龄化会促使家庭将更多的金融资产配置为现金和金融机构存款这类较为传统和风险性最低的资产，同时挤出风险性较高的金融资产投资。第二，老龄化对风险性较高的金融资产投资的影响同时体现在参与决策和数量决策，既降低了家庭投资风险性较高资产的概率，也会促使已经选择这类资产投资的家庭降低投资数量。第三，老龄化对不同类型金融资产投资的影响存在显著的异质性，对现金和金融机构存款投资比重的影响显著为正，对风险性较高资产投资的负效应主要体现为降低股票资产投资，对基金和金融衍生品投资影响不显著，对政府债券投资的影响显著为正。以上结论从微观家庭投资视角验证了老龄化对我国金融市场结构的影响。

第2章 文献综述——微观家庭视角的老龄化研究动态

2.1 家庭老龄化研究的兴起

无论是早已步入老龄化社会的欧美国家、日本等传统发达国家，还是正在老龄化进程中的拉丁美洲、亚洲、非洲等地区的发展中国家，都面临着愈加严峻的老龄化问题。根据联合国《世界人口老龄化报告（2017）》，2017年世界60岁及以上人口规模达到9.62亿人，是1980年的两倍以上，到2050年这一数字还将翻一番，老龄化是21世纪全球最重要的社会特征（United Nations，2017），会对劳动力市场、金融市场、产业结构和经济增长产生深远影响。由此，老龄化成为经济学界备受关注的研究热点。传统关于老龄化的经济学研究多从宏观视角探讨人口出生率、死亡率及人口结构的演化趋势，以此分析老龄化对劳动力供给、劳动生产率、储蓄率、养老基金、政府支出、产业结构、经济增长等宏观变量的影响。

宏观视角的老龄化研究面临着传导机制不清晰和研究结论不明确的两大困境。比如，基于资本市场视角探究老龄化对经济增长影响的研究中，一方面，生命周期消费理论的人口红利模型认为老龄化对储蓄率和资本积累存在负效应（Modigliani，Brumberg，1954），从而不利于经济增长。但囿于微观数据和研究思路的"路径依赖"，关于这一理论的经验研究多基于宏观视角，所得结论并不明确。Leff（1969）最早实证证实了生命周期消费理论，此后Schultz（2005）、Horioka（2010）等进一步验证了老龄化与储蓄率的负相关关系。但诸多学者研究发现生命周期消费理论揭示的规律在不同区域和不同时期存在异质性（Kelley，Schmidt，1996；Andersson，2001；Cavallo et al.，2016），老龄化对宏观储蓄率的影响并非简单的负效应。另一方面，基于预防动机的研究则得出与生命周期消费模型相反的结论，Lee和Mason（2006）等将预防动机产生的储蓄激励效应称为第二次人口红利，认为老龄化会通过预防动机产生未雨绸缪的储蓄激励从而提高储蓄率、促进经济增长（Fried，2016；Maliszewska，2016）。最早关注寿命延长、预防动机与储蓄率关系的分析是Yaari（1965），Zhang等（2001）进一步研究指出理性个体会为了保障更长的老年生活而提高储蓄，Sheshinski（2006）发现这会对储蓄率产生正效应，基于国外宏观数据的实证研究证实了这一关系（Bloom et al.，2003；Li et al.，2007）。由此可见，宏观分析着眼于老龄化与宏观经济变量之间逻辑链条的两端，难以深入细致厘清其中复杂的传导机制，也无法有针对性地对相关机制进行检验。同时，由于时间段选取、变量设定和计量方法不同，关于老年人口抚养比与宏观经济变量的实证研究往往得出迥异的结论。

家庭是社会经济决策的基本单元，从资本市场角度来看，老龄化会通过影响微观家庭的储蓄和资产配置决策，影响金融市场的规模和结构，进而作用于资本积累和经济增长。从劳动力市场来看，老龄化会通过影响家庭生育决策、劳动力的家务劳动和市场劳动时间，以及家庭迁移决策来影响劳动力供给的数量和结构，此外通过影响家庭人力资本投资的代际分配来影响劳动力供给质量，由此通过微观家庭机制作用于劳动力市场从而影响经济增长。无论是资本市场还是劳动力市场角度，老龄化对经济的影响都通过微观家庭来传导，老龄化与宏观经济之间逻辑链条的第一个节点是家庭，只有对家庭老龄化进行微观考察才能细致厘清老龄化影响的微观基础和作用渠道。

2015年诺贝尔经济学奖得主安格斯·迪顿教授首创了基于家庭调查微观数据的实证分析，推动了微观调研技术发展，近些年微观数据可得性和数据质量大为提高，为微观视角的老龄化研究提供了便利，促使家庭老龄化研究取得了一系列成果，深化了学界关于老龄化对经济影响机制和效应的认识。家庭老龄化研究主要从微观视角分析老龄化对家庭消费、储蓄、资产配置、人力资本投资等因素的影响机制，以此探究老龄化在资本积累、产业结构、金融市场和经济增长等方面的宏观影响效应，从而基于微观决策基础提出更有针对性的对策性含义。本书从老龄化条件下家庭储蓄、消费与资产配置，老龄化条件下家庭人力资本投资的代际合作关系，老龄化条件下家庭人力资本投资的代际竞争关系三方面梳理家庭老龄化的研究动态。

2.2 老龄化条件下家庭人力资本投资的代际合作研究

在人力资本的微观生命周期中，"初次教育培训类人力资本投资（未成年期）→成年期就业→追加教育培训类人力资本投资（成年期）→成年期就业→退休→营养医疗类人力资本投资（老年期）"构成了完整的人力资本投资链条。这一链条中，家庭作为教育投资成本、收益、风险的主要承担者，一方面，它是教育培训类人力资本投资的微观主体；另一方面，家庭还承担着不可或缺的养老保障职能，它又是健康营养类人力资本投资的微观主体。在承担上述职能过程中，家庭并非简单的"黑箱"，其内部存在着代际谈判（Negotiations）、竞争（Contestations）、妥协（Compromises）与合作（Cooperation）的多重复杂互动机制（Douglass，2006；Leopold，Raab，2013）。如图2-1所示，动态来看，家庭是代际成员进行人力资本投资的跨期互惠组织，代际之间存在投资与收益的动态均衡，由此形成家庭人力资本投资的代际合作关系。老龄化会通过影响家庭人力资本投资的代际合作机制，作用于微观人力资本投资，相关研究主要围绕人力资本的反馈式代际投资和隔代投资两方面展开。

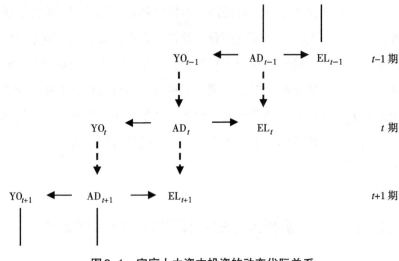

图2-1 家庭人力资本投资的动态代际关系

注：YO为未成年人，AD为成年人，EL为老年人，下角标为代际标识；实线箭头表示人力资本投资流，虚线箭头表示同代人流；t代表某时期，$t-1$代表t时期之前的一个时期，$t+1$代表t时期之后的一个时期。

2.2.1 家庭人力资本投资的反馈式代际合作机制研究

父母对未成年期子女进行教育投资，在产权意义上享有部分人力资本收益权，由此促使子女在父母年老时以赡养的形式对其进行营养医疗类人力资本投资（Hjälm，2012；Leopold，Raab，2013），体现出家庭人力资本投资的反馈式代际合作关系。Leopold和Raab（2013）关注了父母与子女之间的长期与短期互惠机制，发现父母对子女过去和当前的人力资本投资都会影响子女的反馈偏好。代际合作机制可以提高老年人的经济福利，对老年人生活满意度有显著正效应，所以家庭功能对于促进老年人实现成功的老龄化（Successful Ageing）不可或缺（Price，Tinker，2014）。另外，Zhu等（2014）指出家庭人力资本投资的代际合作促进了中国家庭人力资本投资的高水平供给，是中国经济起飞关键因素之一。Azariadis和Lambertini（2003）研究得出，代际合约比社会合约有更多的信息优势，可以减少信息不对称、降低交易成本，提高总体人力资本投资。

关于家庭人力资本投资的反馈式代际合作形成机理，相关研究认为代际支持的动力并非全部来自血缘恩情，而是一种与市场交换相类似的互惠方式。在家庭内部人力资本投资与收益的动态均衡中，包含着代际金融支持与风险分担机制，以及现收现付式的养老金模式。从更微观的视角来看，关于代际合作的动机类型，现有文献认为出于两类偏好：一是利他偏好（Becker et al.，1990；Jie Zhang，Junsen Zhang，2001；Alders，Broer，2005；Arrow，Levin，2009），子女人力资本作为耐用消费品，直接进入父母的效用函数。Rangel（2003）的分析发现，即使父母不是出于利己动机，只要子女对父母的赡养（Backward Intergenerational Transfers）与父母对子女的教育支出（Forward Intergenerational Transfers）有正相关关系，人力资本投资的代际合作就可以维持。所以另一些研究认为父母对子女的人力资本投资是出于利己偏好（Ehrlich，Lui，1991；Molina，2014），将子女人力资本作为投资品，通过对其未来的收益贴现，进行成本、收益、风险的"利润"最大化决策；但是在这一偏好下，由于父母不能充分获得子女人力资本投资的收益，所以教育投资低于社会最优水平（Balestrino，1997）。

理论分析来看，如果将子女视为耐用"消费品"（利他偏好），那么随着老龄化的加剧，老年人所需赡养支出在不断提高，消费的可得资金在减少，从而家庭会降低养儿育女的"消费"性支出，这意味着老龄化会对子女的人力资本投资产生挤出效应。而如果将抚养子女作为"投资"（利己偏好），那么老龄化导致家庭赡养支出增加时，家庭面临更强的预算约束，提高收入的激励增强，从而会未雨绸缪地增加对子女的人力资本投资，以提高家庭在未来获得收入的能力。正如第二次人口红利理论所揭示的逻辑——老龄化会刺激微观主体增加预防性储蓄，老龄化也可能通过预防效应促进人力资本投资。由此可见，对养儿育女偏好的假设不同，关于老龄化的人力资本投资效应会得出迥异的结论。合理的假设是父母在养儿育女方面既是利己的也是利他的，子女兼具"消费品"和"投资品"属性，那么如果抚育子女对父母而言"消费"属性更强，则老龄化不利于父母对子女的人力资本投资；反之如果养儿育女对父母而言更大程度上是一种"投资"，那么老龄化可能会促进对子女的人力资本投资。此外，代际合作机制中的偏好对政府政策效果评估非常关键，利他偏好下，政府养老支出提高会增加家庭可支配收入，从而增加对子女人力资本的耐用消费品消费。而利己偏好下，养老保障体系的完善会挤出家庭对子女的人力资本投资，Lai 和 Tung（2015）的实证研究证实了这一点。

与之类似，在子女对父母的赡养动机方面，相关研究也发现同时存在利己与利他两类偏好。较新的研究指出，对不同角色的家庭成员给予异质性的偏好设定更为合理，比如 Glazer 和 Kondo（2014）研究发现，在与父母的关系方面，子女更多是利己的，会更大程度地希望从父母那里获得金钱和劳务的净支付，即使这种行为可能给父母带来压力或者使其兄弟姐妹利益受损，而父母对子女的偏好相对而言利他程度更高。如果把父母与子女之间人力资本投资的反馈机制看作隐性契约，那么存在子女的违约风险，这会导致父母缺乏投资激励。因此，相关文献还关注了父母对子女的偏好塑造中所起的作用，Pestieau 和 Canta（2014）提出父母为了降低对子女人力资本投资的违约风险，会在子女幼年期进行潜移默化的家庭伦理教育，这可以促进子女形成"强制性利他偏好"（Forced Altruism）。Becker 等（2014）提出了"堕落父母"理论，指出如果通过教育促使子女形成"强制性利他偏好"，那么父母即使是利己的也可以从对子女的人力资本投资中获得最优回报。这一理论揭示了我国传统孝道文化的经济学本质，孝道作为一种被伦理强化的"强制性利他偏好"，是保障父母对子女人力资本投资回报的声誉机制，我国历代传统统治者通过孝道强化了这一人力资本投资的代际合作机制，以此实现统治租金最大化，并解决了养老保障问题。

但是，关于哪种偏好起主导作用，研究结论不尽相同。Cong 和 Silverstein（2011）认为人们对待家庭关系的偏好倾向于利他，对待社会关系的偏好倾向于利己，Klimaviciute 等（2017）利用欧洲健康、老龄与退休数据（SHARE）研究也发现，家庭内部的偏好利他程度更高。然而同样利用 SHARE 数据，Alessie 等（2014）得出了相反的结论。Alessie 等（2014）的视角比较独特，将老年照料分为家庭外部照料与内部照料两类，分析了遗产税与家庭外部老年照料需求之间的关系，发现遗产税率与家庭的外部老年照料需求显著正相关，说明遗产税会降低子女提供家庭内部照料的收益，从而降低家庭内部照料的供给，由此间接说明家庭代际间的人力资本投资是以利己偏好为基础的交易。此外，Grossbard（2014）针对家庭人力资本投资的代际关系的分析指出，家庭代际间存在着金钱与劳务交换的收支平衡，当父母对子女财务净支付为正时，子女对父母的劳务净支出为正，反之亦然，他还使用了"Work-in-Household"（WiHo）来分析家庭内部的代际劳务交换的供求关系。Daatland 等（2012）则认为在个人利益与家庭责任之间权衡中，偏好复合型的（Mixed Preference）。

2.2.2 家庭人力资本的隔代投资机制研究

近些年的研究关注了逆反哺的代际模式，其中重要的逆反哺类型是祖父母照料孙子女，这对家庭成年子女而言是人力资本投资的逆反馈，对孙辈家庭成员而言是一种重要的人力资本投资模式，即人力资本的隔代投资机制（Zhang et al.，2015）。

两方面研究共同解释了隔代人力资本投资的动因。一方面，养儿育女会为家庭带来直接成本和机会成本（Morrissey，2017）。Mahringer 和 Zulehner（2015）利用奥地利微观调查数据研究发现，抚育子女会显著降低父母的劳动参与率，尤其对母亲的影响更大，托儿所等家庭外部的市场抚育服务价格与父母劳动参与率负相关，父母工资率与其劳动参与率正相关，意味着养儿育女给家庭会带来潜在的机会成本和收入损失。Brilli 等（2016）利用意大利微观数据研究了公共提供的未成年人照料可以提高家庭劳动参与率，间接证实了幼儿照料对父母劳动参与的负效应。另一方面，相关实证研究发现老年人提供隔代照料可以解放年轻人的劳动时间，因此老龄化可能通过隔代抚育机制抵消就业挤出效应（Ho，2015）。因此，成年劳动力迁移与老年人提供隔代抚育是家庭的"Time-For-Money"策略（Cong，Silverstein，2008），有利于家庭内部各代成员根据其比较优势分工合作，提高家庭总收入和福利水平。对老年人而言，McNamara 和 Gonzales（2011）指出提供隔代抚育可以扩大老年人的晚年社会交往，有利于实现积极老龄化。此外，相关研究还发现隔代抚育多存在于多代共同居住的家庭，Johar 等（2015）研究表明，多代共同居住模式下，祖父母提供隔代抚育有助于促进家庭成员间互惠交往，提高家庭总福利水平。

人力资本的隔代投资与历史文化和制度背景联系紧密，因此存在显著的国别差异，相关研究关注了我国家庭的隔代抚育与西方社会的差异，主要有如下三方面。首先，在隔代抚育的原因方面，由于建立了较为完善的儿童福利保障机制，西方发达国家中的隔代抚育只存在于少数父母家暴、离异、犯罪、残疾、去世等特殊家庭，或者处于弱势地位的少数族裔家庭（Settles et al.，2009；Burnette et al.，2013），仅作为一种家庭功能缺失时的补救手段。而我国的隔代抚育更大程度上是一种普遍现象，并且我国老年人提供隔代抚育往往出于较强的利他偏好。在隔代抚育对老年人的影响方面，西方家庭的隔代抚育对老年人精神健康和财务负担有显著负效应（Fuller-Thomson，Minkier，2000；Orb，Davey，2005），而我国老年人提供隔代抚育对其身心健康的影响偏积极，虽成年子女迁移对老年人幸福度有显著负效应，但照料孙子女有利于提高老年人的心理健康水平和日常生活自理能力（Connelly，Maurer-Fazio，2016）。

此外值得注意的是，隔代人力资本投资对我国农村家庭意义更为显著，由于户籍障碍我国农村劳动力进城务工时其子女难以随之进城就学，多由祖父母代为照料，产生了农村留守老人和留守儿童并存的现象，实际上这是父母人力资本投资缺失时由祖父母隔代投资的情况。Chen 等（2011）基于我国微观数据研究指出，老龄化对我国农村劳动力迁移有抑制作用，三代同堂家庭会促进我国农村劳动力迁移，证实了隔代抚育的存在及其对劳动力迁移的促进作用，但是研究发现不健康的老年人的影响不显著，说明隔代人力资本投资多由健康老年人承担。关于隔代抚育对未成年的影响，实证结果显示家庭中60岁以上的女性成员对留守儿童的健康状况有显著正效应（Mu，De Brauw，2015），Zeng 和 Xie（2014）发现中国农村家庭中，共同居住的祖父母的社会经济地位会显著提高孙辈家庭成员的教育可得性，研究还发现隔代抚育也能增强家庭代际关系的亲密程度（Chen et al.，2011；Anasuri，2016）。

2.3　老龄化条件下家庭人力资本投资的代际竞争研究

如图 2-1 所示，静态来看，家庭收入通过代际转移同时对不同年龄段家庭成员进行人力资本投资，由此形成家庭人力资本投资的代际竞争关系。这方面研究显示，各代家庭成员在人力资本投资中存在此消彼长的代际竞争关系，"三明治家庭"（Sandwich Family）是老龄化社会的典型家庭结构（Bogan，2015）。人口老龄化客观上会提高老人照料的需求成本，用于老年照料等方面的家庭资源与社会资源都变得相对稀缺，形成对子女人力资本投资的挤出效应。另外，较新的实证研究（Simpson et al.，2002；Mojca Kogovsek，Metka Kogovek，2013）发现，与经典的人力资本理论有所不同，年长劳动力通过在职培训追加人力资本投资的收益率并不低于年轻劳动力；随年龄提高，为抵消人力资本折旧，劳动者有更高的追加人力资本投资的激励，所以成年期家庭成员的人力资本投资需求呈上升趋势。比如，Simpson 等（2002）分析发现，50～60 岁之间的年长劳动力更少进行基础性和一般性的人力资本投资，但会在与工作相关性更强的、高阶在职培训方面投资更多，而且投资方向更为复杂和多元化。Mojca Kogovsek 和 Metka Kogovsek（2013）研究结果表明，如果年长劳动力停止知识更新、不进行人力资本再投资，其技能会加速折旧，这是老龄化对经济潜在的负面效应。

家庭决策层面，老年人对照料的需求增多会促使家庭对子女进行更少的教育支出（Profeta，2002；Mulligan，Sala-I-Martin，2003；Monten，Thum，2010；Sørensen，2013）。研究表明，对老人的照料强度主要取决于文化传统和公共老年福利体系的完善程度（Brenna，Di Novi，2016）。从更为微观的视角来看，家庭对老年人的照料是一种"团队工作"，家庭有特定的制度结构进行老年照料，并且会随时间变化而变化，以减轻照料者的负担（Szinovacz，Davey，2007）。然而，随老龄化加剧，家庭中平均每个老年人的照料人数不断下降，是造成家庭脆弱性的重要原因之一（Wolff，Kasper，2006）。在照料老年父母的任务分配方面，兄弟姐妹之间存在着正式或隐性的谈判，由此也会产生家庭内部的冲突（Connidis，Kemp，2008），提供更多照料的子女会要求其兄弟姐妹承认照料的差异，从而在精神或经济方面获得补偿（Ingersoll-Dayton et al.，2003），否则这有可能导致家庭成员关系的疏远甚至破裂（Khodyakov，Carr，2009）。还有一些研究分析了照料老年父母对成年子女的影响，认为家务劳动时间会随老年照料负担提高而增加，从而降低市场劳动时间和人力资本投资的资金来源，并且相关研究表明老年照料在对家务劳动影响方面存在显著的性别差异，对女性的影响远大于男性，这源于平均而言女性的市场劳动回报率更低，而家务劳动的价值更高（Mortensen et al.，2004）。此外，家庭在对老年人的照料方式方面也存在成本收益的权衡，在现代化和市场化推动下，家庭可以选择由家庭成员投入照料时间和由家庭购买外部照料的服务（Bettio et al.，2006；Bruni，Ugolini，2016），研究结果显示子女收入水平、父母的身体状况是影响购买外部照料和亲自提供照料的决定性因素。

在家庭老年照料对照料提供者和接收者双方的影响方面，研究结论并不一致。Pollak（1985）分析发现对接受家庭成员照料有助于提高老年人的精神健康水平，Tarlow等（2004）进一步发现由家庭成员照料的老年人的痴呆症比重会显著下降。同时，研究发现老年照料也有助于提高照料提供者的幸福感、促使其与家庭成员关系更为紧密，Brown等（2003）证明为他人提供照料可以降低死亡风险。但是，也有研究得出了不同结论，Van Houtven等（2013）发现提供老年照料的家庭成员承受了更大的经济压力和承担了更多时间的机会成本，会对其人力资本造成损耗，并且对其身体带来的负面影响大于对精神健康的影响，Schulz和Sherwood（2008）、Hirst（2005）、Burton等（2003）的研究发现提供高强度的照料会加快照料提供者人力资本的折旧速度，增加其精神负担和提高抑郁症概率，降低自身健康水平。

在对子女的代际支持方面，随社会竞争加剧，子女经济独立更晚并需投资更多的人力资本，父母客观上需要为子女的教育和职业发展提供更多情感和资金支持（Aquilino，2006；Fingerman et al.，2010；Stein et al.，2011）以助其增强竞争力（Furstenberg，2010）、维持家庭代际关系紧密（Fingerman et al.，2012）。Stein等（2011）关注了经济危机条件下家庭代际关系的演化，发现经济危机导致各代家庭成员对未来收入和生活水平的预期更低，从而加深了父母对子女未来生活的焦虑，促使父母为子女投资更多的人力资本。相关研究发现，父母为成年子女提供共同居住的住所甚至财务支持对子女成功由未成年期向成年期转型至关重要。Cox（1990）、Fogli（2000）、Ermisch（2003）研究发现父母的代际支持对子女缓解初入社会期的财务紧张非常重要。McElroy（1985）、Card 和 Lemieux（2000）、Kaplan（2012）从劳动力市场视角分析了家庭内部的代际支持效应，指出成年子女刚进入劳动力市场时具有与成熟的职业劳动者不同的特征，往往兼具"知识型"与"非技能型"双重特征，现实中他们多存在一个较漫长的职业选择过程，而且频繁地在"就业—失业—择业"三种状态之间相互转换，因此，面临着多次失业压力，在这个阶段父母对成年子女的代际支持显得尤为重要。Semyonov 和 Lewin-Epstein（2001）考察了不同阶层家庭中代际支持的结构性差异，发现无论从绝对量还是从相对量来看，高资产水平家庭的代际支持都远高于低资产家庭，这会加剧不平等的代际传递。所以，处于净支付地位的成年期家庭成员面临着家庭人力资本投资的代际竞争，承担着养老抚幼的双重压力（Igarashi et al.，2013），需要对各代人力资本投资进行多重权衡。

另外，一些学者从社会群体博弈的角度分析老龄化条件下人力资本投资的代际竞争性（Galasso，2006；Binstock，2010），认为老年人口比重增加会提高养老保障投入的话语权，降低政府教育投入的话语权，这属于社会关系视角下的代际冲突研究。这类文献中与家庭老龄化相关的是家庭在降低社会层面代际冲突中的作用；比如，Daatland 等（2012）认为，家庭成员的良性互动（如多代共同居住）可以降低社会中的代际冲突，增强代际合作性。

关于我国家庭代际关系的现状与趋势，近些年在现代化与城镇化进程中，传统的反馈模式不断受到挑战。Bloom 和 Eggleston（2014）指出，家庭规模的缩小会淡化家庭内部的代际关系；我国家庭空巢化趋势明显，独居老人比重大幅上升，与子女同住的老人比重显著下降（彭希哲，胡湛，2015）。随着家庭结构演变，家庭难以支撑养老重担（Chou，2011；陈友华，2013），导致部分家庭功能社会化（杨菊华，何炤华，2014）。老年父母与其成年子女之间的代际关系呈现出越来越突出的等价交换特点；父母对子女早年的人力资本投资以及近期承担的隔代照料、家庭劳务等，与子女为父母提供养老帮助之间存在因果关系

（陈皆明，1998；孙新华，王艳霞，2013）。家庭养老功能虽弱化，但大多学者认为数千年来孝文化的影响难以完全消失，家庭内部的代际互惠机制仍发挥巨大作用（Lin，Yi，2013；Liu J.，2014）。在传统与现代的博弈中，我国家庭结构受到现代趋向和传统习俗的双重作用，既有向小的形态发展的一面，也有直系家庭获得维持的另一面（王跃生，2013，2014）。居家长期照料仍是老年人照料的主要模式（姜向群，刘妮娜，2014）；子女给予老年父母时间照料和经济帮助依然非常普遍（解垩，2014）。

2.4 老龄化条件下家庭储蓄、消费与资产配置研究

2.4.1 老龄化与微观家庭储蓄、消费的关系研究

（1）基于老龄化与微观家庭储蓄、消费关系的人口红利研究。无论是第一次人口红利还是第二次人口红利，理论基础都是微观家庭的储蓄动机。Keynes（1936）最早指出了微观储蓄的八大动机：预防动机、生命周期消费动机、跨期选择动机、消费提升动机、财务独立动机、创业动机、遗赠动机和吝啬动机，其中预防动机、生命周期消费动机、遗赠动机直接受家庭老龄化影响。针对生命周期消费动机，Modigliani 和 Brumberg（1954）及 Friedman（1975）构建了生命周期消费模型，成为分析老龄化与储蓄的经典范式。人口红利理论即源于这一逻辑：劳动年龄人口所占比重越高，社会整体处在相对年轻的生命周期阶段，更偏好储蓄，这有利于资本积累和经济增长，相关理论研究多基于这一模型推断老龄化会降低储蓄。

Katona（1975）较早探究了微观家庭储蓄的预防动机，发现家庭储蓄很大程度上是为了应对未来支出的不确定性，并指出家庭收入越低、对未来预期越悲观，储蓄动机越强。此后关于储蓄与家庭收入关系的微观研究证实了这一结论（Horioka，Watanabe，1997；Devaney et al.，2007；Haron et al.，2013；De

Nardi et al., 2016)。相关研究还发现中等收入家庭储蓄主要为了应对未预期的支出项目，而高收入家庭更倾向于为维持退休后的生活水平而储蓄。比如Browning 和 Lusardi（1996）研究结果表明收入水平较高的家庭的储蓄动机更为多样化，Xiao 和 Noring（1994）指出低收入家庭储蓄主要为了未来的日常消费支出，中等收入家庭储蓄更多出于预防性偏好，高收入家庭的储蓄计划则更为长远，更多考虑到维持退休后的生活水平。就业状况和住房条件也是影响家庭储蓄的重要因素（Hayashi et al., 1988），拥有自由产权住房的家庭更倾向于为了退休生活储蓄，自我雇佣者的储蓄偏好更强（Xiao，Fan，2002）。预防性储蓄偏好还受制度环境影响，包括社会保险（Poterba，2014）、税收（Börsch-Supan，Lusardi，2003）、资本市场管制（Bover et al., 2015）等，这些因素会对老龄化效应产生影响。比如，Börsch-Supan 和 Lusardi（2003）指出如果宏观经济形势不稳定，则家庭会有更强烈的预防储蓄动机，从而会提高为老龄化而进行的预防储蓄，而社会保障覆盖率和保障水平会对预防性储蓄产生负效应（Browning，Lusardi，1996）。此外，家庭拥有的社会资本越多，预算约束越低，从而预防性储蓄动机减弱，老龄化对微观家庭储蓄的预防效应会减小（Börsch-Supan，Lusardi，2003）。

关于老龄化与微观储蓄的研究关注了处于不同生命周期阶段家庭的储蓄动机的异质性。比如，与生命周期效应有所不同，发达国家的微观储蓄数据显示储蓄规模随年龄增长而增加，Hurd（1987）、Wu 等（2015）从遗赠动机角度对这一模式进行了解释，发现为后代留下遗产是老年储蓄的主要原因；而遗赠动机又源于两类偏好，一是亲缘利他偏好，二是利己偏好，即老年人留下遗产是为了鼓励子女提供更好的养老服务。Xiao 和 Fan（2002）研究发现随年龄增长，为了购买消费品而进行储蓄的动机弱化，为退休而进行储蓄的动机增强。Haron 等（2013）指出老年人更多为了社会需求而储蓄，即通过储蓄提升财富水平，以此提高自身所处的社会阶层。

还有一些研究从人力资本和文化视角探究了老龄化与储蓄的关系，是较为新颖的研究方向。人力资本视角方面的研究主要基于不同年龄阶段的决策主体平均受教育程度不同，由此导致认知能力和财务分析能力不同，从而认为家庭老年人比重会影响家庭储蓄决策（Banks，Oldfield，2007；Lusardi et al.，2014）。文化视角的研究主要关注了文化因素对养老储蓄偏好的影响。比如 Chen（2013）分析发现语言会影响家庭的储蓄偏好，如果家庭主要使用的语言中有大量的时间概念，则家庭决策中会更为重视消费的跨期配置，从而有更强的储蓄动机。Duflo和 Saez（2003）研究结果表明，同辈压力（peer pressure）对微观储蓄偏好有显著影响，盛行同辈比较的家庭会更倾向于增加储蓄，以提高财富水平。研究还显示养老储蓄偏好与经济发展水平和历史文化背景高度相关，存在显著的区域异质性。2014 Global Findex 数据显示（Demirgüç-Kunt et al.，2016），平均而言世界约25% 的家庭会为了养老而储蓄，经济合作与发展组织（OECD）的高收入国家和东亚国家中家庭的养老储蓄倾向最强，为养老而储蓄的比例分别为 39.7% 和36.6%，显著高于其他地区；中亚、南亚、拉丁美洲、加勒比海地区、撒哈拉沙漠以南的非洲的养老储蓄比例较为接近，在 9.8% 和 11.8% 之间；中东和北非地区家庭的养老储蓄比例最低，为 7.0% 左右。

消费与储蓄是一个硬币的两面，老龄化对微观消费的影响可以间接折射出其储蓄效应，相关研究主要集中探讨了"退休-消费"之谜，即退休后是否会出现家庭消费降低的现象。如果"退休-消费"之谜存在，则说明在家庭收入不变的情况下老龄化反而可能提高储蓄，因此"退休-消费"之谜也是对生命周期消费理论的潜在挑战。Bernheim 等（2001）、Schreiber 和 Beblo（2016）研究发现退休会显著降低家庭消费，并在家庭成员退休前的一段时期就会出现显著的消费下降现象，证实了"退休-消费"之谜。此外，研究发现"退休-消费"之谜存在性别差异，Bardasi 等（2000）发现退休对消费带来的冲击对女性而言更为显著，女性消费随退休而下降的幅度更大。这方面研究说明家庭会随退休而有针对性地调整家庭消费支出，以适应退休带来的收入冲击，老龄化程度越高的家庭消费支出越低，在控制家庭收入不变的前提下储蓄率反而可能提高。

中国家庭的储蓄动机与西方家庭有所不同，文化和制度是影响中国家庭储蓄偏好的重要因素，这决定了老龄化对中国家庭储蓄和消费的影响可能与西方相比存在较大差异（Curtis et al.，2017）。Hsee 和 Weber（1999）指出，中国社会呈现出显著的社会集体主义特征（socially-collectivist），这构成了比西方社会关系更为紧密和复杂的网络结构，每个家庭都是网络的一个节点，从而中国家庭在面对外部风险冲击时可以获得更大的缓冲力量，这本身会对中国家庭的风险抵御和储蓄的预防动机产生影响。相关的微观实证研究也发现了中国家庭与西方家庭之间在储蓄偏好方面的差异，Fan 等（1998）研究表明，与美国家庭相比，中国家庭的储蓄目标更为模糊，并且更多的是为了子女教育而储蓄，并非为了退休储蓄。这也体现了中国家庭和西方家庭代际关系的不同，中国家庭内部代际之间的人力资本和财富转移显著高于西方家庭。与以上研究有所不同，Modigliani 和 Cao（2004）研究认为经济体制改革和一胎化政策导致了中国的高储蓄率，文化的作用被高估。此外，Chamon 和 Prasad（2010）、Wei 和 Zhang（2011）认为性别比导致的"婚姻价格"上涨、市场化导致的住房和医疗支出增加等因素共同促使中国家庭产生了远高于西方的储蓄动机，这也印证了预防性储蓄是中国家庭最重要的储蓄动机（Yao et al.，2015）。

（2）关于老龄化与储蓄、消费关系的实证研究。传统的生命周期消费理论基于成年期高储蓄、未成年和老年期负储蓄的特征认为老龄化会降低储蓄率（Modigliani，Brumberg，1954），从而不利于资本积累和经济增长；而 Lee 和 Mason（2006）将预防动机产生的储蓄激励效应称为第二次人口红利，认为老龄化会通过预防动机产生未雨绸缪的储蓄激励，以此促进资本积累和经济增长。而以上两种机制对储蓄的净效应还需验证。

最早关注寿命延长、预防动机与储蓄率关系的分析是 Yaari（1965）、Jie Zhang 和 Junsen Zhang（2001）、袁志刚和宋铮（2000）、贺菊煌（2003）、汪伟和艾春荣（2015）进一步研究指出理性个体会为了保障更长的老年生活而提高储蓄，Sheshinski（2006）发现这会对储蓄率产生正效应，基于国外数据的实证研究证实了这一关系（Bloom et al.，2003；Li et al.，2007）。此后较多学者集中探讨了第二次人口红利的内涵和机制等（蔡昉，2009；Fried，2016；Maliszewska，2016）。

同时，生命周期消费视角下的研究关注了老龄化对储蓄率和资本积累的负效应，但囿于微观数据限制和研究思路的"路径依赖"，相关文献多基于宏观视角，所得结论并不明确。Leff（1969）最早证实了生命周期消费理论，此后 Schultz（2005）、Horika（2010）等进一步验证了老龄化与储蓄率的负相关关系。但诸多学者后来发现生命周期消费理论揭示的规律在不同区域和不同时期存在异质性（Kelley，Schmidt，1996；Andersson，2001；Cavallo et al.，2016），老龄化对宏观储蓄率的影响并非简单的负效应。

　　国内的相关理论分析和基于宏观数据的实证研究也存有较大分歧。理论研究方面，刘永平和陆铭、袁志刚和余静文及汪伟基于世代交叠模型和数值模拟发现老龄化会降低储蓄率（刘永平，陆铭，2008a；袁志刚，余静文，2014；汪伟，2017），与生命周期消费理论一致。刘国斌和杜云昊（2015）、袁磊（2015）的理论分析也得出相似结论。而王金营和付秀彬（2006）等研究发现老龄化会降低消费水平和边际消费倾向，似乎意味着对储蓄率存在正效应。同时，一些理论研究认为老龄化对中国储蓄率的影响并不显著，比如陈彦斌等、朱勤和魏涛远基于数值模拟的研究发现，人口老龄化对中国居民消费在总量层面上影响不大，尚不足以彻底改变中国的高储蓄特征（陈彦斌 等，2014；朱勤，魏涛远，2016）。

　　针对中国的宏观实证分析多利用省级面板数据，但由于时间段选取、变量设定和计量方法不同，所得结论差异较大。汪伟（2010）、刘铠豪和刘渝琳（2015）研究发现出生率对储蓄率显著负效应，老年人口抚养比对储蓄率显著正效应。史晓丹（2013）的结论恰好相反，认为老年抚养比与储蓄率呈负相关关系，少儿抚养比与储蓄率关系呈正相关关系。范叙春、朱保华（2012）则认为老年和少儿人口抚养比对储蓄率的影响取决于是否考虑时间效应。而毛毅（2012）分析发现当期老年人口抚养比对人均居民储蓄产生了负面影响，上期老年人口抚养比对居民储蓄并没有显著影响。王德文等（2004）、董丽霞和赵文哲（2011）等的结论与以上都不同，发现少儿和老年人口抚养比对储蓄率的效应都为负。

　　宏观实证结论的分歧源于微观个体或家庭储蓄率的变动趋势与宏观储蓄率未必相同，宏观储蓄包括家庭储蓄、企业储蓄、政府储蓄等，并且由于李嘉图等价定理，家庭储蓄受政府公共储蓄影响并且二者变动方向相反。而生命周期消费理论所揭示的是微观家庭储蓄与老龄化的关系，因此老龄化对宏观储蓄率的影响未必为负。少数基于微观视角的实证分析探讨了老龄化对储蓄率的影响，郑妍妍等（2013）利用了中国家庭住户收入调查1988—2007年的数据探讨了老龄化和少子化对中国城镇家庭消费的影响，但在处理收入时使用的是虚拟变量分组，无法在充分控制收入的前提下分析老年和少儿人口抚养比对消费的影响，因此难以判断老龄化对储蓄的影响。丁继红等（2013）基于CHNS微观家庭数据分析发现，老年人口抚养比（65岁以上人口比重）对中国农村家庭消费有显著负效应，间接说明在收入不变的前提下，老龄化与微观储蓄率呈正相关关系；但是没有控制少儿人口抚养比，无法全面分析家庭年龄结构与消费的关系，也可能存在遗漏或变量偏差。

因此，宏观层面关于老龄化与储蓄率的关系，现有研究存在较大分歧，微观层面老龄化对中国家庭储蓄率的影响缺乏系统的实证研究；老龄化可能通过生命周期消费效应和预防动机两种机制影响储蓄行为，但实际净效应尚不明确；围绕第二次人口红利已有较多理论研究成果，但预防动机是否为中国提供了第二次人口红利还缺乏实证检验。

2.4.2　老龄化与微观家庭金融资产配置的关系研究

相对于储蓄而言，老龄化与家庭其他金融资产关系的分析较为有限。宏观视角下，基于数值模拟的研究发现老龄化会降低股票资产投资（Yogo，2016），随老龄化加剧居民会更关心资产安全性，从而减少股票持有量，基于OECD国家的实证研究证实了这一规律（Davis，Li，2003），然而利用其他国家宏观时间序列数据的实证研究显示，人口老龄化对居民股票投资有显著正效应，Alda（2017）在宏观层面考察了老龄化通过养老保险基金对股票市场的影响，但研究结果显示老龄化对股票市场的影响存在显著的国别差异。关于家庭老龄化的资产配置研究主要有如下三类。

（1）基于生命周期视角探究退休对家庭金融资产配置的影响。这方面研究主要针对预期寿命提高、公共养老保障不足等趋势，分析家庭在成员退休前如何预先未雨绸缪地配置金融资产，以应对退休带来的收入冲击和家庭成员寿命延长带来的额外消费。因此，按照这一理论，退休前和退休后的家庭成员占比会对其金融资产组合产生影响，退休成员越多的家庭的金融资产规模越小，总体来看家庭金融资产总额随成员退休时间延长而降低，但是关于这一问题的实证研究结论并不一致。Love 等（2009）通过构建资产折算模型，将家庭金融资产、非金融性资产以及社会保障自查纳入统一的分析框架，研究发现成员退休会导致家庭资产降低，但降低的幅度和速度小于理论预期。Poterba 等（2013）、Poterba（2014）关注了退休家庭成员的教育状况与家庭金融资产配置的关系，健康人力资本和金融资产积累都取决于退休前的收入，而退休前的收入最终取决于教育人力资本，这构成了退休时财富的"原始禀赋"；因此，教育对退休后的资产配置的影响既取决于对退休前"原始禀赋"的影响也取决于对退休后偏好变化的影响；通过细致区分两类影响，研究发现这两类效应都显著。Spicer 等（2016）利用澳大利亚 HILD 微观家庭面板数据研究发现，资产价格和投资偏好是影响家庭退休后资产财富的最重要因素，2002—2006 年间澳大利亚的退休家庭平均资产趋于上升，而 2006—2010 年间趋于下降，这与资产价格的变化趋势吻合，此外还发现有退休成员的家庭更倾向于配置风险系数更低和流动性更高的资产。而 Hulley 等（2012）、Wu 等（2015）的研究结论与以上有所不同，他们关注了退休与资产配置关系的结构性差异。Hulley 等（2012）研究发现不同收入水平的家庭在应对退休所造成的收入冲击方面存在异质性，收入水平相对较低的家庭会更大程度地降低风险资产配置，而高收入水平家庭反而会因退休而提高风险资产配置，这也反映了不同家庭在面对退休时资产配置的风险偏好有较强的稳定性。Wu 等（2015）利用澳大利亚的微观面板数据研究发现，退休与金融资产之间并非简单的线性关系，退休后家庭的资产会有一定程度的缩水，但是随着时间推移，家庭的金融资产平均而言反而会上升，这源于遗赠动机以及家庭为适应退休而主动调整支出与消费。

（2）从投资偏好视角探究年龄与风险和流动性偏好的关系，进而分析不同年龄结构的家庭在金融配置方面的异质性。围绕以股票为主的风险资产投资的研究最为集中，相关研究结论存在显著的国别差异，Veld-Merkoulova（2011）基于荷兰数据的实证研究发现，寿命延长的预期会提高家庭财务计划中的贴现周期，促使其提高风险资产比重，并指出这一效应对风险偏好更强的家庭影响更为显著。Poterba 和 Samwick（2001）分析了美国家庭的年龄与资产配置结构的关系，发现老龄化对家庭资产配置的种类和比重都有显著影响，因此，随着老龄化发展家庭的资产类型偏好会发生改变；此外发现不同年龄队列的决策主体拥有不同的资产偏好，老年人更倾向于投资股票，年轻人更倾向于投资免税国债。Iwaisako等（2016）利用日本数据研究发现，老龄化并没有导致日本家庭股票资产持有比重降低，经济危机导致的收入冲击才是促使家庭股票资产下降的主要因素；此外，日本家庭的风险资产持有量会随年龄提高而上升，更倾向于将储蓄转向股票资产投资，家庭总资产的提高既源于家庭平均资产规模提高，也源于高资产家庭所占比重的提高。与之有所不同，Heaton和Lucas（2000）发现美国家庭中65岁以上人口比重与家庭股票投资比重负相关。Guiso等（2002）利用英国、意大利和德国的数据研究发现，50~60岁之间的家庭股票资产投资额占家庭金融资产总额的比重达到峰值，户主低于50岁和高于60岁的家庭的股票资产投资额更低。关于年龄与资产流动性偏好的关系，Coile和Milligan（2009）发现随年龄提高，家庭资产投资的流动性偏好越强。Kohler等（2004）也发现老年家庭更倾向于增加流动性更强的资产，如现金、银行存款、低风险债券等，而降低股票资产。Sinai和Souleles（2007）针对年龄与流动性偏好的关系研究发现，由于房价上涨老年家庭的资产总额并没有像生命周期模型中预测的那样迅速下降，家庭甚至可以利用房价上涨收益增加投资从而提高财富，但是这一效应仅存在于资产水平较高的家庭；而对于低资产家庭而言，由于房产的流动性降低，低资产家庭出于流动性偏好会降低房产配置，这意味着老龄化会增加不同收入阶层的资产差距，不利于缩小收入分配和家庭福利差距。关于资本市场如何应对老龄化发展和适应不断变化的家庭资产偏好，Hurd（2001）认为金融产品供给主体需要科学研判不同年龄阶段人群的风险和流动性偏好，积极进行金融创新，促进金融市场更适应于老龄社会发展。

（3）结合医学和社会心理学分析年龄与认知判断能力的关系，基于此探究老龄化对家庭资产配置的影响。大量研究表明金融分析和决策能力会随年龄提高而下降，而金融资产投资依赖认知、分析与判断能力，因此老龄化会通过这一机制影响微观家庭的金融资产配置，但是关于认知能力在哪个年龄会出现拐点现有研究结论并不一致。Horn和Cattell（1967）较早分析了年龄与不同维度的人力资本的相关关系,发现数学和空间思维能力随年龄提高而显著降低,而更多依赖经验和知识积累的能力随年龄增加而提高。Smith 等(2010)、Agarwal 和 Mazumder(2013)发现数学是影响认知能力的最重要因素,数学能力对投资成功率和家庭财富的影响显著。Korniotis 和 Kumar(2011)发现尽管随年龄提高投资经验增加,但 70 岁以后的投资绩效会显著降低。此外,Agarwal 等(2009)发现信贷决策质量在 50~60 岁之间会出现下降的趋势,Choi 发现 65 岁以上的老年人因认知和判断能力下降会造成 5.1% 的投资损失。Boyle 等(2012)、Hsu 和 Willis(2013)、Bruin 等(2012)研究发现在控制教育、经验等其他因素后,老年人在关于投资的测试中表现更差,因此财务管理能力更低。Rooij 进行了更细致的分年龄研究,发现金融认知能力在 41~50 岁之间达到顶峰,随后开始下降,在 70 岁以后的年龄组最低,呈现出典型的"倒 U 形"关系。在这类研究的基础上,一些文献探究了老龄化对微观金融资产配置的影响。Hilgert 等(2003)、Lusardi 和 Mitchell(2007)发现,金融认知能力越高,在金融资产配置和决策时的失误越低,比如年龄增长会降低经济主体的记忆力,信用卡延迟还款的概率越高,从而信用水平受到不利影响。Lusardi 和 Mitchell(2014)研究发现随年龄增长,投资者对新兴金融投资概念的理解能力也会降低,由此降低了对相关金融产品的需求。Gaudecker(2015)和 Finke 等(2017)发现,60 岁以上的老年人金融认知能力更低,从而其家庭金融资产配置的多样化性会降低。

针对我国人口老龄化与金融市场关系的研究主要从宏观角度展开。比如,关于老龄化对金融体系的影响,宏观经验研究发现金融发展与老龄化之间存在长期协整关系(杜本峰,2007);理论研究认为人口老龄化会提高养老金需求,从而改变金融结构,产生以养老金产品为核心的新型金融系统(石莹,赵建,2012;陈游,2014)。关于老龄化与金融抑制的关系,基于跨国数据的经验研究结果显示,老龄化会降低要素供给,导致金融资源获取能力薄弱的部门受到负面影响,由此提高金融抑制的成本,推动金融改革(余静文 等,2014)。关于老龄化与金融杠杆的关系,利用跨国面板数据的研究发现人口老龄化与金融杠杆之间存在倒 U 型关系,在越过拐点后去杠杆化进程将随金融危机概率的提高而加快(陈雨露 等,2014)。关于老龄化与金融资产需求,这方面的实证分析也仅有基于宏观数据的研究，且结论并不一致：利用我国宏观人口与金融数据的描述性统计分析发现，随老龄化加剧居民会更关心资产安全性，从而减少股票持有量（夏淼，吴义根，2011；李健元 等，2011）；然而利用我国宏观时间序列数据的实证研究显示，人口老龄化对我国居民股票投资有显著正效应（吴义根，贾洪文，2012）。

关于老龄化与金融市场的关系近年来出现了为数不多的微观实证研究，比如针对老龄化与商业保险需求的关系，樊纲治和王宏扬（2015）基于微观数据研究发现，老年人口比重与商业人身保险需求负相关，与少儿人口比重呈正相关关系。卢亚娟和 Calum G.Turvey（2014）利用 CHFS 家庭数据探究了中国家庭风险资产持有的影响因素，但没有充分考虑家庭老龄化与风险资产需求的关系，而是将户主年龄分为 30 岁以下、30~40 岁、40~50 岁、50 岁以上四组，使用了户主年龄的虚拟变量，因此无法细致评估和量化测算老龄化对微观家庭风险资产需求的影响效应。

综上，基于现有文献可以得出三点基本判断。第一，资本市场视角下关于老龄化的影响多集中探讨了老龄化与储蓄的关系，关于老龄化对其他金融资产的影响缺乏系统的理论分析和实证研究。第二，现有研究在老龄化与金融市场关系方面积累了一些成果，但关于老龄化对金融资产投资影响的研究结论并不明确。第三，围绕老龄化与金融市场关系的实证研究多基于宏观视角，关于老龄化对金融资产需求的影响效应缺乏有针对性的微观实证检验。

2.5　本章小结

基于以上对家庭老龄研究的文献述评，可以得出三点基本结论。第一，老龄化条件下家庭储蓄和资产配置方面的研究取得了较多进展，有助于理清老龄化对资本积累和金融市场的微观影响机制、科学评价老龄化的宏观影响效应。但是相关理论研究没有对异质性偏好纳入统一的分析框架，因此导致不同假设下的理论模型和数值仿真结论差异较大。实证研究中没有充分考虑老龄化对不同区域、人力资本禀赋和收入阶层家庭影响的异质性，同时在处理老龄化变量时多使用分组虚拟变量，难以充分捕捉老龄化的动态影响效应。在理论分析方面构建系统的分析模型，结合医学和认知心理学的研究进展针对不同区域和阶层设定不同的偏好系数；在实证研究方面优化变量设置，进行更为细致的国别、城乡、阶层的子样本研究，可以更科学和细致地探究老龄化对微观家庭储蓄、消费与资产配置的影响。

第二，人力资本投资的代际关系是老龄化条件下家庭人力资本投资研究的新命题，相关研究仍处于探索阶段，成果较为零散，没有形成系统条理的理论体系。老龄化条件下家庭人力资本投资的决策机制与人口红利时期有明显区别；静态来看，老龄化加剧了家庭人力资本投资的代际竞争程度，但动态视角下老龄化对代际合作的影响效应较为复杂。尤其是关于老龄化条件下家庭教育投资等关键性问题，尚缺乏系统的理论提炼、定量测算及变动趋势分析。

第三，家庭老龄化根植于特定制度环境与文化背景，不同发展阶段、历史传统、社会体制、文化特征下的家庭老龄化存在异质性特征。因此，在借鉴国外数据调查、模型构建、研究方法的同时，我国的家庭老龄化研究还需特别注意我国国情的独特性。我国文化背景下的家庭代际关系与西方有显著差异，近些年现代化与城镇化推动家庭趋于核心化、小型化，但我国家庭的演化路径不同于西方模式，孝道文化背景下的传统家庭伦理仍有较大影响，我国家庭的代际关系呈现出路径依赖与外部冲击交互影响下的独特结构。西方背景下的家庭资产配置与人力资本投资理论可提供较完善的方法论范式，但难以充分解释我国家庭资产配置与人力资本投资中的动态关系，也难以形成契合我国现实背景的操作性政策，因此老龄化条件下我国家庭人力资本投资与资产投资的特征和影响因素具有独特的理论研究价值。

第3章 老龄化对微观教育投资的
影响分析

改革开放以来，我国经济持续快速增长有赖于廉价劳动力创造的人口红利，随着人口老龄化的加剧，特别是从2013年起我国劳动人口规模开始下降[1]，老龄化正促使劳动力数量这一比较优势成为历史。劳动力短缺时代我国能否继续保持经济中高速增长取决于劳动力质量和人力资本禀赋（陆旸，蔡昉，2016）。然而，现有关于老龄化与劳动力市场的分析多集中于老龄化对劳动力数量的影响（童玉芬 等，2014；张川川 等，2014；周祝平，刘海斌，2016；郭凯明，颜色，2016）；关于老龄化对人力资本和劳动力质量的影响，成果非常有限。

一些研究从宏观角度探讨了老龄化对政府人力资本投资的影响，比如基于社会群体博弈的视角分析老龄化条件下人力资本投资的代际竞争性（Galasso，2006；Binstock，2010），指出老年人口比重增加会提高养老保障投入的话语权，降低政府教育投资的权重，这属于社会关系视角下的代际冲突研究。此外，李海峥等（2016，2017）通过对人力资本进行宏观测算，指出老龄化不利于劳动力人力资本和人力资本存量的增长，刘文和张琪（2017）利用东亚国别比较数据研究发现人口老龄化对人力资本投资影响先正后负。

然而，微观视角下关于老龄化对人力资本投资的影响机制和效应，尚缺乏系统的理论分析和实证研究。在更早进入老龄化社会的西方发达国家，经济层面上已建立了较为完善的社会保障和公共教育体系，老年人养老和未成年人教育都由

---

[1] 根据《中国统计年鉴（2017）》数据，我国15～59岁人口数量在2012年达到峰值，15～64岁人口数量在2014年达到峰值，http://www.stats.gov.cn/tjsj/ndsj/2017/indexch.htm。

社会统筹提供（Chetty，Finkelstein，2013），较少取决于微观家庭决策。此外，文化和制度层面上西式代际关系是"接力模式"，并不强调子女对父母的赡养义务（费孝通，1983；李金波，聂辉华，2011），不存在养老负担对人力资本投资的微观影响机制，因此，国外文献中较少有关于老龄化影响微观人力资本积累的分析。然而，我国老龄化的经济学特征是未富先老（蔡昉，2016），社会保障机制尚不能提供充分的养老保障，家庭同时也是教育投资的微观主体，需要在养老和教育两方面权衡。文化和制度层面上，儒家文化历来重视孝养伦理，强调对父母"敬不违，劳而不怨"❶。《中华人民共和国婚姻法》更明确规定了子女对父母的赡养义务。❷所以我国家庭的代际关系呈现出显著的"反馈"特征，养老负担或许会通过这一反馈式的家庭代际模式作用于我国微观人力资本投资。因此，在不同于西方发达国家的经济、文化和制度语境下，更应从微观角度细致考察老龄化对我国人力资本投资和劳动力质量的影响。

家庭资源的代际竞争方面，研究表明人口老龄化客观上会提高老人照料的需求成本（曾毅 等，2012），用于老年照料等方面的家庭资源与社会资源都变得相对稀缺（彭希哲，胡湛，2011）。在对子女的代际支持方面，社会竞争在加剧，子女经济独立更晚并需投资更多的人力资本（Stein et al.，2011），促使父母需要为子女的教育和职业发展提供更多情感和资金支持（Aquilino，2006；Finger-man et al.，2010）以助其增强竞争力（Furstenberg，2010）、维持家庭代际关系的紧密性（Fingerman et al.，2012）。但是，家庭决策的主观层面，满足老年人照料的需求可能会优先于家庭对子女的教育投资（Profeta，2002；Mulligan，Sala-I-Martin，2003；Monten，Thum，2010；Sørensen，2013）。所以，处于净支付地位的成年期家庭成员面临着家庭人力资本投资的代际竞争，承担着养老抚幼的双重压力（Igarashi et al.，2013），需要在代际资源分配方面进行多重权衡。但是，关于老龄化对家庭人力资本投资的影响效应，尚缺乏系统的理论研究和实证分析。

父母对子女的人力资本投资，父母对未成年期子女进行教育投资，在产权意

---

❶ 摘自《论语》里仁第四。
❷ 《中华人民共和国婚姻法》第二十一条规定："子女对父母有赡养扶助的义务。子女不履行赡养义务时，无劳动能力的或生活困难的父母，有要求子女付给赡养费的权利。"

义上享有部分人力资本收益权（俞宪忠，2013），由此促使子女在父母年老时以赡养的形式对其进行营养医疗类人力资本投资（Hjälm，2012；Leopold，Raab，2013），体现出家庭内部的代际合作关系。关于家庭人力资本投资代际合作的形成机理，研究发现：代际支持的动力并非全部来自血缘恩情，而是一种与市场交换相类似的互惠方式。在家庭内部人力资本投资与收益的动态均衡中，包含着代际金融支持与风险分担机制（陈志武，2013），以及现收现付式的养老金模式（孙涛，黄少安，2010）。我国历代传统统治者通过孝道强化了这一人力资本投资的代际合作机制，以此实现统治租金最大化（李金波，聂辉华，2011），并解决养老保障问题。

从更微观的视角来看，关于对子女人力资本投资的动机，现有文献认为出于两类偏好：一是利他偏好（Becker et al.，1990；Jie Zhang，Junsen Zhang，2001；Alders，Broed，2005；Arrow，Levin，2009；郭凯明 等，2011），将子女人力资本作为耐用消费品，直接进入父母的效用函数。Lin 和 Pei（2016）发现父母对子女的投资与家庭赡养支出并无显著关系，而与代际亲密程度呈显著正相关关系，这间接证实了利他偏好的存在。Rangel（2003）的分析发现，即使父母不是出于利己动机，只要子女对父母的赡养（backward intergenerational transfers）与父母对子女的教育支出（forward intergenerational transfers）有正相关关系，人力资本投资的代际合作就可以维持。所以另一些研究认为父母对子女的人力资本投资是出于利己偏好（Ehrlich，Lui，1991；袁志刚，宋净，2000；郭庆旺 等，2007；刘永平，陆铭，2008a，2008b），将子女人力资本作为投资品，通过对其未来的收益贴现，进行成本、收益、风险的"利润"最大化决策。但是，关于哪种偏好起主导作用，研究结论不尽相同；Cong 和 Silverstein（2011）认为人们对待家庭关系的偏好倾向于利他，对待社会关系的偏好倾向于利己；Daatland 等（2012）则认为在个人利益与家庭责任之间权衡，偏好是复合型的（Mixed Preference）。本书将利己和利他两类偏好统筹纳入理论模型，更符合我国家庭现实。

综上可见，关于老龄化对人力资本和劳动力质量的影响，成果非常有限，缺乏有关老龄化对微观人力资本投资影响机制和效应的系统研究。我国反馈式的家庭代际关系中老龄化会如何影响微观人力资本投资，在家庭养老功能弱化的趋势下它的实际影响效应如何，是本章所要回答的问题。

此外，为解决日趋严重的老龄化问题，我国已全面放开二胎，计划生育政策还有可能进一步放开，相关应对老龄化的生育政策又会如何影响微观人力资本投资，也是需要我们关注的问题。本书基于反馈式的家庭代际关系构建了一个两期世代交叠模型（Overlapping-Generations Model，OLG），将人力资本投资的利己和利他偏好纳入分析框架，并考虑养老负担的预防动机，以此理论探究我国经济、文化和制度背景下，老年人口和少儿人口抚养比对家庭教育投资的影响。进而利用中国家庭追踪调查2010—2014年面板数据，实证分析老龄化和抚幼负担对微观人力资本投资的影响及其城乡、区域差异，并对比分析了老龄化对不同收入水平家庭的影响。本章余下部分安排如下：3.1节通过构建理论模型进行理论分析；3.2节为老龄化条件下家庭教育投资特征分析；3.3节为老龄化条件下家庭教育投资的影响因素的实证分析；3.4节基于以上分析进一步探讨养儿育女的"消费品"和"投资品"属性；最后进行小结。

3.1　老龄化对家庭教育投资的影响机理分析

基于反馈式的家庭代际关系构建了一个世代交叠模型（OLG）：代表性家庭成员依次经历幼年期、成年期和老年期三个阶段，在幼年期由父母抚养并接受教育，没有经济决策能力；在成年期拥有固定单位的劳动时间进行工作，同时赡养父母、抚养子女，并在资产投资和子女教育投资方面做出决策；在老年期退休，依靠子女的赡养费和资产投资收益生活。

考察t和$t+1$两个时期，假设代表性家庭在t时期的老年人口与成年人口比为n_{t-1}，衡量家庭的养老压力；幼年人口与成年人口比为n_{t+1}，反映家庭抚幼负担。假设父母需要为子女进行两方面支出，一是基本抚养支出，假设父母需要为每位子女的基本成长付出$v(0<v<1)$单位的劳动时间；二是教育支出，假设父母为每位子女提供$h_t(1+kn_{t+1})(0 \leqslant h_t<1, k \geqslant 0)$单位的劳动时间，其中$h_t$代表教育投资强度，$kn_{t+1}h_t$衡量了老龄化对家庭教育投资的预防效应，即养老负担增大时成年期家庭成员未雨绸缪提高教育支出以增加未来收入。假设成年子女对父

母的赡养支出为 $w(0 < w < 1)$ 单位的劳动时间，w 代表代际交换强度，取决于伦理习俗和法律政策所决定的孝道水平，体现在父母与子女的隐性代际交换契约中。假设资产投资率为 s_t，产品生产效率为 B，成年期家庭成员的人力资本禀赋为 H_t，则其在 t 时期的消费为

$$C_1(t) = BH_t\left[1 - vn_{t+1} - h_t(1 + kn_{t-1})n_{t+1} - wn_{t-1} - s_t \right] \qquad (3\text{-}1)$$

假设人力资本生产效率为 A，则幼年期家庭成员在 t 时期积累的人力资本禀赋为

$$H_{t+1} = AH_t\left[vn_{t+1} + h_t(1 + kn_{t-1})n_{t+1} \right] \qquad (3\text{-}2)$$

t_1 时期，老年期家庭成员获得 $(1 + r_{t+1})s_t BH_t$ 的资产投资收益，r_{t+1} 为资产投资收益率），并获得其成年子女提供的 wBH_{t+1} 的赡养费，wBH_{t+1} 体现了抚育后代的利己动机，即其投资品属性。此外，本书假定父母对子女的人力资本投资还出于利他偏好，即抚幼同时具有消费品属性，假设利他偏好系数为 φ，老年期家庭成员从其子代积累的人力资本中获得价值 φH_{t+1} 的"消费"。由此，老年期家庭成员在 $t+1$ 期的总消费为

$$C_2(t+1) = (1 + r_{t+1})s_t BH_t + wBH_{t+1} + \varphi H_{t+1} \qquad (3\text{-}3)$$

依循惯例本书采用常弹性效用函数（Ehrlich, Lui, 1991；Ehrlich, Kim, 2007），代表性家庭成员的效用最大化决策为

$$max_{h_t, s_t} U_t = \frac{1}{1-\sigma}\left[c_1^{1-\sigma}(t) - 1 \right] + \delta\frac{1}{1-\sigma}\left[c_2^{1-\sigma}(t+1) - 1 \right] \qquad (3\text{-}4)$$

其中，$\delta(0 < \delta < 1)$ 为贴现因子。根据（3-1）、（3-2）、（3-3）式求解 $\frac{\partial U_t}{\partial h_t} = 0$ 和 $\frac{\partial U_t}{\partial s_t} = 0$，可得一阶最优条件为

$$\left[\frac{C_2(t+1)}{C_1(t)} \right]^\sigma = \delta\frac{A(wB + \varphi)}{B} \equiv \delta R_h \qquad (3\text{-}5)$$

$$\left[\frac{C_2(t+1)}{C_1(t)} \right]^\sigma = \delta(0 < \delta < 1)(1 + r_{t+1}) \equiv \delta R_s \qquad (3\text{-}6)$$

其中，$\left[\dfrac{C_2(t+1)}{C_1(t)}\right]^{\sigma}$ 为成年期消费对老年期消费的边际替代率，$\delta(1+r_{t+1})\equiv\delta R_s$

和 $\delta\dfrac{A(wB+\varphi)}{B}\equiv\delta R_h$ 分别为资产投资和对子女进行教育投资的收益率的贴现值。

式（3-5）、式（3-6）的含义是：理性个体通过选择最优的资产投资额和对子女教育投资量使之收益率的现值同时等于成年期对老年期消费的边际替代率。不难发现，代际交换强度 w、利他偏好系数 φ 和人力资本生产效率 A 越高，父母对子女进行教育投资的收益率 R_h 越大。假定最优教育投资收益率为 R^*，由式（3-1）、式（3-2）、式（3-5）、式（3-6）可得最优教育投资强度和资产投资率为

$$h_t^* = \frac{(\delta R^*)^{\frac{1}{\sigma}} - w(\delta R^*)^{\frac{1}{\sigma}}n_{t-1} - v\left[R^*(\delta R^*)^{\frac{1}{\sigma}}\right]n_{t+1} - \left[R^* + (\delta R^*)^{\frac{1}{\sigma}}\right]s_t^*}{\left[R^* + (\delta R^*)^{\frac{1}{\sigma}}\right](1+kn_{t-1})n_{t+1}} \quad (3-7)$$

$$s_t^* = \frac{(\delta R^*)^{\frac{1}{\sigma}} - w(\delta R^*)^{\frac{1}{\sigma}}n_{t-1} - \left[R^* + (\delta R^*)^{\frac{1}{\sigma}}\right]\left[v + h_t^*(1+kn_{t-1})\right]n_{t+1}}{R^* + (\delta R^*)^{\frac{1}{\sigma}}}$$

$$(3-8)$$

此外不难证明：

$$\frac{\partial^2 U_t}{\partial h_t^2} = -\sigma\left[H_t(1+kn_{t-1})n_{t+1}\right]^2\left[B^2 C_1^{-\sigma-1}(t) + \delta A^2(wB+\varphi)^2 C_2^{-\sigma-1}(t+1)\right] < 0$$

$$(3-9)$$

$$\frac{\partial^2 U_t}{\partial s_t^2} = -\sigma B^2 H_t^2\left[C_2^{-\sigma-1}(t) + \delta R^{*2}C_1^{-\sigma-1}(t+1)\right] < 0 \quad (3-10)$$

因此 h_t^*、s_t^* 也满足最优化决策的二阶条件。由式（3-7）可得家庭最优教育投资量为

$$E_t = (1+kn_{t-1})n_{t+1}h_t^* =$$

$$\frac{(\delta R^*)^{\frac{1}{\sigma}} - w(\delta R^*)^{\frac{1}{\sigma}}n_{t-1} - v\left[R^* + (\delta R^*)^{\frac{1}{\sigma}}\right]n_{t+1} - \left[R^* + (\delta R^*)^{\frac{1}{\sigma}}\right]s_t^*}{R^* + (\delta R^*)^{\frac{1}{\sigma}}} \quad (3-11)$$

由此得到

$$\frac{\partial E_t}{\partial n_{t-1}} = -\frac{w\left(\delta R^*\right)^{\frac{1}{\sigma}}}{R^* + \left(\delta R^*\right)^{\frac{1}{\sigma}}} < 0 \tag{3-12}$$

$$\frac{\partial E_t}{\partial n_{t+1}} = \frac{v\left[R^* + \left(\delta R^*\right)^{\frac{1}{\sigma}}\right]}{R^* + \left(\delta R^*\right)^{\frac{1}{\sigma}}} < 0 \tag{3-13}$$

因此，家庭老年人口抚养比和幼年人口抚养比越高，最优教育总投资越低；意味着在反馈式的家庭代际关系中，老年和少儿人口抚养比对家庭教育投资有负效应。此外，$\frac{\partial E_t}{\partial s_t^*} = -1$ 意味着教育投资和资产投资在养老保障方面存在替代关系。

3.2 老龄化条件下家庭教育投资特征分析

3.2.1 数据处理

本章所使用的数据来自中国家庭追踪调查（China Family Panel Studies，CFPS）。CFPS由北京大学中国社会科学调查中心（ISSS）实施，样本覆盖我国25个省/市/自治区、162个县、635个村居，调查对象包含样本家户中的全部家庭成员，其分层多阶段抽样设计使得样本能够代表大约95%的中国人口（谢宇 等，2014）。CFPS调查问卷共有社区问卷、家庭问卷、成人问卷和少儿问卷四种主体问卷类型，旨在反映中国社会、经济、人口、教育和健康的变迁。CFPS在2010年正式开展访问，经2010年基线调查界定出来的所有基线家庭成员及其今后的血缘/领养子女将作为CFPS的基因成员，成为永久追踪对象，每两年进行追踪调查，目前共有2010年、2012年和2014年三期面板数据。CFPS在充分利用辅助信息对抽样框进行有效排序的基础上进行了三阶段不等概率的系统PPS整群抽样，为保证样本的代表性CFPS进一步进行了全国整合样本再抽样；本章使用的是2010年、2012年和2014年三期全国整合样本面板数据，共计27629个家庭。

3.2.2　特征分析

本章的被解释变量为家庭教育支出及其占家庭总支出的比重❶，分别记作edu_expense和edu_ratio。此外，我国普及了九年义务教育，这会对本书研究产生两方面影响，一是父母有法定义务让适龄子女接受义务教育，另一方面政府承担了义务教育阶段的学费和杂费❷。因此，对义务教育阶段的家庭成员的教育支出未必能客观、充分地反映家庭的主动选择，所以在稳健性分析中将家庭的非义务教育支出及其占家庭总支出的比重作为被解释变量，分别记为edu_expense_2和edu_ratio_2。

解释变量为家庭年龄结构类变量，包括衡量家庭养老压力的家庭中60岁以上的人口及其占家庭总人口的比重，分别记为number_60和percentage_60；衡量家庭抚幼负担的家庭中14岁以下的人口及其占家庭总人口的比重，分别记为number_14和percentage_14。随着预期寿命的延长和延迟退休政策的推广，65岁越来越普遍地成为跨越老年的标准，因此本书还将家庭中65岁以上的人口及其占家庭总人口的比重（分别记为number_65和percentage_65）作为解释变量，检验结论的稳健性。

控制变量包括家庭层面和个体层面两类，家庭层面的控制变量有城乡虚拟变量（城镇=1，乡村=0）及其与家庭年龄结构类变量的交叉项，以分析老龄化和抚幼负担对家庭教育投资影响的城乡差异；此外还包括家庭规模、家庭中正在上学的人数（被解释变量为edu_expense或edu_ratio时使用）、家庭中接受非义务教

---

❶ CFPS统计的家庭教育支出包括与教育相关的所有支出，包括学杂费、择校费、课外辅导费、教辅材料费、培训费等。

❷ 《中华人民共和国义务教育法》第二条规定："义务教育是国家统一实施的所有适龄儿童、少年必须接受的教育，是国家必须予以保障的公益性事业。实施义务教育，不收学费、杂费。"第五条规定："适龄儿童、少年的父母或者其他法定监护人应当依法保证其按时入学接受并完成义务教育。"

育的人数（被解释变量为 edu_expense_2 或 edu_ratio_2 时使用）、家庭中有养老保险的人数、过去一年家庭中住院的人数、家庭总资产、家庭净收入、储蓄率、是否祭祖扫墓（是=1，否=0）等。其中"是否祭祖扫墓"是衡量孝道文化的虚拟变量，如果家庭过去一年进行过祭祖扫墓类活动，说明孝道水平较高。CFPS 没有对户主进行定义和识别，本书将成人问卷中每个家庭的收入水平最高者作为户主，近似作为家庭决策者，以此捕捉家庭决策者的个人特征，包括其社会经济地位（ISEI 值）●、受教育程度❷、是否有工作、年龄及年龄的平方等。此外，本书还控制了年份虚拟变量和省份虚拟变量。

表 3-1 报告了以上变量的描述性统计结果。从被解释变量来看，样本家庭的年平均教育支出为 2843.89 元，占家庭总支出的比重为 7.3%；非义务教育支出平均为 2332.21 元，占家庭总支出的 5.8%，这四个变量的标准差都大于均值，意味着不同家庭的教育支出差异较大。从解释变量来看，平均每个家庭有 0.65 个 60 岁以上的老年人、0.43 个 65 岁以上的老年人、0.66 个 14 岁以下的少儿，但 percentage_14 小于 percentage_60 和 percentage_65，原因在于少儿人口与家庭规模的相关系数远大于老年人口与家庭规模的相关系数❸，意味着随家庭规模增大，少儿人口增加量多于老年人口增加量。此外，还可以发现样本中平均家庭规模为 3.8 人，47% 的是城镇家庭，67% 的家庭会祭祖扫墓等。

---

❶ ISEI 值为国际标准职业社会经济指数（International Socio-Economic Index of Occupational Status，ISEI），是基于职业的平均受教育水平和收入计算而来的反映职业间相对地位的连续性指标，这一指标也可作为衡量家庭社会资本水平的代理变量。CFPS 还提供了另一种衡量个体社会经济地位的指标 SIOP 值，依据标准国际职业声望量表（Treiman's Standard International Occupational Prestige Scale，Treiman's SIOPS）测算得到。本书也使用了 SIOP 值作为替代 ISEI 值的控制变量，两种结果一致。

❷ CFPS 将个体受教育程度从文盲（半文盲）到博士（含在职）细分为 8 个等级；等级越高，代表受教育程度越高。

❸ 家庭年龄结构与家庭规模的相关系数：cov（percentage_14，familysize）为 0.66，cov（percentage_60，familysize）为 0.13，cov（percentage_65，familysize）为 0.09。

表3-1　家庭教育投资变量描述性统计

变量名	变量含义/单位	均值	标准差	最小值	最大值
被解释变量					
edu_expense	过去一年家庭教育支出/元	2 843.89	5 574.57	0	30 000
edu_expense_2	过去一年家庭非义务教育支出/元	2 332.21	5 309.11	0	30 000
edu_ratio	教育支出占家庭总支出的比重/%	0.073	0.134	0	0.959
edu_ratio_2	非义务教育支出占家庭总支出的比重/%	0.058	0.127	0	0.959
解释变量					
number_60	家庭中60岁及以上的人口/人	0.65	0.84	0	7
percentage_60	60岁及以上的家庭成员占家庭总人口的比重/%	21.59	32.57	0	100
number_65	家庭中65岁及以上的人口/人	0.43	0.71	0	7
percentage_65	65岁及以上的家庭成员占家庭总人口的比重/%	14.73	28.23	0	100
number_14	家庭中14岁及以下的人口/人	0.66	0.88	0	8
percentage_14	14岁及以下的家庭成员占家庭总人口的比重/%	13.841	17.22	0	100
控制变量					
urban	城乡(城镇=1,乡村=0)	0.47	0.50	0	1
number_family	家庭规模/人	3.80	1.79	1	26
number_school	家庭中上学的人数/人	0.58	0.78	0	8
number_school_2	家庭中接受非义务教育的人数/人	0.24	0.49	0	4
number_insurance	家庭中有养老保险的人数/人	0.83	1.13	0	8
number_hospital	过去一年家庭中住院的人数/人	0.22	0.47	0	4
total_asset	家庭总资产/元	327 609	560 401	−36 875	3 586 800
net_income	过去一年家庭净收入/元	38 829	38 360	400	211 000
saving_rate	储蓄率/%	−0.73	2.17	−8.06	0.77
whether_jizu	是否祭祖扫墓(是=1,否=0)	0.67	0.47	0	1
isei_head	户主的社会经济地位(ISEI值)	34.37	14.26	19	90

续表

变量名	变量含义/单位	均值	标准差	最小值	最大值
控制变量					
edu_head	户主受教育程度	2.79	1.37	1	8
age_head	户主的年龄	45.72	16.16	0	102
age_headsq	户主年龄的平方	2 351.34	1 581.59	0	10 404
whether_work_head	户主是否有工作	0.65	0.48	0	1
年份虚拟变量、省份虚拟变量					

注：年份虚拟变量和省份虚拟变量没有具体的统计性指标。全书各表类同。

3.3　老龄化条件下家庭教育投资的影响因素分析

3.3.1　计量模型

由于样本中50.69%的家庭没有教育投资，62.53%的家庭没有非义务教育支出，所以edu_expense和edu_expense_2是归并数据（Censored Variables），其核密度函数如图3-1所示，使用线性估计方法不能得到一致的估计，因此本书在家庭教育支出和非义务教育支出作为被解释变量的回归中使用面板Tobit模型。

家庭教育支出和非义务教育支出占家庭总支出的比重是比例观测值，因此edu_ratio和edu_ratio_2是有界变量（bounded variables）。对于比例观测值作为被解释变量，传统的Logit和Probit模型由于对总体分布的假设过于严格而并不适用，Tobit模型只适用于单边受限的被解释变量（Gallani et al.，2015），因此本书使用Papke和Wooldridge（1996，2008）提出的Fractional Response Model（FRM）来估计edu_ratio和edu_ratio_2作为被解释变量的回归。此外，家庭的人力资本投资决策可以分为拥有不同决定机制的两阶段，第一阶段为参与决策（Participation Decision），决定是否进行教育投资；第二阶段为数量决策（Amount Decision），决定教育投资量。为分别探究养老压力和抚幼负担对两阶段决策的影响，本书还使用了Heckman两阶段模型对以上被解释变量进行分析。

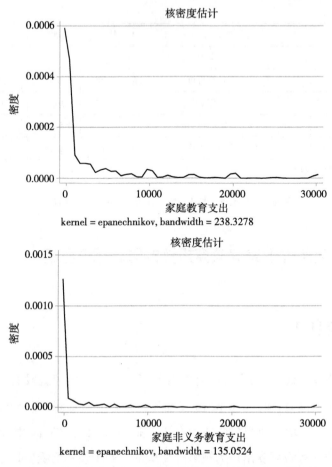

图3-1　家庭教育支出和非义务教育支出的核密度函数估计

3.3.2　基本分析

表3-2报告了面板Tobit模型和面板FRM模型的基础回归结果❶，估计结果中第1、3、5、7列的被解释变量是家庭教育支出，使用的是面板Tobit模型；第2、4、6、8列的被解释变量是家庭教育支出占家庭总支出的比重，使用的是面板FRM估计。

---

❶ 本书面板FRM回归中使用的是异方差稳健标准误，面板Tobit模型和Heckman两阶段模型使用的是普通标准误。

表3-2　老龄化条件下家庭教育投资因素基础回归结果

模型	Panel Tobit Model	Panel FRM Model	Panel Tobit Model	Panel FRM Model	Panel Tobit Model	Panel FRM Model	Panel Tobit Model	Panel FRM Model
变量	edu_expense	edu_ratio	edu_expense	edu_ratio	edu_expense	edu_ratio	edu_expense	edu_ratio
percentage_60	−45.124*** (3.432)	−0.006*** (4.66e−04)						
urban*percentage_ 60	10.326** (4.853)	0.002*** (0.001)						
number_60			−791.942*** (87.681)	−0.121*** (0.012)				
urban*number_60			29.328 (124.367)	0.017 (0.017)				
percentage_65					−31.787*** (4.332)	−0.004*** (0.001)		
urban*percentage_ 65					15.677** (6.375)	0.002*** (0.001)		
number_65							−623.212*** (105.582)	−0.089*** (0.014)
urban*number_65							185.195 (154.825)	0.015 (0.021)
percentage_14	−74.004*** (3.995)	−0.015*** (0.001)			−71.376*** (4.016)	−0.014*** (0.001)		

续表

模型	Panel Tobit Model	Panel FRM Model	Panel Tobit Model	Panel FRM Model	Panel Tobit Model	Panel FRM Model	Panel Tobit Model	Panel FRM Model
变量	edu_expense	edu_ratio	edu_expense	edu_ratio	edu_expense	edu_ratio	edu_expense	edu_ratio
urban*percentage_14	37.905*** (5.402)	0.004*** (0.001)			36.432*** (5.416)	0.004*** (0.001)		
number_14			−2272.83*** (80.628)	−0.372*** (0.012)			−2 248.805*** (81.347)	−0.371*** (0.012)
urban*number_14			458.961*** (105.802)	0.027* (0.014)			445.093*** (105.780)	0.025* (0.014)
urban	−264.864* (160.618)	−0.107*** (0.022)	123.571 (149.816)	−0.048** (0.021)	−200.139 (156.226)	−0.093*** (0.022)	104.442 (146.961)	−0.044** (0.021)
number_family	405.833*** (34.554)	0.034*** (0.005)	962.298*** (41.048)	0.117*** (0.006)	395.773*** (34.747)	0.033*** (0.005)	890.019*** (40.882)	0.107*** (0.006)
number_school	4 060.533*** (70.837)	0.397*** (0.011)	4 321.043*** (70.180)	0.425*** (0.011)	4 080.020*** (71.178)	0.397*** (0.011)	4 329.899*** (70.395)	0.425*** (0.011)
number_insurance	−72.581 (46.523)	−0.014** (0.006)	−116.560* (46.089)	−0.017*** (0.006)	−94.302* (46.677)	−0.017*** (0.006)	−138.224** (46.149)	−0.020*** (0.006)
total_asset	0.001*** (1.72e-04)	−8.07e-08*** (2.22e-08)	0.001*** (1.70e-04)	−9.34e-08*** (2.23e-08)	0.001*** (1.73e-04)	−8.19e-08*** (2.22e-08)	0.001*** (1.70e-04)	−9.55e-08*** (2.23e-08)
net_income	0.022*** (0.002)	−1.76e-06*** (2.72e-07)	0.021*** (0.002)	−1.93e-06*** (2.75e-07)	0.023*** (0.002)	−1.68e-06*** (2.73e-07)	0.021*** (0.002)	−1.88e-06*** (2.76e-07)
saving_rate	−456.133*** (24.136)	−0.002 (0.003)	−451.223*** (23.806)	−0.001 (0.003)	−463.335*** (24.164)	−0.003 (0.003)	−455.999*** (23.838)	−0.002 (0.003)

模型	Panel Tobit Model	Panel FRM Model	Panel Tobit Model	Panel FRM Model	Panel Tobit Model	Panel FRM Model	Panel Tobit Model	Panel FRM Model
变量	edu_expense	edu_ratio	edu_expense	edu_ratio	edu_expense	edu_ratio	edu_expense	edu_ratio
whether_jizu	346.462*** (95.273)	0.020 (0.013)	294.824*** (93.998)	0.015 (0.013)	343.972*** (95.498)	0.020 (0.013)	295.562*** (94.173)	0.015 (0.013)
isei_head	15.925*** (3.859)	-4.06e-05 (0.001)	16.360*** (3.803)	1.11e-04 (0.001)	15.396*** (3.872)	-4.31e-05 (0.001)	16.120*** (3.810)	5.98e-05 (0.001)
edu_head	441.400*** (46.675)	0.050*** (0.006)	450.548*** (45.889)	0.052*** (0.006)	457.933*** (46.812)	0.053*** (0.006)	454.494*** (45.976)	0.052*** (0.006)
age_head	498.839*** (23.019)	0.050*** (0.004)	533.821*** (22.251)	0.054*** (0.004)	547.852*** (22.984)	0.058*** (0.004)	553.017*** (22.255)	0.058*** (0.004)
age_headsq	-5.318*** (0.269)	-0.001*** (5.00e-05)	-5.821*** (0.258)	-0.001*** (4.69e-05)	-6.024*** (0.267)	-6.33e-04*** (5.08e-05)	-6.115*** (0.257)	-0.001*** (4.76e-05)
whether_work_head	-136.900 (145.830)	-0.037* (0.021)	-112.211 (143.427)	-0.034 (0.021)	6.630 (145.193)	-0.020 (0.021)	-35.442 (143.276)	-0.024 (0.021)
年份虚拟变量	显著	显著	显著	显著	显著	显著	显著	显著
省份虚拟变量	显著	显著	显著	显著	显著	显著	显著	显著
常数项	-18 209.880*** (872.305)	-2.896*** (0.127)	-20 475.55*** (847.327)	-3.251*** (0.125)	-19 448.34*** (873.911)	-3.066*** (0.128)	-20 759.1*** (849.365)	-3.303*** (0.125)
样本量	23 512	23 201	23 512	23 201	23 512	23 201	23 512	23 201

注：***、**、*分别表示在1%、5%和10%的水平上显著，括号中为标准误，下同。

1.72e-04表示1.72×10^{-4}，全书数据类同。

估计结果中第1—2列的解释变量为家庭60岁以上人口占总人口的比重和14岁以下人口占总人口的比重，二者的估计系数都在1%的水平上显著为负；意味着其他条件不变的情况下，老年和少儿人口抚养比越高，家庭教育投资及其占家庭总支出的比重越低，养老压力和抚幼负担都对家庭人力资本投资有显著负效应。第3~4列的解释变量为老年和少儿人口数量，其估计系数也都在1%的水平上显著为负。与1~4列不同的是，第5~8列模型衡量老龄化程度的解释变量为家庭中65岁以上的人口或其占家庭总人口的比重，估计结果与1~4列基本一致，都在1%的水平上显著为负。在以上各个模型的回归结果中，抚幼负担变量的估计系数是老龄化变量的估计系数的两倍以上；意味着相对于养老压力，抚幼负担对微观人力资本投资的影响更大，这也间接证实了我国家庭子女质量与数量存在替代关系（Rosenzweig, Zhang, 2009; Liu H., 2014a）。

解释变量的估计结果证实了理论模型的结论：在以反馈式代际关系为特征的中国家庭，老龄化会显著降低微观教育投资。此外，抚幼负担的估计系数也显著为负且比老龄化变量的估计值更大，这意味着我国为解决老龄化问题而采取的放松计划生育政策会进一步挤出微观教育投资，并且其对人力资本投资的负面效应比老龄化本身的影响更大。

就控制变量来看，城镇虚拟变量与家庭年龄结构交叉项的估计系数基本显著为正，说明农村家庭的养老压力和抚幼负担对微观人力资本投资的影响比城镇家庭更大；意味着老龄化会增大城乡家庭间的人力资本禀赋差距，不利于缩小城乡收入差距。储蓄率对家庭教育投资量的影响均在1%的水平上显著为负，这印证了理论模型的结论：教育投资和资产投资在养老保障方面存在替代关系。但是，储蓄率对家庭教育投资占家庭总支出的比重的影响并不显著，这是因为储蓄率越高家庭总支出也越低❶，导致储蓄率对家庭教育支出与家庭总支出的比值的影响不显著。家庭规模对家庭教育投资的影响显著为正，这可能源于如前所述的原因：随家庭规模增大，少儿人口增加量多于老年人口增加量；少儿人口越多所需教育投资越多，因此在控制了少儿总人口（或抚养比）的情况下，家庭规模的估计系数显著为正。衡量家庭孝道水平的变量"是否祭祖扫墓"对家庭教育总支出

---

❶ 储蓄率与家庭总支出的相关系数为cov(saving_rate, expense)0.11。

有显著正效应，这也印证了理论模型的结论：由孝道水平决定的代际交换强度 w 越高，进行教育投资的收益率 R_h 越大，有利于促进家庭教育投资。孝道水平对 edu_ratio 的影响不显著，这是因为孝道水平越高家庭总支出也越高❶，这或许源于孝道水平越高的家庭养老支出越多。

此外，家庭中上学的人数，家庭总资产和净收入，户主的受教育程度和社会经济地位都对家庭教育支出有显著正效应，与理论预期相一致。在家庭教育支出占总支出的比重作为被解释变量时，家庭总资产和净收入的估计系数显著为负，这是因为总资产和净收入越高的家庭，总支出也越高，并且家庭总资产和净收入与总支出的相关系数远高于其与家庭教育支出的相关系数。❷户主年龄的估计系数显著为正，其年龄平方的估计系数显著为负。随年龄增长，户主倾向于提高家庭教育支出，而年长到一定阶段以后就会倾向于降低对年轻家庭成员的教育投资。家庭中有养老保险的人数的估计值显著为负且不稳健，这是由于两方面原因：一是家庭中有养老保险的成员中既包括已在享受养老保险的也包括正在缴纳养老保险的，前者相当于储蓄、对家庭当前的教育投资有负效应，后者相当于收入、对教育投资有正效应，而由于数据所限目前无法精确区分两类情况，只能使用有养老保险的总人数。另一方面，家庭中有养老保险的成员拥有的可能是保障水平较高的城镇居民养老保险，也可能是保障水平相对较低的企业补充养老保险、老村养老保险❸、新型农村社会养老保险❹、商业保险等；由于 CFPS 的三期调查问卷中关于这些险种的划分不尽相同，无法精确区分以构造更细致的保险变量，导致估计结果不稳健。

进而利用 Heckman 两阶段模型分析老龄化和抚幼负担对两类教育投资决策的影响，回归结果如表3-3所示。在第一阶段回归中，本书增加了"家庭中住院的

---

❶ 是否祭祖扫墓和家庭总支出的相关系数为 cov(whether_jizu, expense)0.09。

❷ 家庭总资产、净收入与家庭总支出和教育支出的相关系数为：cov(total_asset, expense)0.42，cov(total_asset, edu_expense)0.13，cov(net_income, expense)0.48，cov(net_income, edu_expense)0.16。

❸ 农村养老保险又称老农保，是指过去各地开展的以农民自己缴费为主，缺少中央和地方政府财政补贴的，农民自我储蓄式的农村养老保险。

❹ 新型农村社会养老保险又称"新农保"，是指2008年以来开展的社会统筹与个人账户相结合的，采用个人缴费、集体补助、政府补贴统筹筹资方式的农村养老保险。

人数"作为工具变量，回归结果显示该变量显著降低了家庭教育投资的概率。此外，所有 Heckman 模型中 mills lambda 的估计值都在1%的水平上显著，意味着存在样本选择效应，有必要使用 Heckman 两阶段模型。

Heckman 两阶段模型回归结果表明，老龄化变量在第一阶段和第二阶段都显著为负，说明老龄化不仅显著降低了家庭投资人力资本的概率，对投资量也有显著负效应，这再次印证了理论模型和以上实证模型的结论。家庭少儿人口及其占家庭总人口的比重在第一阶段回归中都显著为正，而在第二阶段中显著为负；意味着少儿人口越多或其占比越大，家庭投资人力资本的概率越高，而在选择了投资人力资本的前提下，抚幼负担就会对人力资本投资量产生挤出效应。此外，城乡虚拟变量和解释变量的交叉项的估计系数都显著为正，进一步说明城镇家庭在教育投资方面占有优势。其他控制变量的回归结果与表3-1基本相同，详见附录。

表3-3　Heckman 两阶段模型回归结果

模型	Heckman Selection Model 1	Heckman Selection Model 1	Heckman Selection Model 2	Heckman Selection Model 2	Heckman Selection Model 3	Heckman Selection Model 3	Heckman Selection Model 4	Heckman Selection Model 4
变量	whether edu_ expense>0	edu_ expense	whether edu_ expense>0	edu_ expense	whether edu_ ratio>0	edu_ ratio	whether edu_ ratio>0	edu_ ratio
percentage_ 60	−0.011*** (0.001)	−18.571*** (3.632)			−0.011*** (0.001)	−0.001*** (1.15e−04)		
urban* percentage_ 60	0.004*** (0.001)	9.660* (4.961)			0.004*** (0.001)	3.56e−04** (1.58e−04)		
percentage_ 65			−0.010*** (0.001)	−10.003** (4.518)			−0.010*** (0.001)	−3.25e−04** (1.44e−04)
urban* percentage_ 65			0.004*** (0.002)	13.896** (6.521)			0.004*** (0.002)	3.78e−04* (2.07e−04)
percentage_ 14	0.013*** (0.001)	−114.887*** (3.496)	0.014*** (0.001)	−115.150*** (3.533)	0.013*** (0.001)	−0.004*** (1.11e−04)	0.014*** (0.001)	−0.004*** (1.12e−04)
urban* percentage_ 14	0.006*** (0.002)	26.145*** (4.797)	0.006*** (0.002)	26.010*** (4.824)	0.006*** (0.002)	0.001*** (1.52e−04)	0.006*** (0.002)	0.001*** (1.53e−04)

续表

模型	Heckman Selection Model 1	Heckman Selection Model 1	Heckman Selection Model 2	Heckman Selection Model 2	Heckman Selection Model 3	Heckman Selection Model 3	Heckman Selection Model 4	Heckman Selection Model 4
变量	whether edu_ expense>0	edu_ expense	whether edu_ expense>0	edu_ expense	whether edu_ ratio>0	edu_ ratio	whether edu_ ratio>0	edu_ ratio
number_ hospital	−0.144*** (0.027)		−0.154*** (0.027)		−0.144*** (0.027)		−0.154*** (0.027)	
年份虚拟变量	显著	显著	显著	显著	显著	显著	显著	显著
省份虚拟变量	显著	显著	显著	显著	显著	显著	显著	显著
其他控制变量	Yes	Yes	Yes	Yes	Yes	Yes	Yes	Yes
常数项	1.629*** (0.077)	−2 001.097*** (234.712)	1.583*** (0.076)	−1 929.291*** (236.230)	1.629*** (0.077)	−0.044*** (0.007)	1.583*** (0.076)	−0.043*** (0.008)
mills lambda	−1 238.069*** (165.895)	−1 238.069*** (165.895)	−1 395.462*** (164.924)	−1 395.462*** (164.924)	−0.039*** (0.005)	−0.039*** (0.005)	−0.044*** (0.005)	−0.044*** (0.005)
样本量	22 820	22 820	22 820	22 820	22 820	22 820	22 820	22 820

注：Yes表示该类变量已控制，控制变量的具体设置见表3-1，估计结果见附表，下同。

3.3.3 稳健性分析和异质性分析

如前所述，对义务教育阶段的家庭成员的教育支出未必能客观反映家庭的主动选择，所以这里将家庭非义务教育支出及其占家庭总支出的比重作为被解释变量，利用面板Tobit、FRM和Heckman两阶段模型探究老龄化和抚幼负担对非义务教育投资的影响，检验基础回归所得结论的稳健性，结果如表3-4所示。❶

---

❶ 这里本书只展示了以60岁以上和14岁以下人口占家庭总人口的比重作为解释变量的回归结果，以基础回归中的其他解释变量进行回归所获结果与之基本一致。

表3-4　稳健性分析—非义务教育支出回归结果

模型	Panel Tobit Model	Panel FRM Model	Heckman Selection Model 5	Heckman Selection Model 5	Heckman Selection Model 6	Heckman Selection Model 6
变量	edu_expense_2	edu_ratio_2	whether edu_expense_2>0	edu_expense_2	whether edu_ratio_2>0	edu_ratio_2
percentage_60	−41.423***	−0.006***	−0.012***	−19.446***	−0.012***	−0.001***
	(3.996)	(0.001)	(0.001)	(5.487)	(0.001)	(1.73e−04)
percentage_14	−53.510***	−0.015***	−0.001	−119.337***	−0.001	−0.004***
	(4.453)	(0.001)	(0.001)	(3.826)	(0.001)	(1.21e−04)
urban* percentage_60	12.224**	0.003***	0.003**	11.553**	0.003**	4.04e−04**
	(5.622)	(0.001)	(0.001)	(5.634)	(0.001)	(1.77e−04)
urban* percentage_14	6.802	0.003***	0.003**	16.903***	0.003**	0.001***
	(6.365)	(0.001)	(0.002)	(5.419)	(0.002)	(1.71e−04)
number_hospital			−0.090***		−0.090***	
			(0.025)		(0.025)	
年份虚拟变量	显著	显著	显著	显著	显著	显著
省份虚拟变量	显著	显著	显著	显著	显著	显著
其他控制变量	Yes	Yes	Yes	Yes	Yes	Yes
常数项	−21 116.06***	−3.095***	1.755***	−3 542.647***	1.755***	−0.088***
	(1 028.134)	(0.148)	(0.069)	(267.302)	(0.069)	(0.008)
mills lambda			−1 140.889**	−1 140.889**	−0.049***	−0.049***
			(475.120)	(475.120)	(0.015)	(0.015)
样本量	23 512	23 201	22 820	22 820	22 820	22 820

　　表3-4估计结果中的第1～2列显示，老龄化和抚幼负担对家庭非义务教育支出有显著负效应，证明了基础回归中所得结论的稳健性。在Heckman两阶段回归中，本书仍以"家庭中住院的人数"作为工具变量，其估计值显著为负，相应mills lambda的估计系数都至少在5%的水平上显著。60岁以上人口占家庭总人口的比重在两阶段回归中都显著为负，说明养老压力对家庭选择非义务教育投资的概率和投资量都有显著负效应。与基础回归结果不同的是，14岁以下人口占家庭总人口的比重对家庭投资非义务教育的概率不再有显著影响；这是因为14岁以下的家庭成员基本处于义务教育阶段，其数量和比重会提高家庭投资义务教育

的概率，从而提高教育总投资的概率（表3-3估计结果的第1、3、5、7列），但是对投资非义务教育的概率并无影响。与基础回归结论一致，在选择了投资非义务教育的前提下，抚幼负担会对非义务教育投资量产生挤出效应。

以上所有回归中省份虚拟变量的联合显著性都较强，因此，本书将样本划分为东部家庭、中部家庭和西部家庭三个子样本分别回归❶，进一步探究老龄化和抚幼负担对微观人力资本投资影响的区域差异。以60岁以上和14岁以下人口占家庭总人口的比重作为解释变量，以家庭教育投资占总支出的比重作为被解释变量，回归结果如表3-5所示。❷表3-5显示，60岁以上和14岁以下人口占家庭总人口的比重的估计值在东、中、西部家庭三个子样本回归中都显著为负，并且两个解释变量估计系数的绝对值自东向西依次增大，说明老龄化和抚幼负担对微观人力资本投资的负效应自东向西逐渐增大。❸这意味着东中西部地区的人力资本禀赋差距会受老龄化影响而继续增大，不利于缩小区域发展水平。

表3-5　分区域回归结果

模型	Panel FRM Model		
样本	东部家庭	中部家庭	西部家庭
变量	edu_ratio	edu_ratio	edu_ratio
percentage_60	−0.005 6***	−0.006 1***	−0.007 0***
	(0.001)	(0.001)	(0.001)
percentage_14	−0.012***	−0.014***	−0.017***
	(0.001)	(0.001)	(0.001)
urban*percentage_60	0.002**	0.002	0.002*
	(0.001)	(0.001)	(0.001)

❶ 东、中、西部的划分标准依据国家统计局标准，CFPS样本涵盖的25个省/市/自治区中，东部地区包括：北京、天津、河北、辽宁、山东、江苏、浙江、上海、福建、广东；中部地区包括：山西、吉林、黑龙江、安徽、江西、河南、湖北、湖南；西部地区包括：广西、重庆、四川、贵州、云南、陕西、甘肃。

❷ 以家庭非义务教育投资作为被解释变量或使用其他解释变量的回归结果与表3-5基本一致。

❸ 本书对此进行了Chow检验，结果表明老龄化和抚幼负担对不同区域家庭人力资本投资的影响差异是显著的。同样，在下文对不同收入阶层家庭的子样本回归中，也进行了Chow检验，结果也显著。

续表

模型	Panel FRM Model		
样本	东部家庭	中部家庭	西部家庭
变量	edu_ratio	edu_ratio	edu_ratio
urban*percentage_14	0.003*** (0.001)	0.002 (0.002)	0.004*** (0.001)
年份虚拟变量	显著	显著	显著
省份虚拟变量	显著	显著	显著
其他控制变量	Yes	Yes	Yes
常数项	−3.212*** (0.162)	−2.399*** (0.373)	−2.307*** (0.132)
样本量	8 550	5 432	9 219

为考察老龄化和抚幼负担对不同收入阶层家庭影响的差异，根据2010年、2012年和2014年三期家庭净收入的均值的分位数，将家庭划分为低收入、中低收入、中高收入和高收入四类，以此进行子样本回归，结果报告见表3-6。回归结果显示，老龄化对低收入家庭人力资本投资的负效应大于中低收入家庭，进而大于中高收入家庭，而对高收入家庭的人力资本投资无显著影响，说明高收入家庭并不会因为养老压力而减少教育支出。同时，这意味着收入水平越低的家庭的人力资本投资越易于受老龄化的不利影响，在家庭养老压力增大时越倾向于降低教育投资；这会进一步增加不同收入阶层间的人力资本禀赋差异，不利于缩小收入分配差距。各个阶层的家庭中，14岁以下的人口所占比重对家庭教育投资都有显著负效应，其负效应对中等收入家庭（包括中低和中高收入家庭）的影响最大，对高收入家庭的影响次之，而对低收入家庭的人力资本投资影响最小。这主要可能源于两方面原因：一是低收入家庭抚养子女的标准和花费相对较低，导致抚幼负担的影响相对较小；二是低收入家庭可能有更迫切的提高人力资本禀赋的主观希望，促使其在子女数量增加时更不愿牺牲其"质量"。

表3-6 不同收入水平家庭回归结果

模型	Panel FRM Model			
样本	低收入家庭	中低收入家庭	中高收入家庭	高收入家庭
变量	edu_ratio	edu_ratio	edu_ratio	edu_ratio
percentage_60	−0.007 6***	−0.006 7***	−0.007 0***	−1.84e−04
	(0.001)	(0.001)	(0.001)	(0.002)
percentage_14	−0.012***	−0.015***	−0.016***	−0.014***
	(0.001)	(0.001)	(0.001)	(0.002)
urban* percentage_60	−1.12e−04	0.002*	0.004***	−0.002
	(0.001)	(0.001)	(0.001)	(0.002)
urban* percentage_14	−0.001	0.003*	0.004**	0.007***
	(0.002)	(0.001)	(0.001)	(0.002)
年份虚拟变量	显著	显著	显著	显著
省份虚拟变量	显著	显著	显著	显著
其他控制变量	Yes	Yes	Yes	Yes
常数项	−3.289***	−1.652***	−2.779***	−4.039***
	(0.234)	(0.582)	(0.272)	(0.254)
样本量	5 241	6 177	6 187	5 583

3.4 进一步讨论——养儿育女是"消费"还是"投资"

《诗经》有云:"父兮生我,母兮鞠我。抚我畜我,长我育我,顾我复我,出入腹我。欲报之德。昊天罔极。"父母为何养育子女似乎是一个不需要回答的问题,传统观点将养儿育女动机归结为对子女的血缘恩情,从而简化为生物学意义上基因繁殖的本能。苏联教育家苏霍姆林斯基说:"建立和巩固家庭的力量——是爱情,是父亲和母亲、父亲和孩子、母亲和孩子相互之间的忠诚的、纯真的爱情。"然而这种"偷懒"式的解读无法充分解释人类代际关系中复杂的时空差异,父母究竟为何养育子女是一个值得细致深究的问题。尤其在老龄化和少子化时代,这关系到父母对子女的人力资本投资激励,进而影响老龄化条件下经济增长的动力。在经济学意义上,父母养育子女可能源于利己和利他两类动机,这两类偏好分别将养育子女视为"投资品"和"消费品"。

3.4.1　效用与孝道

如果将养儿育女单纯视为出于利他偏好的血缘恩情，那么抚养子女会提高父母的即期效用，为子女付出的时间和金钱直接进入其效用函数，对父母而言子女相当于耐用"消费品"。然而父母养育子女同时还可能为了在未来获得子女反哺，"养儿防老"揭示的就是这一机制。

"养儿防老"是我国传统的代际模式，世代交叠模型可以更清晰地描述这一反馈式的代际合作机制：每个个体依次经历幼年期、成年期和老年期三个阶段，在幼年期由父母抚养并接受教育；在成年期工作，同时赡养父母、抚养子女；在老年期退休，依靠子女的赡养费生活。从保险学角度来看，"养儿防老"的代际模式其实是家庭内部现收现付式的养老保险制度，其中蕴含着父母与子女之间的隐性合约，我国历史上长久以来正是依赖这一制度安排解决了养老问题。从这个意义上讲，养儿育女很大程度出于"养儿防老"的利己动机，而非简单的血缘恩情，由此子女对父母而言也是一种"投资"，年老以后获得赡养是这一"投资"的回报。

然而问题在于，父母与子女之间的这一隐性合约依靠什么得以执行？换言之，如何保证父母对子女的"投资"在未来能够获得回报？如果子女的毁约风险过高，导致父母缺乏投资激励，"养儿防老"的保险体系会破产。中国解决这一问题的途径是利用孝道建立起声誉机制，如果子女拒绝履约则会因不孝而被千夫所指，在社会重复博弈中承受声誉损失。

传统上孝道被当作理所当然的道德伦理，"五刑之属三千，而罪莫大于不孝"❶。然而细致考察历史不难发现，孝道并非那么"天经地义"。首先，横向来看，孝道并不是世界所有文明的普遍圭臬。以欧洲为例，早期的雅典和罗马文明曾建立起与中国类似的父权和宗法制度，父亲甚至拥有子女的生杀大权。然而随基督教的普及和作为国教地位的确立，权力由家族转向教会，对父母的爱转为无差等的博爱和对上帝的忠诚，养老责任很大程度由宗教团体、庄园和社会福利机

---

❶ 摘自《孝经》五刑章第十一。

构承担；文艺复兴以后随金融市场发展，西欧逐步建立起了保障老年人福利的社会保险体系。因此，基督教文明并非如儒家文明那样重视孝养伦理。

第二，纵向来看，即使在中国，历史上也曾有过抑制孝道的时期。秦代为加强中央集权、削弱微观宗族的权利，曾推行过严苛的"扬忠抑孝"政策，打压儒家的宗法和孝道，瓦解以家庭为单位的小共同体，将君主作为唯一的效忠对象。然而这一政策弱化了生养子女的激励，不利于人口增长、小农经济发展和赋税的提高，所以西汉通过独尊儒术又重新确立了孝养伦理，后世王朝多将孝道作为社会核心价值，时至明清父权已登峰造极，如今《中华人民共和国婚姻法》仍规定"子女对父母有赡养扶助的义务。子女不履行赡养义务时，无劳动能力的或生活困难的父母，有要求子女付给赡养费的权利"。由此可见，孝道并非"天经地义"的道德伦理，其本质是保障父母对子女人力资本投资回报的声誉机制。这一机制对维持中国传统小农经济的家庭养老、提高生育激励至关重要。

将父母的养儿育女动机单纯视作利他或者利己偏好都是片面的，极少有父母纯粹为了未来获得赡养而抚养子女，也极少有父母养儿育女只是为了获得即期效用，因此兼具利他和利己的复合型偏好是更为合理的假设。由此，子女对父母而言同时具有了耐用"消费品"和"投资品"属性。这就如同房地产一样，既可以马上居住增加效用，又可以在未来获得升值收益。

3.4.2　养儿育女"消费"和"投资"属性的演化趋势

厘清养儿育女的经济学性质是回答老龄化会如何影响父母养儿育女决策的关键。下文的分析中，为贴近中国实际，将父母的养儿育女行为简化为对子女的人力资本投资。这是因为，中国过去长期实行了一胎化的计划生育，目前虽放开了生育二胎，但父母仍无法充分自由决定子女数量，因此这里重点关注父母对子女成长质量的决策，即对子女的人力资本投资。

理论分析来看，如果将子女视为耐用"消费品"，那么随老龄化加剧，老年人所需赡养支出提高，消费的可得资金减少，从而家庭会降低养儿育女的"消费"性支出，这意味着老龄化会对子女的人力资本投资产生挤出效应。而如果将抚养子女作为"投资"，那么老龄化导致家庭赡养支出增加时，家庭面临更强的预算约束，提高收入的激励增强，从而会未雨绸缪地增加对子女的人力资本投资，以提高家庭在未来获得收入的能力。正如第二次人口红利理论所揭示的逻辑——老龄化会刺激微观主体增加预防性储蓄，老龄化也可能通过预防效应促进人力资本投资。由此可见，对养儿育女偏好的假设不同，关于老龄化的人力资本投资效应会得出迥异的结论。既然合理的假设是父母在养儿育女方面既是利己的也是利他的，子女兼具"消费品"和"投资品"属性，那么如果抚育子女对父母而言"消费"属性更强，则老龄化不利于父母对子女的人力资本投资；反之如果养儿育女对父母而言更大程度上是一种"投资"，那么老龄化可能会促进对子女的人力资本投资。因此，单靠理论分析无法得出老龄化对父母养儿育女影响的明确结论。

但不妨从理论角度进一步对这一问题进行探索性思考，定性考察经济发展和现代化、市场化进程中，养儿育女的"消费"和"投资"属性如何演化。首先分析养儿育女的"投资"属性。从其必要性角度，随经济发展，公共养老保障体系逐渐普及和完善，现代金融市场也为人们提供了丰富多样的投资产品，从银行储蓄到股票债券，从商业养老保险到基金，与前现代社会相比养老保障的投资渠道不断增加，从而为保障老年生活而进行养儿育女"投资"的必要性大为降低。第二，从"养儿防老"的充分性角度，上文论证了传统社会依赖孝道的声誉机制来保证子女履约，但需要注意这一声誉机制发挥作用的前提是在传统熟人社会，这种社会形态有两方面特征，一是每个人孝道水平的信息是对称的；二是人与人之间的交往是小共同体中的重复博弈。然而在现代化、市场化和城镇化进程中，人口流动性不断增强，乡土中国一去不复返，邻里相见不相识成为常态，孝道水平不再是可轻易观测的信息，更缺乏了传统宗族中重复博弈的惩罚机制。由此，现代社会中孝道的声誉机制失效、孝养伦理衰落，子女履约激励弱化，父母对子女人力资本投资的风险不断提高。现实生活中不难发现，养儿育女越来越难以为父母提供可靠的养老保障，农村留守老人问题、城市老年孤独问题愈发严重，"啃老"反而成为社会热门话题。由此,父母出于养老目的而对子女进行"投资"的必要性和充分性都大为弱化。

关于养儿育女作为"消费"属性的演化趋势,根据恩格尔定律,随家庭收入提高,家庭总支出中用于购买食物的支出份额会下降,言外之意即为耐用消费品需求增加,这也符合马斯洛需求层次理论的基本内涵。子女作为一种高端耐用"消费品",随经济发展和收入提高,人们对其需求增加,养儿育女的"消费"属性会得以加强。综上,无论从必要性还是充分性角度,养儿育女的"投资"属性趋于弱化,而"消费"属性增强。这是一种历史的进步,因为这意味着父母养儿育女更多出于利他偏好,同时子女对父母的反哺也更少源于孝道伦理的声誉约束,而是发自亲缘利他的感恩动机。从这个意义上讲,经济发展将父母和子女都从宗法体系的父权关系中解放出来,促使家庭代际之间的血缘恩情更为自由和纯粹。

3.4.3 老龄化对养儿育女的影响

自20世纪90年代以来我国经历了快速的人口老龄化,根据国家统计局数据,1990—2015年间60岁和65岁以上人口占总人口的比重都接近翻了一番;老龄化进程中,劳动年龄人口增长趋缓,15~59岁的劳动年龄人口在2012年达到峰值,15~64岁的人口在2014年达到峰值。伴随着人口结构和劳动力供求转变,我国年平均实际工资自2000年以来稳步增长,到2015年翻了两番,同时GDP增长率趋缓,平均实际工资增长率在大多数年份都超过了GDP增长率。改革开放以来,我国经济持续快速增长所依赖的劳动力数量这一比较优势,正随老龄化加剧而成为历史。老龄化条件下新的经济增长动力需从劳动力数量转向劳动力质量,通过增加人力资本投资提高全要素生产率。而如果按照上文理论分析的逻辑,现代化进程中养儿育女的经济学性质更大程度地趋于"消费"而非"投资",则老龄化会对养儿育女支出产生挤出效应,不利于微观家庭的人力资本投资。如果事实确实如此,那么意味着我国未来经济增长所需依赖的人力资本会因老龄化而削弱;

如不采取有效措施，通过人力资本积累弥补老龄化对劳动力数量的负效应只是一厢情愿。

那么老龄化对家庭人力资本投资的影响效应究竟如何？本书利用中国家庭追踪调查（CFPS）2010—2014年面板数据，实证探究了老龄化对微观人力资本投资的影响，研究结果证实了以上理论分析的猜想，发现老龄化显著降低了我国家庭的人力资本投资水平及其占家庭总支出的比重。这意味着平均来看老龄化对我国家庭人力资本投资的挤出效应大于预防效应，间接证明了养儿育女对父母而言更大程度上是"消费"而非"投资"。

3.5　本章小结

本章基于反馈式的家庭代际关系构建了一个两期世代交叠模型（OLG），将人力资本投资的利己和利他偏好纳入分析框架，并考虑养老负担的预防动机，以此理论探究老年人口和少儿人口抚养比对家庭教育投资的影响；发现即使考虑养老负担的预防动机和人力资本投资的利他偏好，老年和少儿人口抚养比对家庭教育投资仍有负效应，此外教育投资和资产投资在养老保障方面存在替代关系。

基于微观家庭人力资本投资视角，利用中国家庭追踪调查（CFPS）2010—2014年面板数据，本书探究了家庭年龄结构对人力资本投资的影响及其城乡、区域差异，并对比分析了老龄化对不同收入水平家庭的影响。研究发现老龄化显著降低了我国家庭的人力资本投资水平及其占家庭总支出的比重。Heckman二阶段模型回归结果显示，老龄化不仅降低了家庭投资人力资本的概率，对投资量也有显著负效应。此外，回归结果中城乡虚拟变量与家庭年龄结构的交叉项系数显著为正，显示老龄化对城市家庭人力资本投资的影响更小。在使用非义务教育支出及其占家庭总支出的比重作为被解释变量的稳健性分析中，所得结论与基础回归一致。本书进一步将样本划分为东部、中部和西部家庭，研究发现老龄化对人力资本投资的负效应自东向西依次增大。在对不同收入阶层家庭的分析中，结果显示老龄化对低收入家庭人力资本投资的负效应显著大于中等收入家庭，而对高收入家庭的人力资本投资无显著影响。这意味着老龄化会加大我国城乡、区域和不同收入阶层间人力资本禀赋的差距，不利于缩小收入分配差距。

分析结果还表明，抚幼负担对我国家庭的人力资本投资也有显著影响，对家庭投资人力资本的概率有显著正效应，而对人力资本投资量有显著负效应，并且其负效应大于老龄化的影响。此外，抚幼负担对我国农村家庭和中西部家庭的负效应显著大于城镇家庭和东部家庭，对低收入家庭人力资本投资的影响小于其他阶层家庭。抚幼负担的回归结果支持了我国家庭子女质量与数量的替代理论，意味着为缓解老龄化而采取的放松生育政策会进一步挤出微观家庭的人力资本投资。

相应的政策含义包括：首先，在评估老龄化对我国劳动力市场的影响时，不应仅关注老龄化对劳动力数量的影响，更应重视其对我国人力资本投资和劳动力质量的负效应，这会影响我国人力资本积累和全要素生产率，进而影响老龄化条件下我国的经济增长潜力。因此，随老龄化加剧我国应加大公共教育投资力度，以抵消老龄化对微观人力资本投资的负面影响。其次，老龄化会增大我国城乡、区域和阶层间的人力资本禀赋差距，这要求我国应更加有针对性地帮扶受老龄化影响较大的农村、中西部、低收入家庭等弱势群体，提高其教育投资水平，以缩小区域和阶层间的人力资本禀赋差距和收入分配差距。最后，由于子女数量和质量存在替代关系，且抚幼负担比养老压力对人力资本投资的负效应更大，因此，我国当前为解决老龄化而采取的放松生育政策会对微观人力资本投资进一步产生挤出效应。因此应针对相关政策辅以配套措施，比如为二胎家庭提供更多的教育资助，减小抚幼负担对人力资本投资的负效应。

第4章　老龄化对微观劳动力迁移的影响分析

　　迁移是人力资本投资的重要形式，我国最为显著的劳动力迁移模式是农村劳动力的乡城流动。近年来我国人口快速老龄化，2010—2016年间老年人口抚养比从11.9%增长到15.0%，劳动年龄人口数量在2013年达到峰值，此后不断下降。[1]这促使2010年以来我国劳动力市场供求结构转变，求人倍率始终大于1。[2]老龄化和劳动力短缺要求我国进一步发掘农村剩余劳动力，通过促进劳动力迁移提高劳动参与率（蔡昉，2016）。然而随人口结构迅速变化，我国农民工数量增长趋缓，2011年以来农民工总量增速持续回落，2012—2015年农民工增速依次比上年下降了0.5、1.5、0.5和0.6个百分点。[3]2016年，进城农民工比上年减少157万人，下降1.1%。[4]老龄化是否抑制了我国农村劳动力迁移，其影响机制和实际效应如何，老龄化条件下如何有效促进农村劳动力转移就业，是后人口红利时期我国亟须理清并妥善处理的问题。

　　关于老龄化与农村劳动力迁移的关系，较多研究基于宏观视角分析了农村劳动力迁移对城乡老龄化进程的影响（刘昌平 等，2008；童玉芬 等，2014），发现农村劳动力转移就业减缓了城镇老龄化、加剧了农村老龄化（何小勤，2013）。

---

[1] 数据来源：国家统计局《中国统计年鉴（2017）》，http://www.stats.gov.cn/tjsj/ndsj/2017/indexch.htm。

[2] 数据来源：中国人力资源市场信息监测中心，http://www.chinajob.gov.cn/DataAnalysis/node_1041.htm。

[3] 数据来源：国家统计局《2015年农民工监测调查报告》，http://www.stats.gov.cn/tjsj/zxfb/201604/t20160428_1349713.html。

[4] 数据来源：国家统计局《2016年农民工监测调查报告》，http://www.stats.gov.cn/tjsj/zxfb/201704/t20170428_1489334.html。

但关于老龄化对农村劳动力迁移的影响缺乏系统的理论分析和实证研究。从宏观视角探讨老龄化和城镇化关系的一些成果可以间接折射出老龄化对农村劳动力流动的潜在影响。利用我国省级面板数据的实证分析结果显示老龄化会通过心理成本和传统家庭养老模式两种机制阻碍城镇化进程（康传坤，2012）。此外，基于农村人口乡城迁移概率随年龄的分布呈现"中间大、两头小"的特征，游士兵等（2016）推断随老龄化加剧我国未来城市化速度会显著降低。这类宏观层面的分析结果似乎说明老龄化对农村劳动力流动存在抑制作用，但尚缺乏基于城乡迁移主体决策的微观研究；正如本书所揭示的，在微观层面老龄化并非单向抑制农村劳动力迁移。

微观视角下，一些研究从劳动参与率角度分析了老龄化的影响，发现人口老龄化与劳动参与率的关系显著为负（蒋承，赵晓军，2009；周祝平，刘海斌，2016）。此外，老龄化的影响存在性别差异，从事老年照料的女性更难进入劳动力市场，家务劳动更易于挤出女性的劳动力市场就业（刘柏惠，2014；陈璐 等，2016），而男性是否从事有收入的工作则不会受老年父母的显著影响（马焱，李龙，2014）。但现有研究未在区分城乡和就业类型的基础上细致探究老龄化对农村劳动力农业就业和非农就业的异质性影响，所以难以判断老龄化对农村劳动力流动的效应。一些研究关注了人力资本、社会资本、子女等因素对中国劳动力迁移的影响因素（Zhao，1999；Wang et al.，2016），但是没有将老龄化因素纳入解释变量。De Jong（2000）探究了家庭特征对农村劳动力迁移决策的影响，但在处理老年和未成年人变量时使用的是家庭总抚养比，没有考虑二者影响的异质性和交互作用。

理论分析来看，老龄化对农村劳动力迁移的影响并不明确。一方面正如劳动参与率视角的研究所指出的，老年照料会增加劳动力的家务劳动时间，从而可能抑制农村劳动力转移就业。另一方面我国农村家庭中广泛存在着逆反哺的代际模式，老龄化促使老人承担更多抚养未成年人的责任，这可以解放年轻人的劳动时间（王亚章，2016），因此，老龄化可能通过隔代抚育机制抵消就业挤出效应，甚至促进农村劳动力迁移。在现代化和城镇化进程中，我国家庭的传统观念虽有所弱化，但家庭内部的代际互惠机制和伦理习俗仍发挥巨大作用（封铁英，高鑫，2013；Liu H.，2014；Lu et al.，2016；石金群，2016）。与发达国家中劳动力迁移伴随着原家庭的分裂和新家庭的形成有所不同（Bramley et al.，2006），我国城乡劳动力迁移并不会造成原生家庭的分裂，这体现为我国家庭结构的演化趋势既有向小的形态发展的一面，也有直系家庭获得维持的另一面，尤其在农村直系家庭增长仍是主流特征（王跃生，2015），祖父母隔代照料孙辈未成年人是我国农村的普遍现象（Zhang et al.，2015）。

我国家庭的隔代抚育与西方社会存在显著差异。首先，在隔代抚育的原因和动机方面，由于建立了较为完善的儿童福利保障机制，西方发达国家中的隔代抚育只少数存在于父母家暴、离异、犯罪、残疾、去世等特殊家庭，或者在处于弱势地位的少数族裔家庭（Settles et al.，2009；Burnette et al.，2013），仅作为一种家庭功能缺失时的补救手段。而我国的隔代抚育无论是古今还是城乡均为一种普遍现象，并且我国老年人提供隔代抚育往往出于较强的利他偏好（李芬，风笑天，2016）。此外，在隔代抚育对老年人的影响方面，西方家庭的隔代抚育对老年人精神健康和财务负担有显著负效应（Fuller-Thomson，Minkier，2000；Orb，Davey，2005），而我国老年人提供隔代抚育对其身心健康的影响偏积极，虽成年子女迁移对老年人幸福度有显著负效应（Connelly，Maurer-Fazio，2016），但照料孙子女有利于提高老年人的心理健康水平和日常生活自理能力（宋璐 等，2008；周晶 等，2016）。因此，成年劳动力迁移与老年人提供隔代抚育是中国农村家庭的"time-for-money"策略（Cong，Silverstein，2008），有利于家庭内部各代成员根据其比较优势分工合作，提高家庭总收入和福利水平。关于隔代抚育对未成年的影响，实证结果显示家庭中60岁以上的女性成员对留守儿童的健康状况有显著正效应（Mu，De Bruauw，2015），Zeng和Xie（2014）发现中国农村家庭中，共同居住的祖父母的社会经济地位会显著提高孙辈家庭成员的教育可得性，此外研究发现隔代抚育也能增强家庭代际关系的亲密程度（Chen et al.，2011；Anasuri，2016）。

综上，微观层面关于老龄化对我国农村劳动力迁移的影响缺乏系统的理论分析和实证研究；老龄化可能通过就业挤出和隔代抚育两种机制影响农村劳动力迁移，但实际影响效应尚待明确；我国逆反哺式的代际模式下，隔代抚育广泛存在并对老年人和未成年人都有显著影响，但隔代抚育对成年劳动力就业和流动的影响还缺乏研究。本章基于微观家庭决策视角，通过构建农村劳动力迁移决策模型，理论探究了老龄化对农村劳动力迁移的影响；基于此利用中国家庭追踪调查2010—2014年面板数据，实证检验了老龄化和隔代抚育对我国农村劳动力迁移的影响效应，并细致分析了不同类型老年人和未成年人影响的差异，以及老龄化对不同年龄、性别、受教育水平、区域和阶层劳动力迁移影响的异质性。本章余下部分安排如下：4.1节建立理论模型；4.2节分析老龄化条件下家庭劳动力迁移特征；4.3节是实证分析，包括基础回归、细分未成年人和老年人特征的回归、对不同类型劳动力的回归、分区域和阶层的回归等，共同构成了对老龄化条件下家庭劳动力迁移影响因素的研究；最后进行小结。

4.1　老龄化对家庭劳动力迁移的影响机理分析

本书基于 Anam 和 Chiang（2007）的家庭劳动时间分配框架，构建了一个农村家庭劳动力迁移模型。假设代表性农村家庭拥有 T 单位的总劳动时间，用于自家农业生产 T_f、家务劳动 T_h 和外出就业 T_o。❶假设用于自家农业生产的时间为 T_f，剩余时间中 λ 部分用于家务劳动、$1-\lambda$ 部分用于外出就业。假设 λ 外生决定，取决于家庭养老和抚幼情况；家中老年人数量为 n_e，未成年人数量为 n_c，则 $\lambda = \lambda(n_e, n_c)$。假设劳动者是工资接收者，自家农业生产的报酬率为 w_f，外出就业的工资率为 w_o，并且 $w_o > w_f$。暂不考虑资产收入和储蓄，则家庭消费 C 等于家庭总收入 I，$C = I = w_f T_f + w_o T_o$。

考虑到迁移导致老年人和未成年人照料缺失会降低我国农村家庭成员的幸福度（Connelly，Maurer-Fazio，2016），所以假定农村劳动力直接承担养老和抚幼责任会增加家庭效用，由此家庭总效用来源于消费和劳动力承担的家务劳动两部分。依循 Munshi 和 Rosenzweig（2016），本书使用对数效用函数，则代表性农村家庭的效用最大化决策为

---

❶ 为分析简便暂不考虑闲暇，这不影响主要结论。

$$max_{T_o} U = ln\,C + \beta\,ln\,T_h \qquad\qquad (4\text{-}1)$$

$$\text{s.t.}\ \ C = w_f T_f + w_o T_o$$

$$T_h = \lambda T_o / (1 - \lambda)$$

$$T_f = T - T_o / (1 - \lambda)$$

当 $w_f \leqslant (1-\lambda)w_o$，即从事自家农业生产的报酬率过低时，$\dfrac{\mathrm{d}U}{\mathrm{d}T_o} > 0$，家庭会放弃农业劳动，将 $T_h^* = \lambda T$ 的时间用于家务劳动，$T_o^* = (1-\lambda)T$ 的时间用于外出就业，可得 $\dfrac{\partial T_o^*}{\partial \lambda} < 0$，因此外出劳动时间与 λ 负相关。

当 $w_f > (1-\lambda)w_o$，令 $\dfrac{\mathrm{d}U}{\mathrm{d}T_o} = 0$ 得家庭最优时间配置方案为

$$T_o^* = \frac{\beta w_f (1-\lambda)}{(1+\beta)\left[w_f - (1-\lambda)w_o\right]}T, \ \bullet T_f^* = \frac{w_f - (1+\beta)(1-\lambda)w_o}{(1+\beta)\left[w_f - (1-\lambda)w_o\right]}T,$$

$$T_h^* = \frac{\beta w_f \lambda}{(1+\beta)\left[w_f - (1-\lambda)w_o\right]}T_o$$

不难证明：

$$\frac{\partial T_o^*}{\partial \lambda} = -\frac{\beta w_f^2 T}{(1+\beta)\left[w_f - (1-\lambda)w_o\right]^2} < 0,\ \frac{\partial T_f^*}{\partial \lambda} = \frac{\beta w_f w_o T}{(1+\beta)\left[w_f - (1-\lambda)w_o\right]^2} > 0,$$

因此外出劳动时间与 λ 负相关，农业劳动时间与 λ 正相关。

综上，无论自家农业生产与外出就业的劳动报酬率差异如何，外出劳动时间都与 λ 负相关，老龄化对劳动力迁移的影响取决于 λ 与 n_e 的关系。若只考虑老龄化的就业挤出效应，则 $\dfrac{\partial \lambda}{\partial n_e} > 0$，$\dfrac{\partial T_o^*}{\partial n_e} = \dfrac{\partial T_o^*}{\partial \lambda}\dfrac{\partial \lambda}{\partial n_e} < 0$，老龄化对农村劳动力迁移有负效应。而如果老年人从事隔代抚育促使 $\dfrac{\partial \lambda}{\partial n_e} < 0$，则 $\dfrac{\partial T_o^*}{\partial n_e} = \dfrac{\partial T_o^*}{\partial \lambda}\dfrac{\partial \lambda}{\partial n_e} > 0$，老龄化会促进农村劳动力迁移。

---

❶ $\dfrac{\mathrm{d}^2 U}{\mathrm{d}T_o^2} = -\dfrac{\left[w_f - (1-\lambda)w_o\right]^2}{\left[(1-\lambda)w_o T_o + w_f(T - \lambda T - T_o)\right]^2} - \dfrac{\beta}{T_o^2} < 0$，因此 T_o^* 满足极大值的二阶条件。

4.2 老龄化条件下家庭劳动力迁移特征分析

4.2.1 数据处理

本章所使用的数据是中国家庭追踪调查2010年、2012年和2014年三期全国整合样本面板数据。在样本选取方面，本书使用流出地和流入地结合的标准对农村家庭进行分析。出于数据采集的便利性，现有大多数关于流动人口的研究都采用流入地标准，即抽样框或受访对象从流入地获得。流入地调查虽然能够相对方便地接触到流动人口，但抽样的对象都是在流入地居住满一定期限的家庭户，这一抽样方式难以捕捉居住在工地工棚、临时住宅、集体宿舍的流动人口。另外，流入地抽样的数据只包括已经发生外出的人口样本，未包括在农村的留守者和回流者，因此，容易产生样本选择偏差（李代，张春泥，2016）。同时，由于流出者的信息难以追踪，流出地调查也往往产生追踪难度大、信息缺失等问题。本书选取的样本既包括在农村地区接受调查的家庭（流出地标准），也包括在城镇地区接受调查但一半以上成员为农村户口的家庭（流入地标准），共计19855个家庭样本，由此兼顾了流出地和流入地标准。此外，CFPS采用了电访和代答作为面访的补充调研方式，即便一些家庭成员由于外出离家而没有完成个人问卷，这些成员只要经济上与原家庭联系在一起，就会登记在册，其基本的社会人口信息会通过电访或代答采集，可以较大限度地解决追踪难度大、信息缺失的问题。

4.2.2 特征分析

本章的主要被解释变量为家庭劳动力迁移人数；此外，为探究老龄化对不同性别、年龄和教育水平劳动力迁移的异质性影响，还将男性、女性、16～40岁、

41~59岁、高中以上学历、高中以下学历的劳动力迁移数量作为被解释变量进行分析。本章的解释变量包括衡量家庭养老压力的60岁及以上人数、衡量抚幼负担的16岁以下人数及二者的交叉项；在稳健性分析中，使用了老年和未成年人口的虚拟变量及其交叉项。为探究不同类项的老年人和未成年人对农村劳动力迁移的异质性影响，本书进一步将老年人按性别划分为男性老年人和女性老年人，按年龄分为中低龄老年人（60~75岁）和高龄老年人（76岁及以上），按自报健康状况分为健康老年人和不健康老年人，将未成年人分为学龄前未成年人（0~5岁）和学龄期未成年人（6~15岁）。

根据被解释变量的不同，本书使用了不同的劳动力数量类控制变量，包括家庭16~59岁间的劳动力数量、16~59岁间的男性劳动力数量、16~59岁间的女性劳动力数量、16~40岁间的劳动力数量、41~59岁间的劳动力数量、16~59岁间高中以上学历劳动力数量、16~59岁间高中以下学历劳动力数量等。本书还控制了家庭特征类控制变量，包括家庭总资产、家庭中上学的人数、60岁以上成员中有养老保险的人数、60岁以下成员中有养老保险的人数、住院的人数、是否祭祖扫墓等。其中"是否祭祖扫墓"是衡量孝道文化的虚拟变量，如果家庭过去一年进行过祭祖扫墓类活动，说明孝道水平较高。CFPS没有对户主进行定义和识别，本书将成人问卷中每个家庭的收入水平最高者作为户主，近似作为家庭决策者，以此捕捉家庭决策者的个人特征，包括受教育程度、年龄及年龄的平方等。此外，本书还控制了年份虚拟变量和省份虚拟变量。以上变量描述性统计如表4-1所示。

表4-1　老龄化对家庭劳动力迁移影响的变量描述性统计

变量名	变量含义/单位	均值	标准差	最小值	最大值
被解释变量					
number_migrant	家庭劳动力迁移人数/人	0.698	0.928	0	7
number_migrant_ma	家庭男性劳动力迁移人数/人	0.446	0.634	0	4
number_migrant_fe	家庭女性劳动力迁移人数/人	0.252	0.493	0	4
number_migrant_1640	家庭16～40岁间的劳动力迁移人数/人	0.443	0.720	0	6
number_migrant_4159	家庭41～59岁间的劳动力迁移人数/人	0.255	0.537	0	6

续表

变量名	变量含义/单位	均值	标准差	最小值	最大值
被解释变量					
number_migrant_h	家庭高中以上学历的劳动力迁移人数/人	0.179	0.474	0	6
number_migrant_uh	家庭高中以下学历的劳动力迁移人数/人	0.518	0.782	0	5
解释变量					
number_60	家庭60岁及以上老年人数量/人	0.604	0.803	0	5
whether_60	家庭是否有60岁及以上的老年人（是=1，否=0）	0.413	0.492	0	1
number_6075	家庭60~75岁间老年人数量/人	0.486	0.750	0	5
number_76	家庭75岁及以上老年人数量/人	0.118	0.366	0	3
number_60_ma	家庭60岁及以上男性老年人数量/人	0.303	0.470	0	4
number_60_fe	家庭60岁及以上女性老年人数量/人	0.301	0.471	0	3
number_60_healthy	家庭60岁及以上健康老年人数量/人	0.421	0.670	0	4
number_60_unhealthy	家庭60岁及以上不健康老年人数量/人	0.184	0.446	0	3
number_16	家庭16岁以下未成年人数量/人	0.796	0.952	0	7
whether_16	家庭是否有16岁以下的未成年人（是=1，否=0）	0.518	0.410	0	1
number_05	家庭6岁以下未成年人数量/人	0.315	0.598	0	6
number_615	家庭6~15岁间未成年人数量/人	0.481	0.737	0	7
劳动力数量类控制变量					
number_1659	家庭16~59岁间的劳动力数量/人	2.538	1.469	0	17
number_1640	家庭16~40岁间的劳动力数量/人	1.453	1.115	0	12
number_4159	家庭41~59岁间的劳动力数量/人	1.085	0.903	0	6
number_1659_ma	家庭16~59岁间的男性劳动力数量/人	1.295	0.857	0	9
number_1659_fe	家庭16~59岁间的女性劳动力数量/人	1.243	0.843	0	8
number_1659_h	家庭16~59岁间高中以上学历劳动力数量/人	0.472	0.791	0	7
number_1659_uh	家庭16~59岁间高中以下学历劳动力数量/人	2.066	1.359	0	16

续表

变量名	变量含义/单位	均值	标准差	最小值	最大值
家庭特征类控制变量					
total_asset	家庭总资产/元	213 397.4	356 571.9	−36 875	3 586 800
number_school	家庭中上学的人数/人	0.620	0.816	0	6
number_insurance60	家庭60岁及以上有养老保险的人数/人	0.451	0.920	0	8
number_insurance59	家庭60岁以下有养老保险的人数/人	0.313	0.657	0	7
number_hospital	家庭住院人数/人	0.223	0.476	0	4
whether_jizu	是否祭祖扫墓(是=1,否=0)	0.670	0.470	0	1
edu_head	家庭决策者教育水平	2.454	1.175	1	7
age_head	家庭决策者年龄	45.038	15.917	0	102
age_headsq	家庭决策者年龄的平方	2 281.753	1 535.488	0	10 404
whether_migrant_region	家庭所在村居是否有较多劳动力流出(是=1,否=0)	0.181	0.385	0	1
年份虚拟变量、省份虚拟变量					

首先对本书所关注的核心变量(家庭老年人数量和迁移人数)进行统计性描述分析:图4-1中农村家庭老年人数量和迁移人数的拟合曲线显示二者负相关,随老年人增多,家庭迁移人数减少。此外,没有未成年人的农村家庭样本的拟合曲线比总样本拟合曲线更为陡峭,而有未成年人的农村家庭的拟合曲线非常平坦,斜率接近为0。这意味着没有未成年人的农村家庭中,老龄化程度与劳动力迁移的负相关性更强,有未成年人的农村家庭中老龄化与劳动力迁移的负相关性很弱,下面本书进一步运用计量方法细致分析其中蕴含的逻辑。

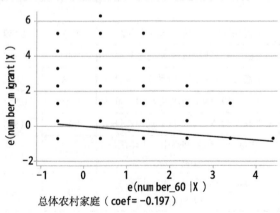

总体农村家庭(coef= −0.197)

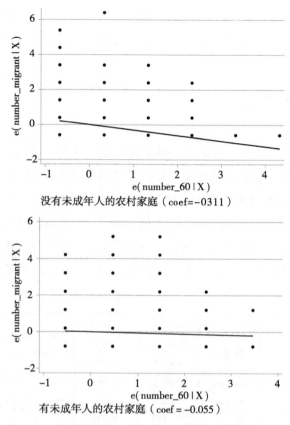

没有未成年人的农村家庭（coef=-0311）

有未成年人的农村家庭（coef = -0.055）

图 4-1　农村家庭老年人人数与迁移人数的关系

4.3　老龄化条件下家庭劳动力迁移的影响因素分析

4.3.1　计量模型

由于样本中 55.42% 的家庭没有劳动力迁移，所以本章的被解释变量是归并数据（Censored Variables），使用线性估计方法不能得到一致的估计，因此在回归中使用面板 Tobit 模型。此外，农村家庭劳动力外出决策可以分为拥有不同决定机制的两阶段，第一阶段为参与决策（Participation Decision），决定是否让家庭成员迁移；第二阶段为数量决策（Amount Decision），决定迁移的人数。为分别探究老龄化和隔代抚育对两阶段决策的影响，以及检验Tobit模型结论的稳健性，本书还使用了面板Heckman两阶段模型对上述被解释变量进行了分析。

4.3.2 基本分析

表4-2报告了基础回归结果，被解释变量为家庭迁移的劳动力人数。估计结果中第1~3列的解释变量是家庭老年人数量和未成年人数量及其交叉项，第4~6列的解释变量为家庭老年人和未成年人的虚拟变量及其交叉项。第1、4列使用的是面板Tobit模型；第2、3、5、6列为面板Heckman Selection模型回归结果，其中第一阶段的工具变量为"家庭所在村居是否有较多劳动力流出"的虚拟变量，如果家庭所在村居中有四分之一以上的劳动力流出，则定义为1，否则为0。

表4-2 基础回归结果

模型	Panel Tobit Model	Heckman Selection Model 1	Heckman Selection Model 1	Panel Tobit Model	Heckman Selection Model 2	Heckman Selection Model 2
变量	number_migrant	whether_migrant	number_migrant	number_migrant	whether_migrant	number_migrant
number_60	−0.151*** (0.025)	−0.117*** (0.027)	−0.033* (0.020)			
whether_60				−0.252*** (0.043)	−0.220*** (0.047)	−0.032 (0.035)
number_60* number_16	0.100*** (0.016)	0.113*** (0.017)	0.044*** (0.013)			
whether_60* whether_16				0.305*** (0.052)	0.401*** (0.057)	0.083* (0.044)
number_16	−0.108*** (0.019)	−0.116*** (0.021)	−0.013 (0.015)			
whether_16				−0.109*** (0.033)	−0.156*** (0.038)	−0.022 (0.026)
number_1659	0.300*** (0.011)	0.231*** (0.012)	0.286*** (0.013)	0.302*** (0.011)	0.231*** (0.012)	0.286*** (0.013)
total_asset	3.65e−07*** (4.78e−08)	1.14e−07** (5.59e−08)	2.68e−07*** (3.46e−08)	3.60e−07*** (4.79e−08)	1.08e−07* (5.60e−08)	2.65e−07*** (3.46e−08)

72

续表

模型	Panel Tobit Model	Heckman Selection Model 1	Heckman Selection Model 1	Panel Tobit Model	Heckman Selection Model 2	Heckman Selection Model 2
变量	number_migrant	whether_migrant	number_migrant	number_migrant	whether_migrant	number_migrant
number_school	0.088*** (0.018)	0.026 (0.021)	−0.027* (0.014)	0.058*** (0.017)	−0.007 (0.019)	−0.019 (0.013)
number_insurance60	0.160*** (0.016)	0.156*** (0.019)	0.095*** (0.012)	0.159*** (0.016)	0.158*** (0.019)	0.095*** (0.012)
number_insurance59	0.302*** (0.018)	0.347*** (0.027)	0.132*** (0.019)	0.300*** (0.018)	0.341*** (0.026)	0.134*** (0.018)
number_hospital	−0.014 (0.024)	0.005 (0.028)	−0.039** (0.018)	−0.020 (0.024)	−0.002 (0.028)	−0.037** (0.018)
whether_jizu	0.057** (0.026)	0.055* (0.030)	0.058*** (0.021)	0.059** (0.026)	0.058* (0.030)	0.057*** (0.021)
edu_head	0.167*** (0.012)	0.126*** (0.014)	0.047*** (0.010)	0.171*** (0.012)	0.131*** (0.014)	0.048*** (0.010)
age_head	0.039*** (0.005)	0.032*** (0.005)	0.020*** (0.005)	0.039*** (0.005)	0.033*** (0.005)	0.020*** (0.005)
age_headsq	−0.001*** (5.61e−05)	−7.24e−04*** (5.96e−05)	−3.31e−04*** (6.47e−05)	−0.001*** (5.62e−05)	−0.001*** (5.97e−05)	−3.26e−04*** (6.42e−05)
whether_migrate_region		−0.189*** (0.042)			−0.194*** (0.042)	
年份虚拟变量	显著	显著	显著	显著	显著	显著
省级虚拟变量	显著	显著	显著	显著	显著	显著
常数项	−0.938*** (0.268)	0 (0)	0.399* (0.228)	−0.965*** (0.268)	0 (0)	0.398* (0.228)
mills lambda		5.527*** (0.239)			5.485*** (0.240)	
样本量	19 026	18 059	18 059	19 026	18 059	18 059

注：***、**、*分别表示在1%、5%和10%的水平上显著，括号内为标准误，下同。

Tobit模型的回归结果显示，无论使用家庭老年人数量、未成年人数量还是它们的虚拟变量作为解释变量，估计系数都在1%的水平上显著为负，这意味着如不存在隔代抚育机制，养老压力和抚幼负担对我国农村家庭劳动力迁移有显著负效应。此外，老年人变量的估计值高于未成年人变量的估计值，说明养老压力对劳动力迁移的负效应大于抚幼负担。同时，老年人和未成年人变量的交叉项在1%的水平上显著为正，意味着老年人为未成年人提供的隔代抚育会显著促进农村劳动力迁移。单独考察老龄化的影响，表4-2估计结果的第3列显示，老年人与未成年人变量交叉项的估计系数高于老年人本身的估计系数的绝对值，意味着如果家中同时有老年人和未成年人，老年人对劳动力迁移的净效应是正的。Heckman 两阶段模型回归结果进一步证实了上述结论，并且还显示隔代抚育对家庭两阶段决策都有显著正效应；其 mills lambda 的估计值都在1%的水平上显著，意味着存在样本选择效应，有必要使用选择模型。解释变量的回归结果证实了理论分析的结论：老龄化并非单向影响劳动力迁移。若只考虑老龄化的就业挤出效应，老龄化对农村劳动力迁移有负效应；而如果老年人从事隔代抚育将劳动力从抚幼负担中解放出来，老龄化会促进劳动力迁移。

控制变量的回归结果基本符合理论预期，家庭总资产、正在上学的人数、有养老保险的人数与劳动力迁移正相关，家中住院的人数与劳动力迁移负相关但不稳健。家庭主要决策者的教育水平和年龄的估计系数显著为正，其年龄平方的估计系数显著为负，意味着随年龄增长，家庭主事者倾向于支持劳动力迁移，而年长到一定阶段以后会倾向于减少劳动力迁移。衡量家庭孝道水平的变量"是否祭祖扫墓"对劳动力迁移有显著正效应，这或许由于外出就业为家庭带来更多收入从而能够更好地赡养老人。

4.3.3 不同类型未成年人和老年人的影响

为细致考察不同类型的老年人及其隔代抚育情况对劳动力迁移的影响，将老年人按年龄划分为中低龄老年人（60~75岁）和高龄老年人（76岁及以上），按性别分为男性老年人和女性老年人，按自报健康状况分为健康老年人和不健康老年人，分别探究其对劳动力迁移的影响。此外，本书还将未成年人分为学龄前未成年人（0~5岁）和学龄后未成年人（6~15岁），探究不同年龄段的未成年人对

农村劳动力外出就业的影响。回归结果如表4-3所示。❶

表4-3 细分未成年人和老年人特征的回归结果

模型	Panel Tobit Model			
变量	number_migrant	number_migrant	number_migrant	number_migrant
number_60	−0.142*** (0.025)			
number_60*number_05	0.101*** (0.026)			
number_05	−0.112*** (0.024)			
number_60*number_615	0.099*** (0.021)			
number_615	−0.102*** (0.027)			
number_6075		−0.029 (0.051)		
number_6075*number_16		0.117*** (0.017)		
number_76		−0.168*** (0.028)		
number_76*number_16		0.017 (0.038)		
number_60_ma			−0.268*** (0.045)	
number_60_ma*number_16			0.073** (0.029)	
number_60_fe			−0.025 (0.044)	
number_60_fe*number_16			0.128*** (0.031)	
number_60_healthy				−0.144*** (0.027)

---

❶ 控制变量和常数项的估计结果与表4-2基本相同。下同。

模型	Panel Tobit Model			
变量	number_migrant	number_migrant	number_migrant	number_migrant
number_60_healthy* number_16				0.107*** (0.017)
number_60_unhealthy				−0.141** (0.071)
number_60_unhealthy* number_16				0.060 (0.042)
number_16		−0.106*** (0.019)	−0.106*** (0.020)	−0.108*** (0.019)
控制变量和常数项	Yes	Yes	Yes	Yes
年份虚拟变量	显著	显著	显著	显著
省份虚拟变量	显著	显著	显著	显著
样本量	19 026	19 026	19 026	19 026

注：Yes 表示该类变量已控制，估计结果见附表，下同。本表回归中劳动力数量类控制变量为number_1659，家庭特征类控制变量的具体设置见表4-1。

表4-3估计结果的第1列显示，学龄前和学龄期未成年人都对劳动力迁移有显著负效应。但学龄前未成年人的估计系数的绝对值大于学龄期未成年人估计系数的绝对值，并且学龄前未成年人与老年人数量交叉项的估计系数大于学龄期未成年人。这意味着学龄前未成年人更依赖父母照料、会挤出父母更多的市场劳动时间，老年人为学龄前未成年人提供隔代抚育对劳动力迁移的促进作用更大。

对老年人分年龄的分析结果显示，中低龄老年人对劳动力迁移的负效应并不显著，但其与未成年人的交叉项显著为正，意味着中低龄老年人更倾向于提供隔代抚育、促进劳动力迁移。与之形成对比，高龄老年人的隔代抚育效应不显著，同时会抑制劳动力迁移。对老年人分性别的回归结果显示，男性和女性老年人隔代抚育都对劳动力迁移有显著正效应，但女性老年人和未成年人交叉项的估计系数更大，这意味着女性老年人提供了更多隔代抚育。另外，如不考虑隔代抚育，只有男性老年人对劳动力迁移有显著负效应，女性老年人的影响不显著，可能由于女性老年人本身承担了更多的家务劳动（Chang et al.，2011；Liu J.，2014）。对老年人分健康水平的分析结果显示，只有自我评价健康的老年人与未成年的交叉项显著为正，意味着隔代抚育主要由健康老年人提供。综上可见，高龄、男性、健康水平较低的老年人会挤出我国农村劳动力更多的市场劳动时间，对迁移的负效应更大，同时也提供了更少的隔代抚育；中低龄、女性和较为健康的老年人对农村劳动力外出就业的影响更小或不显著，并且提供了更多的隔代抚育。

4.3.4 对不同性别、年龄和教育水平劳动力的影响

为细致探究老龄化和隔代抚育对不同类型农村劳动力迁移影响的异质性，本书按照年龄、性别和教育水平将被解释变量划分为年轻、年长、男性、女性、高中以上学历和高中以下学历的外出劳动力数量，回归结果如表4-4所示。❶

表4-4 对劳动力进行分年龄、性别和教育水平的回归结果

模型	Panel FRM Model					
分类	年龄差异		性别差异		教育差异	
	年轻劳动力	年长劳动力	男性劳动力	女性劳动力	高中以上学历劳动力	高中以下学历劳动力
变量	number_migrant_1640	number_migrant_4159	number_migrant_ma	number_migrant_fe	number_migrant_h	number_migrant_uh
number_60	−0.068**	−0.216***	−0.097***	−0.103***	−0.046	−0.115***
	(0.027)	(0.064)	(0.029)	(0.021)	(0.030)	(0.028)
number_60*number_16	0.048***	0.063	0.044***	0.112***	0.012	0.096***
	(0.017)	(0.044)	(0.014)	(0.018)	(0.020)	(0.018)
number_16	0.039*	−0.206***	0.007	−0.207***	0.079***	−0.156***
	(0.020)	(0.042)	(0.016)	(0.022)	(0.023)	(0.020)
控制变量和常数项	Yes	Yes	Yes	Yes	Yes	Yes
年份虚拟变量	显著	显著	显著	显著	显著	显著
省份虚拟变量	显著	显著	显著	显著	显著	显著
样本量	19 026	19 026	19 026	19 026	19 026	19 026

注：本表回归中劳动力数量类控制变量从左到右依次为number_1659_ma、number_1659_fe、number_1640、number_4159、number_1659_h、number_1659_uh。

---

❶ 在对劳动力进行分年龄、性别和教育水平的分析，以及接下来的分区域和阶层的子样本分析中，只展示了以60岁以上和16岁以下人数及其交叉项作为解释变量的面板Tobit模型回归结果，利用Heckman两阶段模型或基础回归中的其他解释变量进行回归所获结果与表4-4和表4-5基本一致。

分析结果显示，养老压力对年轻和年长劳动力迁移都有显著负效应，但对年轻劳动力的影响更小；隔代抚育主要促进了年轻劳动力迁移，对年长劳动力影响并不显著，这可能源于拥有未成年子女的劳动力大多为40岁以下的年轻劳动力。相对于年长劳动力而言，年轻劳动力更易于就业、收入相对较高（李超，2013），未成年人数量增加会促使年轻劳动力外出就业以增加家庭收入，所以家庭中未成年人数量对年轻劳动力迁移的估计系数为正。抚幼负担对男性劳动力迁移的影响不显著，养老压力对男性劳动力外出就业的负效应小于对女性劳动力的影响，说明养老抚幼负担更多由女性劳动力承担，与已有研究结论一致（Mu，Van De Walle，2011；Liu J.，2014），这也导致隔代抚育对女性劳动力迁移的估计系数大于对男性劳动力的估计系数。由于高中以上学历的农村劳动力在劳动力市场中更具竞争优势，家庭少儿人口数量会促使其外出就业从而提高家庭收入。养老压力对高学历劳动力迁移没有显著影响，老龄化的就业挤出和隔代抚育效应主要作用于高中以下学历的农村劳动力。

4.3.5　对不同区域和阶层家庭的影响

以上回归中，省份虚拟变量的联合显著性和家庭总资产估计系数的显著性都较强，因此将样本划分为东部家庭、中部家庭和西部家庭三个子样本❶，分别进一步探究老龄化和隔代抚育对农村劳动力迁移影响的区域差异。此外还根据2010年、2012年和2014年三期样本中农村家庭总资产的均值的分位数，将家庭划分为低资产、中资产和高资产家庭三类，以此进行子样本回归，考察老龄化和隔代抚育对不同财富阶层家庭影响的差异。回归结果如表4-5所示。

---

❶ 东、中、西部的划分依据国家统计局标准，CFPS样本涵盖的25个省/市/自治区中，东部地区包括：北京、天津、河北、辽宁、山东、江苏、浙江、上海、福建、广东；中部地区包括：山西、吉林、黑龙江、安徽、江西、河南、湖北、湖南；西部地区包括：广西、重庆、四川、贵州、云南、陕西、甘肃。

表4-5　分区域和阶层的回归结果

模型	Panel FRM Model					
样本	分区域回归			分阶层回归		
	东部家庭	中部家庭	西部家庭	低资产家庭	中资产家庭	高资产家庭
变量	number_migrant	number_migrant	number_migrant	number_migrant	number_migrant	number_migrant
number_60	−0.182*** (0.043)	−0.136*** (0.043)	−0.132*** (0.044)	−0.191*** (0.063)	−0.057 (0.043)	−0.048 (0.037)
number_60*number_16	0.084*** (0.028)	0.139*** (0.031)	0.084*** (0.026)	0.156*** (0.035)	0.055** (0.026)	0.059* (0.031)
number_16	−0.100*** (0.034)	−0.066* (0.034)	−0.122*** (0.031)	−0.128*** (0.044)	−0.002 (0.030)	−0.035 (0.031)
控制变量和常数项	Yes	Yes	Yes	Yes	Yes	Yes
年份虚拟变量	显著	显著	显著	显著	显著	显著
省份虚拟变量	显著	不显著	显著	显著	显著	显著
样本量	4 866	6 306	7 854	6 305	6 361	6 285

注：本表中劳动力数量类控制变量为number_1659。

　　子样本回归结果显示，老龄化、抚幼负担和隔代抚育对我国东、中、西部农村家庭的劳动力迁移都有显著影响，但老年人口估计系数的绝对值自东向西逐渐减小❶，意味着养老压力对农村劳动力迁移的负效应自东向西依次减小，这与我国农村劳动力自西向东的迁移方向有关。分阶层的回归结果显示，隔代抚育机制对各阶层家庭劳动力迁移都有显著正效应，但对底层家庭劳动力迁移的促进作用更大也更为显著。同时，不考虑隔代抚育的话，老龄化对我国农村劳动力迁移的负效应也主要作用于底层家庭，这或许由于底层家庭不健康的老年人更多、需要更多的照料。❷这意味着老龄化更不利于底层家庭劳动力转移

---

❶ 在分区域和阶层的子样本回归中进行了Chow检验，结果表明老龄化和隔代抚育对不同区域和阶层家庭劳动力迁移的影响差异是显著的。

❷ 本书样本中，低资产、中资产和高资产农村家庭不健康的老年人数平均分别为0.289、0.169和0.098。

就业、削弱其提高收入的能力，老龄化可能会通过这一机制加剧我国农村的收入分配差距。

4.4 本章小结

本章基于微观家庭决策视角，通过构建农村劳动力迁移决策模型，理论探究了老龄化对农村劳动力迁移的影响，进而利用中国家庭追踪调查面板数据，实证分析了老龄化和隔代抚育对我国农村劳动力迁移的效应。理论和实证研究结果显示：第一，老龄化并非单向影响劳动力迁移。若只考虑老龄化的就业挤出效应，老龄化对农村劳动力迁移有负效应；而如果老年人从事隔代抚育将劳动力从抚幼负担中解放出来，老龄化会促进劳动力迁移。第二，相对于学龄期未成年人而言，学龄前未成年人更依赖父母照料、会挤出父母更多的市场劳动时间，老年人为学龄前未成年人提供隔代抚育对劳动力迁移的促进作用更大；高龄、男性、健康水平较低的老年人会挤出我国劳动力更多的市场劳动时间，对迁移的负效应更大，同时也提供了更少的隔代抚育；中低龄、女性和较为健康的老年人对农村劳动力外出就业的影响更小或不显著，并提供了更多的隔代抚育。第三，养老压力对年轻劳动力的影响更小，隔代抚育主要促进了年轻劳动力迁移；抚幼负担对男性劳动力迁移的影响不显著，养老压力对男性劳动力外出就业的负效应小于对女性劳动力的影响，说明家庭养老抚幼负担更多由女性劳动力承担；养老压力对高学历劳动力迁移影响不显著，老龄化的就业挤出和隔代抚育效应主要作用于高中以下学历的农村劳动力。第四，子样本回归结果显示，养老压力对我国农村劳动力迁移的负效应自东向西依次减小，并且其影响主要作用于资产水平较低的底层家庭。

相应的政策含义包括：第一，在评估老龄化对我国农村劳动力迁移的影响时，不应仅关注老龄化的就业挤出效应，更应看到我国传统的逆反哺代际模式中还存在隔代抚育机制，这会抵消就业挤出的负效应甚至促进劳动力迁移。因此，应充分利用我国家庭的这一传统代际模式，在日益严重的老龄化进程中充分发挥隔代抚育的积极作用，通过促进农村劳动力转移就业提高其劳动力参与率，进一步发掘人口红利。研究发现，拥有养老保险和健康水平较高的老年人更有助于劳动力迁移，因此完善农村养老和医疗保障制度是切实有效的措施。第二，从老年人福利角度分析，应认识到农村劳动力外出就业在减少老年人所获照料的同时，还会增加其照料孙辈未成年人的家务劳动，并且这一负担主要由女性和低龄老年人承担，为减小劳动力迁移对老年人带来的双重压力，应重点帮扶这部分老年人。第三，从劳动力特征角度，老龄化对我国农村的女性、高龄和低学历劳动力迁移的负效应更显著，此外这一负效应应主要作用于资产水平较低的底层家庭。因此，老龄化条件下进一步发掘农村剩余劳动力潜力，应更加有针对性地重点支持这部分劳动力转移就业。

第5章 老龄化对微观储蓄的影响分析

5.1 老龄化对家庭储蓄的影响机理分析

改革开放以来，我国持续高速的经济增长有赖于人口红利（董香书，肖翔，2016），但近年来人口快速老龄化，2010—2016年间老年人口抚养比从11.9%增长到15.0%，劳动年龄人口数量在2013年达到峰值，此后不断下降。[1]关于老龄化对经济的影响，较多研究基于资本市场视角探讨了老龄化与储蓄和资本积累的关系，但理论分析结论并不明确。传统的生命周期消费理论基于成年期高储蓄、未成年和老年期负储蓄的特征认为老龄化会降低储蓄率（Modigliani，Brumberg，1954），从而不利于资本积累和经济增长；而第二次人口红利理论则认为老龄化会通过预防动机产生未雨绸缪的储蓄激励，以此促进资本积累和经济增长。而以上两种机制对储蓄的净效应还需验证，中国能否获得第二次人口红利尚待明确。本章基于生命周期消费效应和第二次人口红利效应的微观视角细致考察了老龄化对储蓄的净效应，以此客观研判中国能否获得第二次人口红利，并提出老龄化条件下促进资本积累和经济增长的政策含义。

Lee 和 Mason（2006）将预防动机产生的储蓄激励效应称为第二次人口红利，最早关注寿命延长、预防动机与储蓄率关系的分析是 Yaari（1965）、Zhang 等

---

[1] 数据来源：国家统计局《中国统计年鉴（2017）》，http://www.stats.gov.cn/tjsj/ndsj/2017/indexch.htm。

（2001）、袁志刚和宋铮（2009）、贺菊煌（2003）、汪伟和艾春荣（2015）进一步研究指出理性个体会为了保障更长的老年生活而提高储蓄，Sheshinski（2006）发现这会对储蓄率产生正效应，基于国外数据的实证研究证实了这一关系（Bloom et al.，2003；Li et al.，2007）。此后较多学者集中探讨了第二次人口红利的内涵和机制等（蔡昉，2009；Fried，2016；Maliszewska，2016）。同时，生命周期消费视角下的研究关注了老龄化对储蓄率和资本积累的负效应，但囿于微观数据限制和研究思路的"路径依赖"，相关文献多基于宏观视角，结论尚不明确。Leff（1969）最早证实了生命周期消费理论，此后 Schultz（2005）、Horika（2010）等进一步验证了老龄化与储蓄率的负相关关系。但诸多学者后来发现生命周期消费理论揭示的规律在不同区域和不同时期存在异质性（Kelley，Schmidt，1996；Andersson，2001；Cavallo et al.，2016），老龄化对宏观储蓄率的影响并非简单负效应。

国内的相关理论分析和基于宏观数据的实证研究也存有较大分歧。理论研究方面，刘永平和陆铭、袁志刚和余静文及汪伟基于世代交叠模型和数值模拟发现老龄化会降低储蓄率（刘永平，陆铭，2008a；袁志刚，余静文，2014；汪伟，2017），与生命周期消费理论一致。刘国斌和杜云昊（2015）、袁磊（2015）的理论分析也得出相似结论。而王金营、付秀彬（2006）等研究发现老龄化会降低消费水平和边际消费倾向，似乎意味着对储蓄率存在正效应。同时，一些理论研究认为老龄化对中国储蓄率的影响并不显著，比如陈彦斌等、朱勤等基于数值模拟的研究发现，人口老龄化对中国居民消费在总量层面上影响不大，尚不足以彻底改变中国的高储蓄特征（陈彦斌 等，2014；朱勤，魏涛远，2016）。

针对中国的宏观实证分析多利用省级面板数据，但由于时间段选取、变量设定和计量方法不同，所得结论差异较大。汪伟（2010）、刘铠豪和刘渝琳（2015）研究发现出生率对储蓄率显著负效应，老年人口抚养比对储蓄率显著正效应。史晓丹（2013）的结论恰好相反，认为老年抚养比与储蓄率负相关，少儿抚养比与储蓄率关系成正相关关系。范叙春和朱保华（2012）则认为老年和少儿人口抚养比对储蓄率的影响取决于是否考虑时间效应。而毛毅（2012）分析发现当期老年人口抚养比对人均居民储蓄的影响为负，上期老年人口抚养比对居民储蓄并没有显著影响。王德文等（2004）、董丽霞和赵文哲（2011）等的结论与以上都不同，发现少儿和老年人口抚养比都对储蓄率的效应都为负。

宏观实证结论的分歧源于微观个体或家庭储蓄率的变动趋势与宏观储蓄率未必相同，宏观储蓄包括家庭储蓄、企业储蓄、政府储蓄等，并且由于李嘉图等价原理，家庭储蓄受政府公共储蓄影响并且二者变动方向相反。而生命周期消费理论所揭示的是微观家庭储蓄与老龄化的关系，因此老龄化对宏观储蓄率的影响未必为负。少数基于微观视角的实证分析探讨了老龄化对储蓄率的影响，郑妍妍等（2013）利用了中国家庭住户收入调查1988—2007年数据探讨了老龄化和少子化对中国城镇家庭消费的影响，但在处理收入时使用的是虚拟变量分组，无法在充分控制收入的前提下分析老年和少儿人口抚养比对消费的影响，因此，难以判断老龄化对储蓄的影响。丁继红等（2013）基于CHNS微观家庭数据分析发现，老年人口抚养比（65岁以上人口比重）对中国农村家庭消费有显著负效应，间接说明在收入不变的前提下，老龄化与微观储蓄率关系为正。但是没有控制少儿人口抚养比，无法全面分析家庭年龄结构与消费的关系，也可能存在遗漏变量偏差。

综上，宏观层面关于老龄化与储蓄率的关系，现有研究存在较大分歧，微观层面老龄化对中国家庭储蓄率的影响缺乏系统的实证研究；老龄化可能通过生命周期消费效应和预防动机两种机制影响储蓄行为，但实际净效应尚待明确；围绕第二次人口红利已有较多理论研究成果，但预防动机是否为中国提供了第二次人口红利还缺乏实证检验。本章基于微观家庭决策视角，利用中国家庭追踪调查2010—2014年面板数据，通过分析老龄化对中国微观家庭储蓄的影响效应，实证考察中国第二次人口红利的可得性，并对不同类型的储蓄、储蓄率、消费和消费率进行了稳健性检验，此外细致分析了老龄化对微观储蓄率影响的阶层、城乡和区域差异。本章余下部分安排如下：5.2节为老龄化条件下家庭储蓄特征分析；5.3节是老龄化条件下家庭储蓄影响因素分析，包括基础回归、稳健性分析和子样本回归；最后进行小结。

5.2　老龄化条件下家庭储蓄特征分析

5.2.1　数据处理

本章所使用的数据来自中国家庭追踪调查（China Family Panel Studies，CFPS）2010年、2012年和2014年三期全国整合样本面板数据，共计27629个家庭。

5.2.2　特征分析

本章的主要被解释变量为家庭储蓄率，等于（家庭总收入–总支出）/家庭总收入，记为saving_rate。总支出包括家庭设备及日用品支出、衣着鞋帽支出、文教娱乐支出、食品支出、交通通信支出、居住支出、医疗支出、转移性支出、福利性支出、建房住房贷款支出等。总支出中的转移性支出、福利性支出和建房住房贷款支出不属于消费性支出，因此本书还计算了扣除消费性支出的储蓄率❶，作为稳健性分析中的被解释变量，记为saving_rate2。此外，由于教育支出和医疗支出与家庭成员的年龄和健康状况有较大关系，大额消费支出也有较大突发性，不属于日常性支出；因此，本书在控制家庭人口年龄结构类变量和家庭住院的人数的基础上，进一步计算了扣除日常性支出的储蓄率❷，在稳健性分析中作为因变量，记为saving_rate3。另外，在稳健性分析中，本书还将不同类型的储蓄额、消费额和消费率（=消费额/总收入）作为被解释变量，检验所得结论的稳健性。

---

❶ 扣除消费性支出的储蓄率=（家庭总收入–日用品支出–衣着鞋帽支出–文教娱乐支出–食品支出–交通通信支出–居住支出–医疗支出）/家庭总收入

❷ 扣除日常性支出的储蓄率=（家庭总收入–日用品支出–衣着鞋帽支出–食品支出–交通通信支出–居住支出）/家庭总收入

本章的解释变量包括衡量家庭养老压力的 60 岁及以上人口占家庭总人口的比重、衡量抚幼负担的 14 岁及以下人口占家庭总人口的比重，分别记为 percentage_60 和 percentage_14。随着预期寿命的延长和延迟退休政策的推广，65 岁越来越普遍地成为跨越老年的标准，因此本书还将家庭中 65 岁以上的人口占家庭总人口的比重（记为 percentage_65）作为解释变量，检验结论的稳健性。控制变量包括家庭中正在上学的人数、家庭中正在工作的人数、家庭规模、家庭中 60 岁及以上有养老保险的人数、家庭中 60 岁以下有养老保险的人数、过去一年家庭住院的人数、家庭总资产的对数值、家庭净收入的对数值、是否祭祖扫墓（是=1，否=0）等。其中"是否祭祖扫墓"是衡量孝道文化的虚拟变量，如果家庭过去一年进行过祭祖扫墓类活动，说明孝道水平较高。此外，还控制了年份虚拟变量和省份虚拟变量。以上变量描述性统计如表 5-1 所示。

表 5-1　老龄化条件下家庭储蓄变量描述性统计

变量名	变量含义/单位	均值	标准差	最小值	最大值
被解释变量					
saving_rate	扣除总支出的储蓄率/%	−139.285	538.881	−8 724.076	94.655
savings	扣除总支出的储蓄额/元	−2 396.589	32 617.620	−160 523	119 360
whether_saving	是否储蓄(是=1,否=0)	0.443	0.497	0	1
saving_rate2	扣除消费性支出的储蓄率/%	−107.621	461.965	−7 104.348	95.314
savings2	扣除消费性支出的储蓄额/元	3 444.997	29 502.940	−130 720	118 588
saving_rate3	扣除日常性支出的储蓄率/%	−58.665	366.307	−6 204.348	96.929
savings3	扣除日常性支出的储蓄额/元	10 171.110	27 798.960	−114 160	121 520
consumption_rate	总消费率/%	239.285	538.881	5.345	8 824.076
consumption	总消费额/元	39 221.510	33 668.510	4 984	162 363
consumption_rate2	消费性支出率/%	207.621	461.965	4.686	7 204.348
consumption2	消费性支出额/元	33 088.850	27 238.160	4 280	132 560

续表

变量名	变量含义/单位	均值	标准差	最小值	最大值
被解释变量					
consumption_rate3	日常性支出率/%	158.665	366.307	3.071	6 304.348
consumption3	日常性支出额/元	26 358.560	23 517.280	2 805	116 000
解释变量					
percentage_60	60 岁及以上的家庭成员占家庭总人口的比重/%	21.591	32.572	0	100
percentage_65	65 岁及以上的家庭成员占家庭总人口的比重/%	14.733	28.232	0	100
percentage_14	14 岁及以下的家庭成员占家庭总人口的比重/%	13.841	17.223	0	100
控制变量					
number_school	家庭中上学的人数/人	0.577	0.776	0	8
number_work	家庭中有工作的人数/人	1.374	1.166	0	8
family_size	家庭规模/人	3.752	1.788	1	26
number_insurance60	家庭 60 岁及以上有养老保险的人数/人	0.433	0.877	0	8
number_insurance59	家庭 60 岁以下有养老保险的人数/人	0.440	0.761	0	7
number_hospital	过去一年家庭住院的人数/人	0.219	0.471	0	4
lnnetincome	家庭净收入(元)的自然对数	9.988	1.109	7.601	11.647
lntotal_asset	家庭总资产(元)的自然对数	11.597	1.547	7.696	14.101
whether_jizu	是否祭祖扫墓(是=1,否=0)	0.667	0.471	0	1
whether_eco	是否有接受过经济管理教育的家庭成员(是=1,否=0)	0.048	0.215	0	1
年份虚拟变量、省份虚拟变量					

5.3 老龄化条件下家庭储蓄的影响因素分析

5.3.1 计量模型

本章使用了普通最小二乘法、随机效应和双向固定效应模型对样本数据进行了分析，利用 LM 检验、F 检验和 Hausman 检验判断何种方法更优。此外，家庭储蓄决策可以分为拥有不同决定机制的两阶段，第一阶段为参与决策（Participation Decision），决定是否储蓄；第二阶段为数量决策（Amount Decision），决定储蓄规模。为分别探究老龄化对两阶段决策的影响，以及检验基础回归中模型结论的稳健性，本书还使用了面板 Heckman 两阶段模型对储蓄率进行了分析；设置了家庭是否储蓄这一虚拟变量，记为 whether_saving，如果总收入减总支出的储蓄额为正，则定义为 1，否则为 0。

5.3.2 基本分析

表 5-2 报告了基础回归结果，被解释变量为扣除总支出的储蓄率。估计结果中的第 1~2 列使用的是普通最小二乘法，第 3~4 列使用的是随机效应回归，第 5~6 列使用的是固定效应回归，第 7~10 列为面板 Heckman Selection 模型回归结果，Heckman Selection 模型中第一阶段的工具变量为"是否有接受过经济管理教育的家庭成员"的虚拟变量，如果家庭中有接受过经济管理教育的家庭成员，则定义为 1，否则为 0。第 1、3、5、7、8 列使用 60 岁及以上人口占家庭总人口比重来衡量家庭养老压力，第 2、4、6、9、10 列使用 65 岁及以上人口占家庭总人口比重来衡量家庭养老压力。

表5-2　老龄条件下家庭储蓄基础回归结果

模型	OLS Model	OLS Model	RE Model	RE Model	Two-Way FE Model	Two-Way FE Model	Heckman Selection Model 1	Heckman Selection Model 1	Heckman Selection Model 2	Heckman Selection Model 2
变量	saving_rate	saving_rate	saving_rate	saving_rate	saving_rate	saving_rate	whether_saving	saving_rate	whether_saving	saving_rate
percentage_60	0.937*** (0.050)		0.963*** (0.051)		0.707*** (0.134)		0.006*** (3.57e-04)	0.112*** (0.014)		
percentage_65		0.918*** (0.060)		0.971*** (0.060)		0.993*** (0.163)			0.006*** (4.03e-04)	0.090*** (0.014)
percentage_14	0.298*** (0.106)	0.250** (0.106)	0.317*** (0.105)	0.274*** (0.106)	0.903*** (0.223)	0.936*** (0.224)	0.002** (0.001)	0.014 (0.021)	0.002* (0.001)	0.001 (0.021)
number_school	−5.863** (2.294)	−7.405*** (2.304)	−5.178** (2.245)	−6.427*** (2.252)	−2.492 (3.761)	−2.149 (3.753)	−0.123*** (0.018)	−5.083*** (0.501)	−0.133*** (0.018)	−5.179*** (0.511)
number_work	1.953 (1.366)	0.031 (1.347)	1.283 (1.350)	−0.320 (1.335)	−2.574 (1.908)	−2.650 (1.903)	0.061*** (0.011)	1.023*** (0.281)	0.045*** (0.011)	0.603** (0.266)
family_size	−14.449*** (1.095)	−15.027*** (1.105)	−15.000*** (1.113)	−15.651*** (1.125)	−26.219*** (3.006)	−26.653*** (3.052)	−0.048*** (0.008)	0.087 (0.212)	−0.050*** (0.008)	0.071 (0.213)
number_insurance60	−8.006*** (1.970)	−7.993*** (1.974)	−7.956*** (1.947)	−7.542*** (1.949)	−7.547*** (2.368)	−5.846** (2.392)	−0.008 (0.015)	0.783** (0.355)	−0.009 (0.015)	0.839** (0.353)
number_insurance59	−14.597*** (1.612)	−13.605*** (1.623)	−13.808*** (1.619)	−13.259*** (1.627)	−6.559*** (2.306)	−8.387*** (2.348)	−0.100*** (0.014)	−3.540*** (0.379)	−0.092*** (0.014)	−3.374*** (0.374)
number_hospital	−33.813*** (2.911)	−32.605*** (2.914)	−32.533*** (2.873)	−31.475*** (2.876)	−25.612*** (3.748)	−25.686*** (3.747)	−0.284*** (0.022)	−6.805*** (0.768)	−0.271*** (0.022)	−6.398*** (0.760)

续表

模型	OLS Model	OLS Model	RE Model	RE Model	Two-Way FE Model	Two-Way FE Model	Heckman Selection Model 1	Heckman Selection Model 1	Heckman Selection Model 2	Heckman Selection Model 2
变量	saving_rate	saving_rate	saving_rate	saving_rate	saving_rate	saving_rate	whether_saving	saving_rate	whether_saving	saving_rate
lnnetincome	184.998***	183.880***	188.955***	188.250***	222.385***	222.681***	0.974***	20.260***	0.957***	19.536***
	(2.015)	(2.022)	(2.006)	(2.012)	(2.701)	(2.700)	(0.015)	(1.869)	(0.015)	(1.885)
lntotal_asset	-24.189***	-23.753***	-23.428***	-22.966***	-8.474***	-8.325***	-0.117***	-3.191***	-0.113***	-3.059***
	(1.116)	(1.119)	(1.122)	(1.124)	(2.021)	(2.016)	(0.007)	(0.284)	(0.007)	(0.281)
whether_jizu	-11.373***	-10.529***	-10.550***	-9.770***	-6.580	-6.633	-0.095***	-2.208***	-0.089***	-2.125***
	(2.862)	(2.877)	(2.835)	(2.845)	(4.090)	(4.084)	(0.022)	(0.555)	(0.022)	(0.552)
whether_em							-0.255***		-0.270***	
							(0.046)		(0.046)	
年份虚拟变量	显著	显著	显著	显著	显著	显著	显著	显著	显著	显著
省份虚拟变量	显著	显著	显著	显著	显著	显著	显著	显著	显著	显著
常数项	-1.7e+03***	-1.6e+03***	-1.7e+03***	-1.7e+03***	-2.1e+03***	-2.1e+03***	-8.621***	-153.350***	-8.408***	-144.748***
	(22.910)	(23.119)	(23.040)	(23.236)	(42.808)	(41.603)	(0.177)	(19.522)	(0.176)	(19.612)
mills lambda							16.387*** (3.240)		15.641*** (3.309)	
样本数	25 679	25 679	25 679	25 679	25 679	25 679	25 679	25 679	25 679	25 679

注：***、**、*分别表示在1%、5%和10%的水平上显著，括号内为标准误，下同。

回归结果显示，无论使用60岁以上的家庭成员占家庭总人口的比重还是65岁以上的家庭成员占家庭总人口的比重作为解释变量，无论使用OLS回归还是面板随机效应和双向固定效应回归，老龄化变量的估计系数都在1%的水平上显著为正，意味着老龄化对中国微观家庭储蓄率的净效应为正，预防动机大于生命周期消费效应，中国以此收获了第二次人口红利。14岁及以下的家庭成员占家庭总人口的比重的估计系数也显著为正，但估计系数小于老龄化变量的估计系数，这意味着少儿人口数量增加也会提高家庭的储蓄动机，这或许源于家庭需要为未成年子女的未来教育和婚嫁进行储蓄，但这方面的储蓄动机小于老龄化带来的预防储蓄效应。❶LM检验和F检验结果分别拒绝了不存在随机效应和固定效应的假设，Hausman检验结果显示固定效应更优。Heckman 两阶段模型回归结果进一步证实了中国存在第二次人口红利，并且还显示老龄化对家庭是否进行储蓄和储蓄量的两阶段决策都有显著正效应，意味着第二次人口红利同时体现在微观储蓄的参与决策和数量决策。而少儿人口所占比重对家庭的储蓄决策只有规模效应而无选择效应。Heckman 两阶段模型回归结果的mills lambda 的估计值都在1%的水平上显著，意味着存在样本选择效应，有必要使用选择模型。

　　控制变量的回归结果中，number_insurance60、number_insurance59、lntotal_asset、whether_jizu 等的估计结果进一步验证了本书关于第二次人口红利的预防动机与储蓄率关系的结论。第一，家庭60岁以下有养老保险的人数与家庭储蓄率负相关，一方面由于家庭60岁以下成员缴纳养老保险的人越多，越不需要进行预防性储蓄；另一方面家庭60岁以下成员缴纳养老保险本身是一种储蓄方式，对其他形式的储蓄有挤出效应，二者共同导致家庭60岁以下有养老保险的人数对储蓄率影响为负。第二，家庭60岁以上有养老保险的人数的估计系数显著为负，也源于60岁以上领取养老保险的人数越多，家庭未雨绸缪的预防性储蓄动机越弱。第三，资产水平对家庭储蓄率的影响显著为负，这是因为家庭资产水平越高，平滑未来支出和抵御风险的能力越强，越不需要为养老进行预防性储蓄。第四，衡量孝道水平的"是否祭祖扫墓"对储蓄率的估计系数显著为负，这说明孝道水平越高越可以依赖下一代赡养解决养老问题，预防性储蓄动机越弱。

---

❶ 老龄化变量的估计系数是第二次人口红利的预防性储蓄动机减去生命周期消费效应后的净效应。

其他变量的回归结果基本符合理论预期，家庭上学人数对储蓄率有显著负效应，因为上学的人数越多，所需教育支出越高。同样，家庭住院的人数越多，医疗支出越高，储蓄率越低。家庭规模对储蓄率影响为负，可能源于家庭规模越大、基本消费支出越高，从而储蓄率越低。家庭中工作的人数的估计系数为正但不稳健，这可能源于回归中同时控制了家庭收入，而家庭收入对储蓄率有显著正效应。

5.3.3　稳健性分析

由于转移性支出和福利性支出有较强的社会资本投资属性，建房、住房贷款支出有较强的资产投资属性，因此家庭总支出中的转移性支出、福利性支出和建房住房贷款支出不属于消费性支出。另外，这些支出也不属于生命周期消费理论中所研究的支出，可能与家庭年龄结构相关度不高。因此，在计算储蓄率时将这三部分支出当作消费性支出，对老龄化程度不高的家庭而言可能会低估预防效应，而对老龄化程度较高的家庭可能会高估生命周期消费效应，也会干扰关于预防动机和生命周期消费效应相对规模的判断。所以本书还计算了仅扣除消费性支出的储蓄额和储蓄率，分别记为savings2、saving_rate2。此外，由于教育支出和医疗支出与家庭成员的年龄和健康状况有较大关系，大额消费支出也有较强突发性，不属于日常性支出，因此本书进一步计算了扣除日常性支出的储蓄额和储蓄率，在稳健性分析中作为因变量，记为savings3、saving_rate3。以不同类型的储蓄额和储蓄率为被解释变量的双向固定效应回归结果如表5-3所示。❶

表5-3　稳健性分析——对不同类型储蓄的回归结果

模型	Two-Way FE Model				
变量	savings	saving_rate2	savings2	saving_rate3	saving3
percentage_60	48.665*** (15.204)	0.576*** (0.115)		0.490*** (0.085)	

❶ 由于 Hausman 检验显示固定效应回归更优，因此本书在稳健性分析和接下来的子样本回归中展示了面板双向固定效应回归结果。本书也同时进行了 OLS、RE 和 Heckman 两阶段回归，结果与表5-3的结果基本相同。此外，控制变量的回归结果与表5-2基本相同，完整的回归结果见附录，下同。

续表

模型	Two-Way FE Model				
变量	savings	saving_rate2	savings2	saving_rate3	saving3
percentage_65			63.499***		44.144***
			(13.686)		(11.973)
percentage_14	114.106***	0.746***	96.755***	0.342**	16.777
	(33.514)	(0.195)	(27.987)	(0.148)	(24.220)
年份虚拟变量	显著	显著	显著	显著	显著
省份虚拟变量	显著	显著	显著	显著	显著
其他控制变量	Yes	Yes	Yes	Yes	Yes
常数项	−1.6e+05***	−1.8e+03***	−1.6e+05***	−1.3e+03***	−1.5e+05***
	(9 498.684)	(34.991)	(7 611.237)	(26.214)	(5 966.120)
样本数	25 679	24 965	24 965	24 965	24 965

注：Yes表示该类变量已控制，控制变量的具体设置见表5-1，估计结果见附表，下同。

表5-3回归结果显示，无论使用何种储蓄额和储蓄率，无论使用60岁还是65岁及以上的老年人口抚养比来衡量老龄化程度，家庭老年人口占总人口的比重对家庭储蓄率的效应都为正，并且都在1%的水平上显著，这进一步证明了核心结论的稳健性：老龄化带来的预防动机大于生命周期消费效应，对微观家庭储蓄率的净效应为正，中国可获得第二次人口红利。家庭少儿人口占总人口的比重的估计系数也显著为正，但是少儿人口抚养比对扣除了日常性支出的储蓄额和储蓄率的影响不稳健，对saving3估计结果不显著，这是因为在计算saving3和saving_rate3时没有扣除教育支出。而少儿人口大多需要教育支出，因此，导致少儿人口抚养比对不含教育支出的家庭支出影响的显著性降低，从而降低了其对saving3和saving_rate3的显著性和稳健性。

样本中许多家庭的储蓄率为负，很大程度源于被调查者倾向于少报家庭收入，而一般认为关于家庭消费的回答相对较为客观。因此，本书进一步将家庭总消费额和消费率，不含转移性支出、福利性支出和建房住房贷款支出的消费额和消费率，以及不含转移性支出、福利性支出、建房住房贷款支出、教育支出和医疗支出的消费额和消费率作为被解释变量，以家庭60岁及以上老年人口抚养比作为衡量老龄化的解释变量[1]，检验家庭人口年龄结构与相关消费变量的关系。回归结果如表5-4所示。

表5-4 稳健性分析——对消费的回归结果

模型	Two-Way FE Model					
变量	consumption_rate	consumption	consumption_rate2	consumption2	consumption_rate3	consumption3
percentage_60	−0.707***	−63.039***	−0.576***	−47.804***	−0.490***	−37.870***
	(0.134)	(15.728)	(0.115)	(12.707)	(0.085)	(10.164)
percentage_14	−0.903***	−141.953***	−0.746***	−117.411***	−0.342**	−22.254
	(0.223)	(34.075)	(0.195)	(27.372)	(0.148)	(21.922)
年份虚拟变量	显著	显著	显著	显著	显著	显著
省份虚拟变量	显著	显著	显著	显著	显著	显著
其他控制变量	Yes	Yes	Yes	Yes	Yes	Yes
常数项	2 218.210***	−2.7e+03	1 931.498***	−3.3e+03	1 410.528***	−1.1e+04***
	(42.808)	(6 726.499)	(34.991)	(5 138.196)	(26.214)	(3 446.251)
样本数	25 679	25 679	24 965	24 965	24 965	24 965

表5-4显示，无论使用哪种消费额和消费率，家庭老年人口抚养比的估计系数都显著为负，说明老龄化对消费的影响效应为负，间接证明了老龄化有利于促进中国家庭储蓄，第二次人口红利的预防储蓄效应大于生命周期消费效应。此外，家庭14岁及以下的少儿人口抚养比的回归结果也基本显著为负，与使用储蓄额和储蓄率作为被解释变量的回归所得结论一致。

5.3.4 分阶层和区域的异质性分析

为细致考察第二次人口红利在不同收入阶层中的异质性，本书根据2010年、2012年和2014年三期样本中家庭收入的均值的分位数，将家庭划分为低收入、中低收入、中高收入和高收入家庭三类，以此进行子样本回归，考察老龄化对不同收入阶层家庭储蓄行为影响的差异。面板双向固定效应回归结果如表5-5所示。

---

[1] 对消费的回归和接下来的子样本回归中，本书也使用了家庭65岁及以上的老年人口抚养比作为解释变量进行回归，结果与表5-4的结果基本相同，下同。

表5-5 分阶层回归结果

模型	Two-Way FE Model			
样本	低收入家庭	中低收入家庭	中高收入家庭	高收入家庭
变量	saving_rate	saving_rate	saving_rate	saving_rate
percentage_60	0.988***	0.867***	0.621***	0.363**
	(0.338)	(0.263)	(0.210)	(0.159)
percentage_14	0.668	0.902**	1.057***	0.540*
	(0.592)	(0.406)	(0.335)	(0.328)
年份虚拟变量	显著	显著	显著	显著
省份虚拟变量	显著	显著	显著	显著
其他控制变量	Yes	Yes	Yes	Yes
常数项	−2.6e+03***	−2.0e+03***	−1.7e+03***	−1.5e+03***
	(66.720)	(57.107)	(60.129)	(78.533)
样本数	6 306	6 470	6 495	6 408

表5-5结果显示，老龄化对任何收入阶层家庭的储蓄都有显著正效应，但对低收入家庭储蓄率的估计系数大于中低收入家庭，进而大于中高收入和高收入家庭❶，即随收入水平降低，老龄化对微观储蓄的正效应逐渐增大，说明第二次人口红利的预防动机在收入水平较低的家庭更为显著。这一特征进一步证明了本书结论：低收入家庭承担风险能力更弱，更需依赖储蓄养老，因此，储蓄的预防动机更强，由此决定其预防性储蓄效应更大，从而老龄化对收入水平越低的家庭储蓄率的正效应越大。

由于中国存在显著的城乡二元差异，城镇家庭收入和资产水平更高、养老保险覆盖面更广，因此，可能会导致老龄化对微观家庭储蓄率的影响存在城乡异质性。此外以上回归中，省份虚拟变量的联合显著性都较强，表明老龄化的影响存在显著的区域差异。基于此，本书进一步将样本划分为城镇和农村家庭，以及东

---

❶ 在分收入阶层和区域的子样本回归中本书进行了Chow检验，结果表明老龄化对不同阶层和区域家庭储蓄的影响差异是显著的。

部、中部和西部家庭，❶进行子样本回归，进一步考察第二次人口红利和老龄化影响效应的区域差异。分区域回归结果如表5-6所示。

表5-6　分区域回归结果

模型	Two-Way FE Model				
样本	分城乡回归		分东、中、西部回归		
	城镇家庭	农村家庭	东部家庭	中部家庭	西部家庭
变量	saving_rate	saving_rate	saving_rate	saving_rate	saving_rate
percentage_60	0.548***	0.789***	0.454**	0.634**	0.892**
	(0.158)	(0.218)	(0.206)	(0.272)	(0.381)
percentage_14	0.833***	0.930***	0.987**	0.834*	0.832
	(0.297)	(0.333)	(0.431)	(0.492)	(0.564)
年份虚拟变量	显著	显著	显著	显著	显著
省份虚拟变量	显著	显著	显著	显著	显著
其他控制变量	Yes	Yes	Yes	Yes	Yes
常数项	−2.1e+03***	−2.0e+03***	−2.1e+03***	−2.1e+03***	−2.0e+03***
	(48.130)	(44.955)	(84.522)	(73.633)	(88.145)
样本数	12 478	13 201	7 367	9 080	9 200

表5-6回归结果显示，家庭老年人口所占家庭总人口的比重对所有子样本中储蓄率的回归结果都显著为正，但估计系数体现出显著的区域差异：老龄化对农村家庭储蓄率的正效应显著大于城镇家庭，对东、中、西部家庭储蓄率的正效应依次增大，并且Chow检验结果显示不同子样本的差异是显著的。这表明第二次人口红利在中国城乡和各区域都存在，但有显著的区域异质性，在农村和中西部地区更为显著。相对于城镇和东部家庭，中国农村和中西部家庭收入水平偏低，尤其是农村养老保险覆盖面和保障程度远低于城镇，由此决定了这部分家庭有更强烈的预防储蓄动机来进行养老保障。老龄化对储蓄率影响的区域差异进一步验证了本书结论，即老龄化对微观储蓄率的正效应源于第二次人口红利的预防动机。

---

❶ 东、中、西部的划分依据国家统计局标准，CFPS样本涵盖的25个省/市/自治区中，东部地区包括：北京、天津、河北、辽宁、山东、江苏、浙江、上海、福建、广东；中部地区包括：山西、吉林、黑龙江、安徽、江西、河南、湖北、湖南；西部地区包括：广西、重庆、四川、贵州、云南、陕西、甘肃。

5.4 本章小结

    本章利用中国家庭追踪调查2010—2014年面板数据，通过探究年龄结构与中国微观家庭储蓄率的关系，考察了老龄化对微观家庭储蓄决策的净效应，实证检验了中国第二次人口红利的可得性。分析结果显示：第一，老龄化对中国微观家庭储蓄率有显著正效应，这意味着家庭由于老龄化而产生的预防动机大于生命周期消费模式对储蓄率的负效应，中国以此收获了第二次人口红利。第二，老龄化对家庭是否选择储蓄和储蓄规模都有显著正效应，这意味着第二次人口红利同时体现在微观储蓄的参与决策和数量决策。此外，老龄化对三种不同类型的储蓄额和储蓄率都有显著正效应，对三种不同类型的消费额和消费率的影响显著为负，由此证明了以上结论的稳健性。第三，老龄化对各收入阶层、区域和城乡家庭储蓄的影响都显著为正，但在收入水平较低的家庭和农村、中西部地区更为显著，这也间接印证了老龄化对微观储蓄率的正效应源于第二次人口红利的预防动机。

    相应的对策性含义包括三方面。第一，以资本积累和资本市场视角考察老龄化对中国经济的影响时，不应仅关注老龄化对第一次人口红利的不利影响，还应重视老龄化的预防储蓄动机创造的第二次人口红利，客观、科学研判老龄化对中国资本积累和经济的净效应。第二，中国应积极利用老龄化创造的第二次人口红利，有效利用未雨绸缪的储蓄偏好带来的新增储蓄，提高其利用效率，促进资本转化和资本形成，推动经济持续增长。第三，在第二次人口红利的利用方面，需要注意其阶层、城乡和区域的结构性差异，更加有针对性地制定政策措施，合理利用第二次人口红利为中国经济带来的缓冲期，加快要素市场调整和经济体制改革，提前评估并科学应对老龄化对中国经济的长期影响。

第6章　老龄化对微观金融资产投资的影响分析

6.1　老龄化对家庭金融资产投资的影响机理分析

关于老龄化对我国经济的影响，资本市场视角下的研究多集中探讨了老龄化对储蓄率的影响，主要基于经典的人口红利范式，包括生命周期消费的人口红利模型（Modigliani，Brumberg，1954；Cavallo et al.，2016）和基于预防动机的第二次人口红利理论（Lee，Mason，2006；Fried，2016；蔡昉，2009），从老龄化对储蓄的影响角度探讨其经济增长效应（刘铠豪，刘渝林，2015；汪伟，2017），多认为老龄化会降低储蓄率，不利于资本积累和经济增长（刘文，2015）。但老龄化对储蓄以外的金融资产影响的分析较为有限，缺乏针对老龄化与金融资产关系的机制分析和实证研究，资本市场视角下老龄化对金融资产投资的影响效应尚不明确。

围绕老龄化与金融市场关系的研究主要从宏观角度展开。比如，关于老龄化对金融体系的影响，宏观经验研究发现金融发展与老龄化之间存在长期协整关系（杜本峰，2007）；理论研究认为人口老龄化会提高养老金需求，从而改变金融结构，产生以养老金产品为核心的新型金融系统（石莹，赵建，2012；陈游，2014）。关于老龄化与金融抑制的关系，基于跨国数据的经验研究结果显示，老龄化会降低要素供给，导致金融资源获取能力薄弱的部门受到负面影响，由此提高了金融抑制的成本，推动了金融改革（余静文 等，2014）。关于老龄化与金融杠杆的关系，利用跨国面板数据的研究发现人口老龄化与金融杠杆之间存在"倒U形"关系，在越过拐点后去杠杆化进程将随金融危机概率的提高而加快（陈雨露 等，2014）。关于老龄化与金融资产需求，基于数值模拟的研究发现老龄化会降低股票资产投资（Yogo，2016）。这方面的实证分析仅有基于宏观数据的研究，且结论并不一致：利用我国宏观人口与金融数据的描述性统计分析发现，随老龄化加剧，居民会更关心资产安全性，从而减少股票持有量（夏淼，吴义根，2011；李健元 等，2011），基于OECD国家的实证研究证实了这一规律（Davis，Li，2003）；然而利用我国宏观时间序列数据的实证研究显示，人口老龄化对我国居民股票投资有显著正效应（吴义根，贾洪文，2012）。Alda（2017）在宏观层面考察了老龄化通过养老保险基金对股票市场的影响，但研究结果显示老龄化对股票市场的影响存在显著的国别差异。

关于老龄化与金融市场的关系近年来出现了为数不多的微观实证研究，比如针对老龄化与商业保险需求的关系，樊纲治和王宏扬（2015）基于微观数据研究发现，老年人口比重与商业人身保险需求负相关，与少儿人口比重正相关。卢亚娟和Calum G.Turvey（2014）利用CHFS的家庭数据探究了中国家庭风险资产持有的影响因素，但没有充分考虑家庭老龄化与风险资产需求的关系，而是将户主年龄分为30岁以下、30~40岁、40~50岁、50岁以上四组，使用了户主年龄的虚拟变量，因此无法细致评估和量化测算老龄化对微观家庭风险资产需求的影响效应。此外，关于退休后老年人资产配置偏好变化的微观研究也可以间接折射出老龄化对金融资产需求的影响，相关研究发现退休后老年人思维和认知能力降低（Finke et al.，2017），从而管理金融资产的能力降低、不利于优化金融资产投资，但实证研究结论存在国别差异。比如利用美国和澳大利亚微观数据的研究发现退休后老年人倾向于降低股票等风险资产在总资产中的比重（Coile，Milligan，2009；Spicer et al.，2016），而利用日本数据的研究得出了相反的结论（Poterba，2004），但相关研究都没有直接考察家庭整体年龄结构和老龄化程度对金融资产投资的影响。

综上，基于现有文献可以得出三点基本判断。第一，资本市场视角下关于老龄化的影响多集中探讨了老龄化与储蓄的关系，关于老龄化对其他金融资产的影响缺乏系统的理论分析和实证研究。第二，现有研究在老龄化与金融市场关系方面积累了一些成果，但关于老龄化对金融资产投资影响的研究结论并不明确。第三，现有文献多基于宏观视角和理论分析，关于老龄化对金融资产需求的影响效应缺乏有针对性的微观实证检验。

本章基于微观家庭金融投资视角，探究老龄化对微观金融资产需求的影响，利用中国家庭追踪调查面板数据，实证分析老龄化对微观金融资产投资规模和结构的影响，并对比考察老龄化对不同类型金融资产投资影响的异质性。本章余下部分安排如下：6.2节为老龄化条件下家庭金融资产投资特征分析，包括数据处理、描述性统计分析等；6.3节为老龄化条件下家庭金融资产投资影响因素分析，包括老龄化条件下家庭金融资产投资规模分析、老龄化条件下家庭金融资产投资结构分析和异质性分析等；最后为本章小结。

6.2　老龄化条件下家庭金融资产投资特征分析

6.2.1　数据处理

本章所使用的数据是中国家庭追踪调查（China Family Panel Studies，CFPS）2010年、2012年、2014年全国整合样本面板数据。CFPS2010年数据中，只有家庭现金与金融机构存款、股票、基金投资额和债权（尚未归还的借出款）信息，没有债券和金融衍生品信息；2012年数据中，有现金与金融机构存款、股票、基金、债券、金融衍生品、其他金融资产、债权的详细信息；2014年数据中，只有现金与金融机构存款、债权和其他金融资产总额（股票、基金、债券、金融衍生品和其他金融资产价值之和）的信息，没有具体种类的股票、基金、债券、金融衍生品投资额信息。因此，CFPS有关金融资产的信息在2010年、2012年、2014年三期面板数据中不能完全匹配，但有两种方式可以分别构建面板数据：

一是将2010年和2012年数据匹配，分析仅包含现金与金融机构存款、股票、基金投资额和债权（别人欠自家的钱）的狭义金融资产投资情况；二是将2012年和2014年数据匹配，分析包含现金与金融机构存款、股票、基金、债券、金融衍生品、其他金融资产、债权等金融资产总额的投资情况。本书按照这两种方式分别构建了面板数据进行了分析，研究结论基本相同；由于2012—2014年数据的信息更为丰富并且较新，本书展示了使用2012—2014年面板数据的分析结果。此外，本书还利用2012年截面数据细致分析了家庭对不同类型金融资产的投资特征和影响因素。

6.2.2　特征分析

本章的主要被解释变量为家庭金融资产投资总额，记为finance_asset，等于现金与金融机构存款、股票、基金、债券、金融衍生品、其他金融资产、债权投资之和。此外，为探究老龄化条件下家庭金融资产投资结构特征和影响因素，本书利用面板数据分别分析了现金和金融机构存款与风险性较高的金融资产（股票、基金、债券、金融衍生品、其他金融资产）。现金和金融机构存款是我国家庭金融资产配置的主体[1]，记为cash_asset；后者相对于现金和金融机构存款而言风险性更高，记为risk_asset，等于股票、基金、债券、金融衍生品及其他金融资产价值之和。在稳健性分析中，本书构造了"风险性较高的金融资产占家庭金融资产总额的比重"的变量，记为ratio_riskasset，将这一比例观测值作为被解释变量进行分析。此外，为进一步细致探究老龄化对不同类型金融资产投资影响的异质性，本书还使用了2012年截面数据中的现金和金融机构存款、股票、基金、债券、金融衍生品投资信息，将其作为被解释变量进行回归。

本章的解释变量包括衡量家庭养老压力的60岁及以上人口占家庭总人口的比重、家庭60岁及以上人口数以及家庭是否有60岁及以上人口的虚拟变量（是=1，否=0），分别记为percentage_60、number_60、whether_60。此外，随着预期寿

---

[1] 2012年、2014年CFPS样本家庭中，现金和金融机构存款占金融总资产的88.076%。

命的延长和延迟退休政策的推广，65岁越来越普遍地成为跨越老年的标准，因此本书还将65岁及以上人口占家庭总人口的比重、家庭65岁及以上人口数以及家庭是否有65岁及以上人口的虚拟变量作为解释变量，检验结论的稳健性。

控制变量包括抚幼负担类控制变量和家庭特征类控制变量，其中根据解释变量的不同，本书控制了不同的抚幼负担类控制变量，包括三种：14岁及以下人口占家庭总人口的比重、14岁及以下人口数以及家庭是否有14岁及以下人口的虚拟变量。本书控制了可能影响家庭金融资产投资的家庭特征类控制变量，包括城乡虚拟变量（城镇=1，农村=0）、家庭规模、家庭有工作的人数、家庭60岁及以上有养老保险的人数、家庭60岁以下有养老保险的人数、家庭总支出、家庭总资产、家庭净收入、储蓄率、家庭是否有房产（是=1，否=0）、家庭是否有接受过经济管理教育的家庭成员；CFPS没有对户主进行定义和识别，本书将成人问卷中每个家庭的收入水平最高者作为户主，近似作为家庭决策者，以此捕捉家庭决策者的个人特征，包括其受教育程度、年龄和是否有工作。此外，本书还控制了年份虚拟变量和省份虚拟变量。以上变量描述性统计如表6-1所示。

表6-1　老龄化条件下家庭金融资产投资变量描述性统计

变量名	变量含义/单位	均值	标准差	最小值	最大值
被解释变量					
finance_asset	金融资产总额/元	34 627.420	103 415.400	0	4 240 000
cash_asset	现金和金融机构存款总额/元	27 130.860	74 352.080	0	2 000 000
ratio_cash	现金和金融机构存款占金融总资产的比重/%	0.881	0.271	0	1
risk_asset	风险性较高的金融资产总额/元	3 360.524	12 616.110	0	3 000 000
ratio_riskasset	风险性较高的金融资产占金融总资产的比重/%	0.024	0.121	0	1
whether_riskasset	是否投资风险性较高的金融资产(是=1,否=0)	0.045	0.208	0	1
stock	股票资产总额/元	1 354.294	17 095.010	0	1 000 000
ratio_stock	股票资产占金融总资产比重/%	0.010	0.074	0	1

续表

变量名	变量含义/单位	均值	标准差	最小值	最大值
被解释变量					
fund	基金总额/元	662.792	7 020.862	0	200 000
ratio_fund	基金占金融总资产比重/%	0.007	0.064	0	1
govbond	政府债券总额/元	96.910	3 196.017	0	200 000
ratio_govbond	政府债券占金融总资产比重/%	0.001	0.012	0	0.556 1
derivatives	金融衍生品总额/元	265.831	7 413.188	0	500 000
ratio_derivatives	金融衍生品占金融总资产比重/%	0.001	0.021	0	1
解释变量					
percentage_60	60岁及以上的家庭成员占家庭总人口的比重/%	21.618	32.964	0	100
number_60	60岁及以上的家庭人口数	0.634	0.820	0	4
whether_60	家庭是否有60岁及以上的家庭成员(是=1,否=0)	0.427	0.495	0	1
percentage_65	65岁及以上的家庭成员占家庭总人口的比重/%	14.644	28.649	0	100
number_65	65岁及以上的家庭人口数	0.414	0.692	0	4
whether_65	家庭是否有65岁及以上的家庭成员(是=1,否=0)	0.306	0.461	0	1
抚幼负担类控制变量					
percentage_14	14岁及以下的家庭成员占家庭总人口的比重/%	14.086	17.062	0	100
number_14	14岁及以下的家庭人口数	0.667	0.877	0	7
whether_14	家庭是否有14岁及以下的家庭成员(是=1,否=0)	0.465	0.499	0	1
家庭特征类控制变量					
urban	城乡(城镇=1,农村=0)	0.485	0.500	0	1
family_size	家庭规模/人	3.724	1.800	1	14
number_work	家庭有工作的人数	1.533	1.198	0	9
number_insurance_60	家庭60岁及以上有养老保险的人数	0.615	1.010	0	8

103

续表

变量名	变量含义/单位	均值	标准差	最小值	最大值
家庭特征类控制变量					
number_insurance_59	家庭60岁以下有养老保险的人数	0.505	0.791	0	6
expense	家庭总支出/元	42 664.990	33 661.290	5 800	127 800
total_asset	家庭总资产/元	275 754.600	324 524.900	2 200	1 330 000
netincome	家庭净收入/元	37 794.010	31 514.740	2 000	114 400
saving_rate	储蓄率/%	−171.395	658.152	−4 113.333	92.641
whether_house	是否有房产(是=1,否=0)	0.887	0.317	0	1
whether_eco	是否有接受过经济管理教育的家庭成员(是=1,否=0)	0.044	0.205	0	1
edu_head	户主受教育程度	2.846	1.367	1	8
age_head	户主的年龄	45.190	16.690	0	102
whether_work_head	户主是否有工作	0.683	0.465	0	1
number_hospital	过去一年家庭中住院的人数	0.241	0.492	0	4
年份虚拟变量、省份虚拟变量					

注：股票、基金、政府债券、金融衍生品信息为2012年样本的统计结果，其他信息为2012年和2014年样本的统计结果。

6.3　老龄化条件下家庭金融资产投资的影响因素分析

6.3.1　计量模型

由于样本中较多家庭没有资产投资，所以 finance_asset、cash_asset、risk_asset、stock、fund、govbond 和 derivatives 是归并数据（censored variables）。而现金和金融机构存款总额、风险性较高的金融资产总额、股票、基金、债券、金融衍生品等占家庭金融资产的比重为比例观测值，因此 ratio_cash、ratio_riskasset、ratio_stock、ratio_fund、ratio_govbond、ratio_derivatives 是有界变量（bounded variables）。finance_asset、cash_asset 和 risk_asset 的核密度函数如图 6-1 所示。归并数据作为被解释变量的回归中使用线性估计方法不能得到一致的估计，因此本书在归并数据作为被解释变量的回归中使用 Tobit 模型。对于比例观测值作为被解释变量，传统的 Logit 和 Probit 模型由于对总体分布的假设过于严格而并不适用，Tobit 模型只适用于单边受限的被解释变量（Gallani，2015），因此本书使用 Fractional Response Model（FRM）来估计比例观测值作为被解释变量的回归（Papke，Wooldridge，1996，2008）。此外，结合 Tobit 模型和 FRM 模型的回归结果，本书还使用 Heckman 两阶段模型对家庭风险性较高资产的投资决策进行了分析，这类资产投资决策分为拥有不同决定机制的两阶段，第一阶段为参与决策（Participation Decision），决定是否进行风险性较高的金融资产投资；第二阶段为数量决策（Amount Decision），决定投资规模。

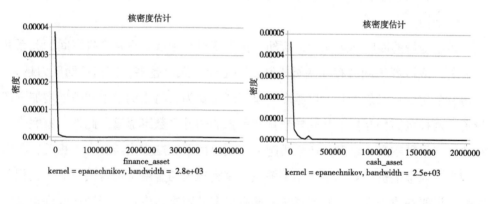

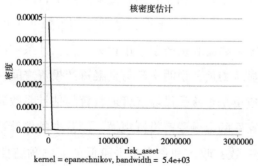

图 6-1　finance_asset、cash_asset 和 risk_asset 的核密度函数估计

6.3.2 老龄化条件下家庭金融资产投资规模分析

表6-2报告了家庭金融资产投资量作为被解释变量的回归结果，估计结果中第1~6列的解释变量分别为60岁及以上人口占家庭总人口的比重、家庭60岁及以上人口数、家庭是否有60岁及以上人口、65岁及以上人口占家庭总人口的比重、家庭65岁及以上人口数、家庭是否有65岁及以上人口。结果显示家庭60岁以上老年人的数量、比重和家庭是否有60岁以上老年人口对金融资产投资投资总额无显著影响。65岁以上人口的比重和家庭是否有65岁以上人口的估计系数在5%的水平上为负，或许由于65岁以上的老年人所需家庭医疗、照料等投入显著增加，导致家庭金融总资产下降。但由于这两个估计系数显著性不强，并且percentage_65并不显著，所以这一结论并不稳健。因此，老龄化对我国家庭金融资产投资总额无显著影响。下面本书会进一步分析老龄化是否会影响家庭金融资产投资结构。

控制变量的回归结果显示，抚幼负担类变量与家庭金融资产投资间的关系并不显著，或许源于同时存在两类机制：一是少儿人口越多，家庭抚幼压力越大，可得资金越少；二是少儿人口越多，家庭越需要为其将来的求学和婚姻增加资产投资，两种机制相互抵消共同导致抚幼负担的估计系数不显著。此外，家庭收入和总资产水平越高，金融资产规模越大；同时由于家庭支出与收入正相关，所以促使支出与金融资产规模呈正相关关系。家庭规模与金融资产规模呈显著负相关关系，说明在我国大家庭并不意味着拥有更多的财富，多代共同居住或许正是由于家庭资源的短缺。家庭60岁以下有养老保险的人数基本反映了家庭中从事正规就业的人数，与家庭财富和资产水平正相关，其估计系数显著为正。家庭是否有房产的估计系数显著为负，说明房产与金融资产投资之间在家庭总资产配置方面互相替代。家庭成员是否接受过经济管理教育的估计系数显著为正，说明金融知识能够显著促进家庭的金融资产投资规模。储蓄率的估计系数显著为负，这与本书上一章的结论一致：收入和资产水平越低的家庭预防性储蓄偏好越强。此外，家庭主事者的年龄越高，家庭金融资产投资规模越大，这可能源于两方面原因：一是随年龄增长人们的金融资产积累时间越长规模越大；二是家庭主事者可能会出于遗赠动机而逐年增加金融资产投资。

表6-2 家庭金融资产投资规模回归结果

模型	Panel Tobit Model					
变量	finance_asset	finance_asset	finance_asset	finance_asset	finance_asset	finance_asset
percentage_60	−21.633 (26.795)					
number_60		30.103 (1 017.386)				
whether_60			−1.2e+03 (1 636.791)			
percentage_65				−59.120** (28.307)		
number_65					−950.347 (1 137.898)	
whether_65						−3.5e+03** (1 695.270)
percentage_14	83.197 (53.031)			76.770 (52.978)		
number_14		1 676.514 (1 239.084)			1 495.412 (1 246.778)	
whether_14			2 325.817 (1 793.981)			1 939.760 (1 802.701)
urban	−58.692 (1 589.707)	5.739 (1 589.384)	−44.196 (1 589.986)	−92.684 (1 589.268)	7.029 (1 589.292)	−26.936 (1 589.521)
family_size	−2.3e+03*** (574.046)	−2.4e+03*** (691.037)	−2.1e+03*** (626.583)	−2.3e+03*** (572.517)	−2.2e+03*** (689.624)	−1.9e+03*** (625.863)
number_work	146.057 (938.283)	86.164 (938.531)	17.387 (932.535)	144.460 (937.988)	45.478 (938.631)	−37.093 (932.498)
number_insurance60	1.5e+04** (7 474.589)	1.5e+04* (7 478.433)	1.5e+04** (7 470.652)	1.4e+04* (7 441.393)	1.5e+04** (7 443.582)	1.5e+04** (7 441.357)
number_insurance59	−812.431 (1 334.168)	−655.394 (1 331.587)	−764.605 (1 330.358)	−858.214 (1 328.775)	−712.777 (1 328.344)	−807.308 (1 327.951)

模型	Panel Tobit Model					
变量	finance_asset	finance_asset	finance_asset	finance_asset	finance_asset	finance_asset
expense	0.139***	0.143***	0.140***	0.137***	0.141***	0.137***
	(0.030)	(0.030)	(0.030)	(0.030)	(0.030)	(0.030)
total_asset	0.089***	0.089***	0.089***	0.089***	0.089***	0.089***
	(0.003)	(0.003)	(0.003)	(0.003)	(0.003)	(0.003)
netincome	0.224***	0.222***	0.222***	0.224***	0.222***	0.221***
	(0.035)	(0.035)	(0.035)	(0.035)	(0.035)	(0.035)
saving_rate	−13.385***	−13.364***	−13.357***	−13.257***	−13.304***	−13.301***
	(4.566)	(4.567)	(4.566)	(4.565)	(4.567)	(4.565)
whether_house	−2.2e+04***	−2.2e+04***	−2.2e+04***	−2.2e+04***	−2.2e+04***	−2.2e+04***
	(2 489.089)	(2 490.624)	(2 489.181)	(2 490.142)	(2 491.558)	(2 488.834)
whether_eco	8 669.792***	8 700.817***	8 700.775***	8 645.678***	8 674.711***	8 724.664***
	(3 078.959)	(3 080.571)	(3 079.823)	(3 078.023)	(3 080.497)	(3 078.732)
edu_head	282.802	280.416	275.372	291.199	285.863	284.291
	(180.488)	(180.507)	(180.383)	(180.462)	(180.588)	(180.351)
age_head	167.261***	133.353**	156.214***	197.392***	154.325**	181.543***
	(63.430)	(61.770)	(60.456)	(61.356)	(60.019)	(59.150)
whether_work_head	1 648.630	1 866.994	1 888.288	1 400.582	1 804.274	1 766.234
	(2 074.286)	(2 066.799)	(2 063.882)	(2 075.165)	(2 067.498)	(2 064.215)
年份虚拟变量	不显著	不显著	不显著	不显著	不显著	不显著
省份虚拟变量	显著	显著	显著	显著	显著	显著
常数项	639.447	1 742.766	870.323	239.511	973.760	210.908
	(9 006.586)	(9 060.945)	(9 022.107)	(9 005.448)	(9 050.268)	(9 014.616)
样本数	16 953	16 953	16 953	16 953	16 953	16 953

6.3.3　老龄化条件下家庭金融资产投资结构分析

现金和金融机构存款作为风险性最低的资产，是我国家庭的传统理财方式，也是目前家庭金融资产配置的主体。本书将家庭金融资产分为现金和金融机构存款与风险性较高的金融资产两类，分别探究老龄化对二者的影响，以此分析老龄化条件下家庭金融资产投资的结构特征和影响因素。在此基础上，本书进一步利用2012年截面数据，细致探究老龄化对现金和金融机构存款、股票、基金、债券、金融衍生品投资的影响，揭示老龄化、风险偏好与家庭金融资产投资的关系。

表6-3报告了现金和金融机构存款规模作为被解释变量的回归结果，估计结果中第1~6列的解释变量分别为60岁及以上人口占家庭总人口的比重、家庭60岁及以上人口数、家庭是否有60岁及以上人口、65岁及以上人口占家庭总人口的比重、家庭65岁及以上人口数、家庭是否有65岁及以上人口。结果表明，除percentage_65和whether_65的估计系数分别在10%和5%的水平上显著为负外，其余老龄化系数的估计结果都不显著，说明老龄化对家庭现金和金融机构存款投资规模的影响不显著。

由于样本家庭中现金和金融机构存款占金融总资产的88.076%，所以现金和金融机构存款规模的控制变量的回归结果与家庭金融总资产的控制变量的回归结果基本一致。值得指出的是，家庭成员是否接受过经济管理教育的估计系数和显著性在表6-2、表6-3的回归中有明显区别，whether_eco对家庭现金和金融机构存款的影响效应远小于对家庭金融总资产的影响，前者约为后者的一半，并只在10%的水平上显著。这说明金融知识对现金和金融机构存款的影响小于对其他类型金融资产的影响，相对于传统的风险水平较低的现金和金融机构存款，金融知识会更大程度地促进风险性水平较高的金融资产配置，后面的分析会进一步证实这一点。

表6-3 家庭现金和金融机构存款投资规模回归结果

模型	Panel Tobit Model					
变量	cash_asset	cash_asset	cash_asset	cash_asset	cash_asset	cash_asset
percentage_60	−15.773 (19.749)					
number_60		141.410 (749.932)				
whether_60			−1.4e+03 (1 206.288)			

续表

模型	Panel Tobit Model					
变量	cash_asset	cash_asset	cash_asset	cash_asset	cash_asset	cash_asset
percentage_65				−36.540* (20.866)		
number_65					−653.945 (838.772)	
whether_65						−2.8e+03** (1 249.386)
percentage_14	81.094** (39.087)			77.624** (39.052)		
number_14		1 514.860* (913.350)			1 371.370 (919.030)	
whether_14			2 519.217* (1 322.135)			2 252.926* (1 328.561)
urban	1 095.408 (1 171.698)	1 154.674 (1 171.561)	1 097.724 (1 171.794)	1 076.198 (1 171.500)	1 155.462 (1 171.505)	1 111.070 (1 171.451)
family_size	−1.5e+03*** (423.102)	−1.6e+03*** (509.375)	−1.4e+03*** (461.781)	−1.5e+03*** (422.021)	−1.4e+03*** (508.338)	−1.3e+03*** (461.251)
number_work	320.184 (691.564)	252.253 (691.807)	215.205 (687.263)	318.937 (691.421)	219.039 (691.888)	179.489 (687.235)
number_insurance60	1.2e+04** (5 509.167)	1.1e+04** (5 512.477)	1.2e+04** (5 505.750)	1.1e+04** (5 485.288)	1.1e+04** (5 486.844)	1.1e+04** (5 484.157)
number_insurance59	−856.589 (983.352)	−718.003 (981.535)	−856.461 (980.452)	−872.557 (979.482)	−770.812 (979.154)	−866.837 (978.678)
expense	0.065*** (0.022)	0.068*** (0.022)	0.065*** (0.022)	0.064*** (0.022)	0.067*** (0.022)	0.063*** (0.022)
total_asset	0.062*** (0.002)	0.062*** (0.002)	0.062*** (0.002)	0.062*** (0.002)	0.062*** (0.002)	0.062*** (0.002)
netincome	0.153*** (0.026)	0.151*** (0.025)	0.151*** (0.025)	0.153*** (0.025)	0.151*** (0.025)	0.150*** (0.025)
saving_rate	−9.041*** (3.365)	−9.031*** (3.366)	−9.009*** (3.365)	−8.961*** (3.365)	−8.983*** (3.366)	−8.967*** (3.364)

续表

模型	Panel Tobit Model					
变量	cash_asset	cash_asset	cash_asset	cash_asset	cash_asset	cash_asset
whether_house	−1.5e+04*** (1 834.590)	−1.5e+04*** (1 835.880)	−1.5e+04*** (1 834.486)	−1.6e+04*** (1 835.563)	−1.5e+04*** (1 836.588)	−1.5e+04*** (1 834.230)
whether_eco	4 328.583* (2 269.355)	4 346.682* (2 270.740)	4 379.219* (2 269.780)	4 314.714* (2 268.909)	4 326.700* (2 270.709)	4 388.005* (2 268.974)
edu_head	309.752** (133.029)	306.123** (133.054)	303.026** (132.939)	315.056** (133.024)	310.208** (133.116)	310.769** (132.916)
age_head	129.402*** (46.751)	99.073** (45.531)	129.416*** (44.555)	145.260*** (45.228)	116.848*** (44.241)	143.299*** (43.593)
whether_ work_head	945.037 (1 528.858)	1 144.986 (1 523.471)	1 117.329 (1 521.048)	806.426 (1 529.670)	1 096.502 (1 524.002)	1 027.506 (1 521.293)
年份虚拟变量	不显著	不显著	不显著	不显著	不显著	不显著
省份虚拟变量	显著	显著	显著	显著	显著	显著
常数项	1.2e+04* (6 638.330)	1.3e+04** (6 678.973)	1.2e+04* (6 649.147)	1.2e+04* (6 638.202)	1.3e+04* (6 671.171)	1.2e+04* (6 643.623)
样本数	16 989	16 989	16 989	16 989	16 989	16 989

表6-4报告了现金和金融机构存款占家庭金融总资产的比重作为被解释变量的基础回归结果，相关解释变量设置与表6-2和表6-3相同。结果表明，老龄化系数的估计结果都显著为正，并且除whether_65以外，都在1%的水平上显著，证明了结论的稳健性。whether_60的估计结果表明，其他条件不变时，如果家庭中有60岁及以上的老年人，平均而言现金和金融机构存款占家庭金融总资产的比重会提高20.12个百分点，说明老龄化会显著促使我国家庭将1/5以上的其他资产配置为现金和金融机构存款。同时，分析结果还显示，随家庭老年人数量和比重增加，现金和金融机构存款占家庭金融总资产的比重会随之增加。这意味着虽然老龄化不会显著影响我国家庭金融资产投资的总规模，但会改变家庭的金融资产配置结构，促使家庭将更多的金融资产配置为现金和金融机构存款这类较为传统和风险性最低的资产。

表6-4　家庭现金和金融机构存款投资比重回归结果

模型	Panel FRM Model					
变量	ratio_cash	ratio_cash	ratio_cash	ratio_cash	ratio_cash	ratio_cash
percentage_60	0.004*** (0.001)					
number_60		0.144*** (0.039)				
whether_60			0.201*** (0.061)			
percentage_65				0.004*** (0.001)		
number_65					0.123*** (0.044)	
whether_65						0.146** (0.064)
年份虚拟变量	不显著	不显著	不显著	不显著	不显著	不显著
省份虚拟变量	显著	显著	显著	显著	显著	显著
控制变量	Yes	Yes	Yes	Yes	Yes	Yes
常数项	1.103*** (0.242)	1.137*** (0.243)	1.113*** (0.242)	1.121*** (0.237)	1.112*** (0.238)	1.099*** (0.239)
样本数	16 891	16 891	16 891	16 891	16 891	16 891

注：Yes表示该类变量已控制。本表回归中抚幼负担类控制变量从左到右依次为percentage_14、percentage_14、number_14、number_14、whether_14、whether_14。家庭特征类控制变量的具体设置见表6-1，估计结果见附表，下同。

表6-5报告了家庭风险性较高的金融资产投资量作为被解释变量的基础回归结果，相关解释变量设置与上表相同。回归结果显示，无论使用60岁还是65岁作为老年人的标准，无论使用家庭老年人比重、数量还是其虚拟变量作为解释变量，老龄化变量的估计系数都显著为负，意味着老龄化对中国家庭风险性较高的资产需求有显著负效应，会挤出这类资产的微观投资。平均而言在其他条件不变的情况下，家庭每增加一个60岁及以上的老年人，会降低4251元左右的风险性较高的资产投资。这说明老龄化程度越高，家庭金融资产配置的风险偏好越弱，

越倾向于减少风险性较高的金融资产投资。

家庭特征类控制变量的估计系数基本符合理论预期。比如，城镇虚拟变量估计系数很大并且非常显著，这说明平均而言城镇家庭的风险性较高的金融资产投资远高于农村家庭。家庭规模对这类资产需求的影响为负，这或许因为在其他条件不变的条件下家庭人口越多，所需基本消费支出越高，可得资金越少。家庭总资产和净收入的估计系数显著为正，意味着随资产和收入水平提高，家庭风险性较高的金融资产投资增加。家庭是否有房产这一虚拟变量的估计系数显著为负，进一步说明房地产作为一种投资品与金融资产存在替代关系，会挤出家庭风险性较高的资产投资。是否有接受过经济管理教育的家庭成员的估计系数显著为正，并且其估计系数大于表6-2和表6-3中的估计系数，进一步说明金融知识对家庭金融资产配置的影响更大限度体现在促进风险性较高的金融资产投资。这是因为相对于传统的现金和金融机构存款而言，风险性较高的金融资产投资需要更多的搜集、整理、分析经济金融类信息的能力和投资技能，因此如果家庭成员有经济管理类学历则有利于提高这类金融资产投资。户主的受教育水平、年龄和是否有工作都与家庭风险性较高的金融资产需求正相关，其中户主年龄与风险性较高的金融资产投资关系的结论与相关研究有所不同，相关研究在分析家庭年龄特征时仅控制了户主年龄段的虚拟变量，发现户主年龄所在年龄段越高越不利于风险性较高的资产投资（卢亚娟 等，2014）。本书在充分控制了家庭年龄结构类变量的基础上研究发现，户主本身的年龄增长并不会对风险性较高的资产投资产生负效应，真正会降低这类资产需求的是家庭老年人口数量和比重。研究结果表明，户主年龄越高风险性较高的资产需求越大，可能源于户主年龄越大资产配置经验越丰富、对金融市场的了解越全面，越有利于促进风险性较高的资产投资。

表6-5　家庭风险性较高的金融资产投资规模回归结果

模型	Panel Tobit Model					
变量	risk_asset	risk_asset	risk_asset	risk_asset	risk_asset	risk_asset
percentage_60	−150.535** (63.625)					

续表

模型	Panel Tobit Model					
变量	risk_asset	risk_asset	risk_asset	risk_asset	risk_asset	risk_asset
number_60		−4 250.991*				
		(2 461.079)				
whether_60			−10 432.800***			
			(4 006.984)			
percentage_65				−385.459***		
				(76.018)		
number_65					−12 430.960***	
					(2 901.755)	
whether_65						−19 893.570***
						(4 365.250)
percentage_14	195.540*			183.905		
	(114.480)			(113.771)		
number_14		2 526.202			1 407.602	
		(3 094.642)			(3 099.472)	
whether_14			4 846.366			3 855.514
			(3 757.945)			(3 762.598)
urban	3.5e+04***	3.5e+04***	3.5e+04***	3.5e+04***	3.6e+04***	3.5e+04***
	(5 044.436)	(5 048.462)	(5 050.824)	(5 031.105)	(5 051.800)	(5 054.768)
family_size	−4.5e+03***	−3.5e+03**	−3.4e+03**	−4.2e+03***	−2.3e+03	−2.6e+03*
	(1 343.792)	(1 543.768)	(1 455.587)	(1 334.197)	(1 531.376)	(1 450.386)
number_work	−5.5e+03**	−5.8e+03**	−5.8e+03**	−5.7e+03**	−6.2e+03***	−6.3e+03***
	(2 287.256)	(2 286.946)	(2 279.993)	(2 280.999)	(2 282.913)	(2 283.660)
number_insurance60	1 194.483	589.968	1 365.745	1 195.898	853.530	724.084
	(4 118.154)	(4 147.143)	(4 094.325)	(4 000.348)	(4 008.474)	(3 988.147)
number_insurance59	9 166.442***	9 333.775***	9 247.905***	9 047.972***	9 165.554***	9 224.701***
	(1 824.625)	(1 820.696)	(1 813.205)	(1 803.457)	(1 805.860)	(1 803.684)
expense	0.229***	0.234***	0.230***	0.218***	0.229***	0.225***
	(0.056)	(0.056)	(0.056)	(0.056)	(0.056)	(0.056)
total_asset	0.046***	0.046***	0.046***	0.045***	0.045***	0.045***
	(0.005)	(0.005)	(0.005)	(0.005)	(0.005)	(0.005)

续表

模型	Panel Tobit Model					
变量	risk_asset	risk_asset	risk_asset	risk_asset	risk_asset	risk_asset
netincome	0.235***	0.231***	0.232***	0.237***	0.230***	0.229***
	(0.065)	(0.065)	(0.065)	(0.064)	(0.064)	(0.064)
saving_rate	6.067	5.897	5.532	4.830	5.514	5.196
	(14.704)	(14.657)	(14.663)	(14.633)	(14.651)	(14.664)
whether_house	−2.2e+04***	−2.2e+04***	−2.2e+04***	−2.2e+04***	−2.2e+04***	−2.2e+04***
	(4 716.015)	(4 717.423)	(4 714.357)	(4 710.570)	(4 719.367)	(4 714.186)
whether_eco	1.3e+04***	1.3e+04***	1.3e+04***	1.3e+04***	1.3e+04***	1.3e+04***
	(4 083.006)	(4 082.818)	(4 081.478)	(4 058.755)	(4 067.334)	(4 071.439)
edu_head	4 147.506***	4 160.752***	4 135.454***	4 196.210***	4 224.824***	4 189.637***
	(476.792)	(476.759)	(476.448)	(478.130)	(478.321)	(478.055)
age_head	841.218***	759.383***	806.005***	996.724***	886.435***	899.804***
	(151.645)	(147.155)	(146.394)	(151.579)	(147.385)	(147.260)
whether_work_head	7 756.703*	8 398.472*	8 228.270*	8 249.099*	8 907.681*	9 033.301*
	(4 645.580)	(4 632.753)	(4 630.961)	(4 597.179)	(4 607.109)	(4 612.214)
年份虚拟变量	不显著	不显著	不显著	不显著	不显著	不显著
省份虚拟变量	显著	显著	显著	显著	显著	显著
常数项	−2.4e+05***	−2.4e+05***	−2.4e+05***	−2.4e+05***	−2.5e+05***	−2.5e+05***
	(1.7e+04)	(1.7e+04)	(1.7e+04)	(1.7e+04)	(1.7e+04)	(1.7e+04)
样本数	16 953	16 953	16 953	16 953	16 953	16 953

注：***、**、*分别表示在1%、5%和10%的水平上显著，括号内为标准误，下同。

表6-5中使用的被解释变量都为家庭风险性较高的金融资产投资量，为进一步检验结论的稳健性，本书使用FRM模型将家庭风险性较高的资产投资额占家庭金融总资产的比重作为被解释变量进行了稳健性分析，结果如表6-6所示。研究表明，无论使用60岁还是65岁作为老年人的标准，无论使用家庭老年人比重、数量还是其虚拟变量作为解释变量，老龄化的估计系数都显著为负，意味着老龄化对中国家庭风险性较高资产需求的效应为负，会降低这类资产在家庭金融总资产中的比重，挤出风险性较高资产的微观投资，证实了前述结论的稳健性。

表6-6　家庭风险性较高的金融资产投资比重回归结果

模型	Panel FRM Model					
变量	ratio_riskasset	ratio_riskasset	ratio_riskasset	ratio_riskasset	ratio_riskasset	ratio_riskasset
percentage_60	-0.003** (0.001)					
number_60		-0.098** (0.044)				
whether_60			-0.184*** (0.071)			
percentage_65				-0.006*** (0.001)		
number_65					-0.188*** (0.057)	
whether_65						-0.277*** (0.083)
年份虚拟变量	显著	显著	显著	显著	显著	显著
省份虚拟变量	显著	显著	显著	显著	显著	显著
控制变量	Yes	Yes	Yes	Yes	Yes	Yes
常数项	-3.606*** (0.264)	-3.665*** (0.268)	-3.650*** (0.266)	-3.690*** (0.264)	-3.759*** (0.267)	-3.725*** (0.267)
样本数	16 855	16 855	16 855	16 855	16 855	16 855

注：本表回归中抚幼负担类控制变量从左到右依次为percentage_14、number_14、whether_14、percentage_14、number_14、whether_14。

上述分析结果显示，老龄化对风险性较高资产投资的影响显著为负，为细致考察老龄化对这类资产投资的参与决策与数量决策的影响，本书使用了Heckman两阶段模型进行了分析，构建了家庭是否投资风险性较高资产的虚拟变量，记为whether_riskasset，如果家庭有风险性较高资产投资则为1，否则为0，以此作为第一阶段回归的被解释变量。本书展示了60岁作为老年人标准的回归结果，以65岁作为老年人标准的回归结果与之类似。此外第一阶段回归的工具变量为"过去一年家庭中住院的人数"。分别使用家庭60岁及以上人口占家庭总人口的比重、家庭60岁及以上人口数、家庭是否有60岁及以上人口的虚拟变量作为解释变量，回归结果如表6-7所示。

表6-7 家庭风险性较高的金融资产投资决策的Heckman两阶段模型回归结果

模型	Heckman Selection Model 1	Heckman Selection Model 1	Heckman Selection Model 2	Heckman Selection Model 2	Heckman Selection Model 3	Heckman Selection Model 3
变量	whether_riskasset	risk_asset	whether_riskasset	risk_asset	whether_riskasset	risk_asset
percentage_60	−0.003** (0.001)	−241.157** (114.791)				
number_60			−0.209*** (0.048)	−14 560.471*** (6 333.331)		
whether_60					−0.317*** (0.072)	−26 648.082** (10 492.836)
年份虚拟变量	不显著	不显著	不显著	不显著	不显著	不显著
省份虚拟变量	显著	显著	显著	显著	显著	显著
控制变量	Yes	Yes	Yes	Yes	Yes	Yes
常数项	−4.072*** (0.243)	−2.7e+05* (1.4e+05)	−4.198*** (0.248)	−2.5e+05* (1.3e+05)	−4.076*** (0.244)	−2.9e+05* (1.5e+05)
mills lambda		6.7e+04* (3.6e+04)		5.8e+04* (3.2e+04)		7.0e+04* (3.7e+04)
样本数	16 953	16 953	16 953	16 953	16 953	16 953

注：本表回归中抚幼负担类控制变量为percentage_14。

表6-7结果显示，无论使用家庭60岁及以上人口占家庭总人口的比重、家庭60岁及以上人口数还是家庭是否有60岁及以上人口的虚拟变量作为衡量老龄化程度的解释变量，老龄化变量在Heckman两阶段回归中的估计系数都显著为负。首先这证实了前述回归结论的稳健性，说明老龄化对微观家庭风险性较高资产的需求有显著负效应。此外，这说明老龄化对这类资产投资的影响同时体现在参与决策和数量决策：老龄化既降低了家庭投资风险性较高资产的概率，也会促使已经选择这类资产投资的家庭降低投资数量。

6.3.4 异质性分析

为细致考察老龄化对不同类型金融资产投资影响的异质性，本书进一步利用CFPS2012年截面数据，分别对家庭现金和金融机构存款、股票、基金、政府债券、金融衍生品的投资额及其占家庭金融资产总额的比重进行了分析，回归结果如表6-8和表6-9所示。表6-8的被解释变量分别为现金和金融机构存款、股票资产投资额、基金投资额、政府债券投资额和金融衍生品投资额，使用的是Tobit模型。表6-9中被解释变量分别为现金和金融机构存款、股票资产、基金、政府债券和金融衍生品占家庭金融资产总额的比重，使用了FRM模型。本书展示了60岁作为老年人标准的回归结果，以65岁作为老年人标准的回归结果与之类似。

表6-8 对不同类型金融资产投资规模的回归结果

模型	Tobit Model				
变量	cash_asset	stock	fund	govbond	derivatives
percentage_60	−10.484	−523.138**	−56.321	38.985*	−411.939**
	(33.197)	(209.872)	(124.107)	(25.950)	(680.768)
省份虚拟变量	显著	显著	显著	不显著	不显著
控制变量	Yes	Yes	Yes	Yes	Yes
常数项	−4.8e+03	1.2e+05***	7.2e+04***	6.5e+04***	2.2e+05
	(1.1e+04)	(6 614.631)	(5 182.063)	(1.1e+04)	(1.5e+05)
样本数	8 328	8 328	8 328	8 327	8 334

注：本表回归中抚幼负担类控制变量为percentage_14。

表6-9 对不同类型金融资产投资比重的回归结果

模型	FRM Model				
变量	ratio_cash	ratio_stock	ratio_fund	ratio_govbond	ratio_derivatives
percentage_60	0.003***	−0.003*	−0.002	0.003*	−0.004
	(0.001)	(0.002)	(0.002)	(0.002)	(0.003)
省份虚拟变量	显著	显著	不显著	显著	显著

续表

模型	FRM Model				
变量	ratio_cash	ratio_stock	ratio_fund	ratio_govbond	ratio_derivatives
控制变量	Yes	Yes	Yes	Yes	Yes
常数项	2.292***	−3.874***	−4.258***	−5.553***	−1.785***
	(0.226)	(0.438)	(0.417)	(1.004)	(0.448)
样本数	8 302	8 302	8 302	8 297	8 302

注：本表回归中抚幼负担类控制变量为percentage_14。

　　表6-8和表6-9结果进一步表明，老龄化对不同类型金融资产投资的影响存在异质性，会改变我国微观家庭的金融资产投资结构。老龄化对现金和金融机构存款投资比重的影响显著为正，对股票资产投资量和投资比重的影响为负，对基金和金融衍生品投资无显著影响，而对政府债券投资量和比重的影响显著为正。这或许由于我国基金和金融衍生品市场不成熟，并非大多家庭金融资产投资的重点，因此，老龄化对其影响并不显著。股票是家庭接触相对较多的风险性较高的金融资产，老龄化对风险性较高资产投资的负效应主要体现为降低股票资产需求。政府债券在我国是风险程度相对较低的金融资产，老龄化程度越高，家庭在资产配置时的风险偏好越弱，越倾向于增加政府债券投资，这进一步印证了上述关于风险偏好和老龄化对家庭金融资产投资结构影响的研究结论。

6.4　本章小结

　　本章利用中国家庭追踪调查面板数据，实证分析了老龄化对微观金融资产投资规模和结构的影响，并对比研究了老龄化对不同类型金融资产投资影响的异质性。研究结果表明：第一，老龄化对我国家庭金融资产投资规模无显著影响，但会改变微观金融资产投资结构：老龄化会显著增加家庭现金和金融机构存款占家庭金融总资产的比重，同时对家庭风险性较高的金融资产投资有负效应，并显著降低其占家庭金融总资产的比重。这说明老龄化会促使家庭将更多的金融资产配置为现金和金融机构存款这类较为传统和风险性最低的资产，同时挤出风险性较高的金融资产投资。第二，老龄化对风险性较高的金融资产投资的影响同时体现在参与决策和数量决策，既降低了家庭投资风险性较高资产的概率，也会促使已经选择这类资产投资的家庭降低投资数量。第三，老龄化对不同类型金融资产投资的影响存在显著的异质性，对现金和金融机构存款投资比重的影响显著为正，对风险性较高资产投资的负效应主要体现为降低股票资产投资，对基金和金融衍生品投资影响不显著，对政府债券投资的影响显著为正。

以上研究结论意味着：第一，在评估老龄化对资本市场的影响时，不应仅关注老龄化对储蓄率的影响，也应重视其金融资产投资效应，科学评估老龄化对金融市场发展的影响，积极主动采取措施促进老龄化进程中金融市场健康发展。第二，老龄化对微观家庭金融资产投资结构有显著影响，并对不同类型金融资产的影响存在异质性，这从微观层面证实了老龄化对金融市场结构的潜在影响，因此银行、证券公司、基金公司、金融衍生品交易机构等不同类型的金融机构应有针对性地采取不同措施应对老龄化带来的冲击。第三，老龄化条件下家庭金融资产配置的风险偏好会降低，更倾向于减少风险性较高的资产投资，这意味着我国金融市场需要因应老龄化发展加强金融创新，推出更为符合老龄化条件下家庭投资偏好的金融产品。

第7章 老龄化条件下劳资关系均衡的
动态演化分析

7.1 劳资关系的一般模型构建

随着工会衰落和传统劳资问题改善，以工会和集体谈判为主要研究对象的当代劳资关系研究范式（Modern Industrial Relations，简称MIR）正逐渐失去其原有基础优势。[1]MIR范式的关注点是劳权，劳权在法律上主要涉及劳动与社会保障法[2]，其法理依据是宪法中生存权本位的人权。在产权意义上劳权是劳动力产权中的经营权和部分收益权，在法权意义上其仅包括特定历史阶段的劳资法权内容；劳权既不是劳动力产权的全部也不是劳资法权的全部，从而形成了研究范式自身的内在局限。因为随着劳资关系的发展与演变，劳资矛盾不仅仅体现在劳权领域，还表现为其他形式的产权矛盾，而这种产权矛盾所涉及的法权内容也不仅仅局限在劳动与社会保障法。[3]在不同历史阶段，劳资产权矛盾集中体现在不同方面的法律上，从而推动了不同方面的劳资法律变革。当前，《中华人民共和国

---

[1] 细致分析详见：KAUFMAN B E. The theoretical foundation of industrial relations and its implications for labor economics and human resource management[J]. Industrial and Labor Relations Review, 2010, 64(1): 74–108.

[2] 在MIR范式中，劳动关系问题即是劳权问题，劳权包括劳动就业、劳动报酬（仅指工资报酬）、社会保险三大问题，主要涉及的是劳动与社会保障方面的法律。参见常凯. 劳动关系·劳动者·劳权：当代中国的劳动问题[M]. 北京：中国劳动出版社，1995：21–23.

[3] 从劳动要素和资本要素的产权束来看，影响劳资关系运行的法律不仅仅包括最直接的劳动与社会保障法，劳资关系法权体系至少还涉及宪法、财产法、民法、企业法等。

公司法》和《中华人民共和国物权法》是资本法权的集中体现，劳动和社会保障法是劳动力法权的集中体现，但是法权对两种要素的产权有着不对等的保护度；资本法权完整地保障了其产权束的各个部分，而劳动力法权只保障了劳动力的所有权、经营权及收益权中的工资权。遗憾的是，当前我国主流的劳资关系研究仍然局限在劳权，带有很强的MIR范式的色彩。

由此可见，劳资关系兼具产权和法权两重属性，可进一步理解为，劳资关系的外在形式是法权关系，即法律意义上的雇佣关系；其内在本质则是产权关系，即要素产权的行使与收益关系。在这里，法权和产权是相互区别又紧密联系的两个范畴。●厘清我国当代劳资关系问题，需要突破目前劳权化简单式理解，通过融合法权和产权两大视角，将视野延展到要素产权束整体以及劳资关系法权体系。这一点与西方劳资关系研究的范式回归趋势异曲同工。近年来，西方劳资关系学者着眼于视角更为综合、视野更为广泛的雇佣制度建构，试图复归早期研究范式（Original Industrial Relations，简称OIR）。

关于劳资关系的范畴，学术界一般将其看作是劳动者与资本所有者之间的关系，基于这一视阈，劳资矛盾是资本主义生产方式的产物，仅依存于工业革命后的资本主义社会。其实，劳动者和资本所有者之间的关系只体现了劳资关系的一个方面，即主体方面；而劳资关系的客体方面则表现为劳动力与资本的要素关系。我们将劳资关系范畴界定为主体关系与客体关系二重性的统一，即广义劳资关系。劳资主体关系是劳动者和资本所有者之间人与人的关系，本质是一种价值关系，体现为权利的分配关系；劳资客体关系是劳资生产要素之间物的关系，本质是一种技术关系，体现在生产函数之中。劳资关系的二重性与劳动二重性和生产过程的二重性有内在的逻辑联系，其逻辑链条是：具体劳动和抽象劳动的二重性决定了生产过程是劳动过程和价值增值过程的统一，而生产过程的二重性决定了劳资关系是客体关系与主体关系的统一。具体而言，劳动过程是劳资客体关系

---

❶ 法权是一种法律权，依存于国家暴力，体现法律关系，属于上层建筑范畴；产权是一种经济权，依存于财产所有制性质，是经济基础的衍生品。产权和法权不是必然重合的，产权也不是必然由法权保障的。当某项产权被法律确认时，产权和法权合而为一，此时作为法权的产权由国家暴力保证实现，产权在形式上穿上了上层建筑的外衣，这也是为什么产权会被误认为是上层建筑的原因。参见：吴宣恭，黄少安.产权所有权法权[J].学术月刊，1993(4):19-26.

的载体，劳动力和资本要素投入劳动过程形成客体关系，而劳资主体关系则是价值增值的产物，劳资主体的权利分配关系体现在价值分配之中。

我们之所以往往只看到了劳资关系的主体性，原因在于劳资关系矛盾的现实体现形式是主体矛盾。后文我们将分析，劳资冲突的根源在于劳资客体矛盾，客体矛盾导致主体矛盾并体现为现实中的劳资矛盾。从主体关系与客体关系二重性的角度，劳资关系的演进就贯穿在各个社会形态的历史发展之中，由此劳资关系的范畴更具历史性，劳资矛盾也是历史发展中贯穿始终的推动力量。着眼于广义劳资关系，我们可以对劳资关系的演化路径、现状定位及发展趋势有更为精准的把握，从而达到对劳资冲突与均衡的深刻理解。

在劳资关系中，无论是超经济的人身依附下的资本奴役劳动❶，还是市场体系中自由平等的资本雇佣劳动，甚至初现端倪的劳动雇佣资本❷，一个普适性的分析思路是将劳资关系看成物质资本所有者和人力资本所有者组成的生产合作联盟，劳资双方在劳动努力程度 σ 下通过劳动过程将物质资本 K 和人力资本 H 转化为产出，即 $F = Y(K, H, \sigma)$。因此，合作博弈理论可以为劳资关系提供一般性的分析框架（Aoki，1984）。在合作博弈理论中，最常用的是纳什谈判模型❸。本书由此构建劳资关系的一般模型，做如下假定：

（1）在劳资关系中，资本所有者投资物质资本为 K，形成物质资本产权；假设其投资价值回报为 $V_1(K)$，$\dfrac{\mathrm{d}V_1}{\mathrm{d}K} > 0$。❹假定物质资本投资成本为 $\varphi(K)$，并且

---

❶ 前资本主义社会形态下的劳资关系中，劳动力对资本有着超经济的人身依附，如奴隶制、学徒制、包身工制、养成工制等等，详见下文对劳动力产权缺失阶段的分析。

❷ 劳动雇佣资本的劳资关系形态可以追溯到1844年英国的先锋社。当代社会最典型的劳动雇佣资本形式是创业风险投资，即拥有强专有性的管理型人力资本或技术型人力资本的劳动者与风险投资基金合作成立企业，该种企业中往往是创业者（即人力资本所有者）拥有管理权和相当程度的剩余索取权，从而结成劳动雇佣资本的劳资关系。这种企业形式为了规避公司制的弊端而往往采取合伙制。

❸ 在谈判理论的开创性研究中，Nash证明，在谈判力对等的条件下，纳什谈判模型的解满足帕累托最优、对称性、线性不变性、无关选择的无关性等，参见：NASH J F. The bargaining theory[J]. Econometrica, 1950, 18(2): 155–162. NASH J F. Two–person cooperative games[J]. Econometrica, 1953, 21(1): 128–140.

❹ 马克思主义经济学认为资本只转移价值而不创造价值，即 $V_1(K) = K$，$\dfrac{\mathrm{d}V_1}{\mathrm{d}K} = 1$；西方经济学认为，资本的边际价值 $\dfrac{\mathrm{d}V_1}{\mathrm{d}K}$ 可以大于、小于或等于1，理性厂商会选择在边际成本等于边际价值的资本量上进行投资。

$$\frac{\mathrm{d}\varphi}{\mathrm{d}K} > 0, \quad \frac{\mathrm{d}^2\varphi}{\mathrm{d}K^2} > 0。❶$$

（2）假设劳动者在事前投资的人力资本水平 H 下提供劳动，形成劳动力产权。并且劳动者所创造的价值 V_2 取决于其人力资本水平 H 和劳动努力程度 σ❷，即 $V_2 = V_2(H, \sigma)$，并且 $\frac{\partial V_2}{\partial H} > 0$，$\frac{\partial V_2}{\partial \sigma} > 0$。假定人力资本投资的成本函数为 $\omega(H)$。并且，$H = 0$ 时，$\omega(0) = 0$，$\frac{\mathrm{d}\omega}{\mathrm{d}H} = 0$；$H > 0$ 时，$\frac{\mathrm{d}\omega}{\mathrm{d}H} > 0$，$\frac{\mathrm{d}^2\omega}{\mathrm{d}H^2} > 0$。劳动者的劳动成本 C（负效用）取决于其努力水平 σ，即 $C = C(\sigma)$。并且，$\sigma = 0$ 时，$C(0) = 0$，$\frac{\mathrm{d}C}{\mathrm{d}\sigma} = 0$；$\sigma > 0$ 时，$\frac{\mathrm{d}C}{\mathrm{d}\sigma} > 0$，$\frac{\mathrm{d}^2 C}{\mathrm{d}\sigma^2} > 0$。

（3）假定劳动与资本要素满足自由交易条件❸，劳动者的外部选择权❹为 $g(H)$，并且 $\frac{\mathrm{d}g}{\mathrm{d}H} > 0$，即取决于其拥有的人力资本量。类似地，假定资本所有者的外部选择权为 $f(K)$，并且 $\frac{\partial f}{\partial K} > 0$。❺

---

❶ 假定投资成本的一阶和二阶导数都为正，则给定某个一阶导数值就可以确定一个特定的投资量，故而可以简便下文的分析。因此对人力资本投资成本函数 $\omega(H)$ 和劳动成本函数 $C(\sigma)$ 也做类似的假定。

❷ 劳动努力程度反映了劳动力产权的权能行使状况，它是劳资关系冲突与均衡问题的焦点。与资本要素不同，劳动力创造的价值不仅仅取决于劳动者既有的人力资本水平，还取决于其使用状况，即劳动力的边际生产力。所以劳动力本身包含两个必不可少的因素：人力资本水平和劳动努力程度；并且由于在签订劳动契约时劳动努力程度是不能确定的，所以劳动合同在法律意义上是继续性合同，在经济学意义上是不完全契约。这一事实是劳动问题特殊性的根源，是马克思的劳动与劳动力区别论的原因，这也决定了劳资关系研究需要独特的理论内核。此外，有学者认为，正是因为劳动努力程度的不确定性，人力资本才需要杨小凯所谓的间接定价；也正因此，人力资本价值可以分为潜在价值和实际价值。潜在价值即人力资本存量的价值，实际价值即既定人力资本水平下通过劳动努力所能实现的价值。参见：豆建民. 人力资本间接定价机制的实证分析[J]. 中国社会科学，2003(1)：73-82、205-206.

❸ 就劳动要素而言，非自由交易情形例如存在人身依附。法权没有确认甚至剥夺了劳动者的自由权，劳动力产权中的所有权也是与主体分离的。无论劳动者拥有多高的人力资本，劳动者的外部选择权都为 0。

❹ 外部选择权是指一方不与对方合作，转而在市场上与其他同类要素合作时可以获得的期望收益。因此，外部选择权也可看作劳资关系的机会成本，劳资双方各自在劳资关系中所能获得的收益应该不小于外部选择权。

❺ 外部选择权取决于人力资本或者物质资本存量，这一假设其实是对要素稀缺性的模型化：劳资双方在劳资关系以外所能获得的期望收益取决于其在各自要素市场上的稀缺程度，而稀缺程度又取决于其所拥有的（人力或物质）资本量。

（4）在劳资合作收益 $V_1(K) + V_2(H,\sigma)$ 的分配中，劳动者所得 U_L 和资方所得 U_K 通过谈判（Bargaining）决定。❶合作收益中的 $V_1(K) + V_2(H,\sigma) - f(K) - g(H)$ 部分为合作剩余，它实际是新古典意义上的"会计利润"。❷根据纳什谈判模型，合作剩余的分配由劳资要素的谈判力决定。假设劳动者的谈判力为 α，资本所有者的谈判力为 $1-\alpha$，劳资双方通过讨价还价达成纳什谈判解（Nash Bargaining Solution，简称 NBS）。

（5）谈判力是一个复杂的变量，要素的谈判力取决于两方面因素：一是法权强度，即法律对要素产权的保护程度会影响合作剩余的分配；另一个是产权强度，即要素外部选择权的大小，外部选择权越大，谈判力越强。

基于以上假定，劳资关系的社会最优化目标是：

$$\max_{\sigma, H, K}[V_1(K) + V_2(H,\sigma) - C(\sigma) - \omega(H) - \varphi(K)] \tag{7-1}$$

一阶条件为

$$\frac{\mathrm{d}C}{\mathrm{d}\sigma} = \frac{\partial V_2}{\partial \sigma} \tag{7-2}$$

$$\frac{\mathrm{d}\omega}{\mathrm{d}H} = \frac{\partial V_2}{\partial H} \tag{7-3}$$

$$\frac{\mathrm{d}\varphi}{\mathrm{d}K} = \frac{\mathrm{d}V_1}{\mathrm{d}K} \tag{7-4}$$

根据假定（1）和（2），由式（7-2）、式（7-3）、式（7-4）可以确定社会最优的劳动努力水平、人力资本投资水平和物质资本投资水平，分别记为 σ^*、H^*、K^*。

---

❶ "谈判（bargaining）"在这里指的是一般意义上的谈判，未必是有形的讨价还价、集体谈判、仲裁等，其内涵包括隐形谈判，甚至包括长期博弈中演化形成的制度。假定"劳资合作收益的分配取决于谈判"与企业理论所认为的"企业所有权分配取决于物质资本所有者和人力资本所有者之间的谈判"异曲同工，参见：ALCHIAN A, WOODWARD S. The firm is dead, long live the firm: a review of Oliver E. Williamson's The Economic Institutions of Capitalism[J]. Journal of Economic Literature, 1988, XXVI (March): 65-79.

❷ 完全竞争条件下，产品市场上超额利润为零，物质资本投资成本等于其市场收益（即外部选择权），即 $\varphi(K) = f(K)$；要素市场上，劳动者工资等于劳动者的外部选择权，即 $g(H)$ 等于工资。从而，$V_1(K) + V_2(H,\sigma) - f(K) - g(H)$ 可看作会计利润。另外，与马克思的生产模型对比，本模型与之是相容的：按照马克思的观点，$V_1(K) = K$，相当于不变资本；$V_2(H,\sigma)$ 是可变资本与剩余价值之和；后文对劳动力产权残损阶段的分析会指出，$g(H)$ 相当于可变资本，则 $V_2(H,\sigma) - g(H)$ 是剩余价值。

另外，根据纳什谈判模型，劳资双方通过讨价还价达成的纳什谈判解（NBS）须满足

$$\max_{U_L, U_K} \left\{ \left[U_L - g(H) \right]^{\alpha} \left[U_K - f(K) \right]^{1-\alpha} \right\} \tag{7-5}$$

$\text{s.t.} : U_L + U_K = V_1(K) + V_2(H, \sigma)$

令　　$F = \left[U_L - g(H) \right]^{\alpha} \left[U_K - f(K) \right]^{1-\alpha}$，　　　$ln F = \alpha ln \left[U_L - g(H) \right] + (1-\alpha) ln \left[U_K - f(K) \right]$，将 $U_L + U_K = V_1(K) + V_2(H, \sigma)$ 代入 $ln F$，求 $max_{U_L, U_K} ln F$ 的一阶条件，得劳资双方的所得分别为

$$U_L = \alpha \left[V_1(K) + V_2(H, \sigma) - f(K) \right] + (1-\alpha) g(H) \tag{7-6}$$

$$U_K = (1-\alpha) \left[V_1(K) + V_2(H, \sigma) - g(H) \right] + \alpha f(K) \tag{7-7}$$

下面，我们就劳资关系模型中的两个核心变量（外部选择权和谈判力）展开分析，从中研究劳资关系的历史演进过程；并基于此分析劳资关系冲突的根源与最优均衡条件。

7.2　劳资关系的历史演进逻辑

对劳资要素的产权和法权关系而言，自原始社会退出历史舞台，伴随着私有制的产生，法权就开始了对资本产权的确认和保护。而直到资本主义明确平等自由原则，法权才开始确立劳动力所有权。比之资本产权，劳动力产权的法权保护滞后了数千年。按照法权对劳动力产权的确认程度，人类社会经历了三个演进阶段，向着劳动力产权的完整保护和劳资权利均衡方向演进。

7.2.1　劳动力产权缺失阶段的劳资关系——劳动力的人身依附

资本产权的核心法权形式是财产权，有着久远的历史，自奴隶制以来，东西

方法律不约而同地确认了私有财产权。❶从奴隶社会确认财产权到近代资本主义国家确认人身自由权，劳动与资本要素的法权体系处于第一阶段，此阶段只有资本产权获得了保护，劳动力的所有权、经营权和收益权都受到侵害，我们称之为劳动力产权缺失阶段。在该阶段漫长的人类社会演进中，片面地确认和保护资本产权伴随着对劳动力的侵害。奴隶社会中奴隶是与物无异的私有财产；封建社会的劳动者则被囚禁在封建土地所有制下的人身依附之中，其后期出现的"农业雇佣"也与以自由平等为基础的雇佣有本质区别。❷在手工业领域，西方典型的学徒制、中国清末民国时期的"包身工""养成工"都是这一时期劳资关系的典型代表。劳动力产权缺失阶段中，学徒制等以"人的依赖"为特征的劳资关系很大程度上是家庭父权关系、亲子关系与社会形态中劳动关系的二元重合，具有很强的法定屈从性，这是劳资关系屈从性的渊源；后来基于自由契约的劳资关系也延续了这种屈从性特征，只不过是从法定屈从进化到约定屈从（徐国栋，2011）。这些体现了该阶段的劳资主体关系矛盾。

在劳动力产权缺失阶段，劳动力所有权因为奴隶制或封建制的人身依附而缺失，劳动力经营权被资本所有者支配，收益权也被攫取。因此，由于存在人身依

---

❶ 比如，古代西亚两河流域的楔形文字法中，《汉谟拉比法典》在土地国有的基础上确认和保护土地私有制，对自由民的动产私有权的保护已相当严格；古代印度法根据种姓制度制定了有等级的所有权制度；古希腊法中的所有权客体范围则扩大到所有的动产（包括牲畜、奴隶等）和不动产（土地、房屋）；罗马法保障物权，认为所有权是物权的核心，并且所有权的含义外延到占有权、使用权、收益权和处分权等。参见：何勤华.外国法制史：第五版[M].北京：法律出版社，2011.中国原始社会晚期也有了保护私有财产的习惯，父权制社会逐步改变了平均分配传统，规定个人所获猎物为自己的私有财产，不归集体分配。夏商开始产生了奴隶制国家和体现着奴隶主阶级意志的习惯法，虽没有土地等不动产的私有化，但是确认和保护了动产的财产权。西周各级封建领主乃至自由民对于一些基本的生活资料和生产资料（包括奴隶）都拥有完全的所有权；西周中期以后，土地私有权也逐步扩大并得以承认。参见：曾宪义.中国法制史：第三版[M].北京：中国人民大学出版社，2009.

❷ 根据相关经济史研究，封建社会农业雇佣的主要形式包括庄园雇佣、佃奴雇佣、典当雇佣、债务雇佣、养老雇佣、带地雇佣等，雇工与雇主的法律地位极不平等，有着强烈的人身依附关系。参见：M.波斯坦，H.J.哈巴库克.欧洲剑桥经济史：第一卷：中世纪的农业生活[M].王春法，译.北京：经济科学出版社，2002.李文治.论中国地主经济制与农业资本主义萌芽[J].中国社会科学，1981（1）：143-160.赵入坤.雇佣劳动与中国近代农业的发展[J].江海学刊，2007（5）：171-176，239.

附，劳动者的外部选择权是0。❶由于该阶段的法权体系完全偏向资本要素，劳动者的谈判力 $\alpha = 0$，资本所有者的谈判力为 $1 - \alpha = 1$。从而，根据式（7-6）、式（7-7）得

$$U_L = 0 \tag{7-8}$$

$$U_K = V_1(K) + V_2(H, \sigma) \tag{7-9}$$

在该阶段，劳动者作为资本所有者的私有财产依附于资本，其人力资本投资成本全部由资本所有者承担，而劳动者承担的劳动成本（负效用）也间接成为资本所有者的成本。❷因此，该阶段中资本所有者的目标函数为

$$\max_{\sigma, H, K} [V_1(K) + V_2(H, \sigma) - C(\sigma) - \omega(H) - \varphi(K)] \tag{7-10}$$

一阶条件为 $\dfrac{\mathrm{d}C}{\mathrm{d}\sigma} = \dfrac{\partial V_2}{\partial \sigma} > 0$，$\dfrac{\mathrm{d}\omega}{\mathrm{d}H} = \dfrac{\partial V_2}{\partial H} > 0$，$\dfrac{\mathrm{d}\varphi}{\mathrm{d}K} = \dfrac{\mathrm{d}V_1}{\mathrm{d}K}$，与社会最优目标式（7-2）、式（7-3）、式（7-4）相同。因此，资方的物质资本投资达到了社会最优水平 K^*，资方希望实现的劳动努力程度和人力资本投资也分别是社会最优水平 σ^*、H^*。

表面来看，该阶段的法权体系是符合社会最优的，但是数学表达式简化了这样一个事实：劳动者的人力资本投资和努力水平都必须通过劳动者自身来实现，资本所有者并不能迫使劳动者完全达到资方的最优化目标。因为，奴隶也是"主动的资产"（Barzel，1977），劳动力只可"激励"而不能"压榨"（周其仁，1996）。其实，无论是自由社会还是非自由社会，人力资本的"所有权限于体现它的人"（Rosen，1986）。所以，劳动者是人力资本投资的最终执行者，是劳动努力负效用的最终承担者。结合式（7-8），我们可以得出劳动者的目标规划为

$$\max_{\sigma, H} [-C(\sigma) - \omega(H)] \tag{7-11}$$

一阶条件为 $\dfrac{\mathrm{d}C}{\mathrm{d}\sigma} = 0$，$\dfrac{\mathrm{d}\omega}{\mathrm{d}H} = 0$，根据假定（2），这意味着劳动者的目标努力程

---

❶ 理论上，奴隶、学徒、包身工等都可以不顾"卖身契"而逃跑，但是一旦被追捕就会受到"雇主"合法的严厉制裁。Barzel（1977）指出，其实很多奴隶是因为债务或者人身安全得不到保障而自愿为奴。学徒、包身工、养成工等被卖身为奴也大多因为贫穷而导致外部选择权为0。

❷ 即使在奴隶社会，为了从奴隶身上榨取最大价值，奴隶主也要考虑如何最优地使用奴隶，避免因为过度压榨而减损使用年限（Barzel，1977），所以劳动负效用 $C = C(\sigma)$ 会间接成为资本所有者的成本，进入其最优化目标函数。

度和人力资本投资水平都为0。因此，劳动者与资本所有者在人力资本投资以及劳动努力程度上存在目标差异，由劳动者实现的人力资本投资以及努力程度不可能达到资方意愿的社会最优水平 H^*、σ^*。劳资双方在这两个方面的目标差异决定了该法权体系下必然存在劳资客体关系层面的矛盾，作为奴隶主和封建主的资本要素所有者就只能用超经济的强制手段实现其最优目标，造成劳资主体矛盾。但是由于劳动力与劳动者的天然不可分性，资本所有者的目标不可能充分实现，从而人力资本投资水平和劳动者努力程度也难以达到社会最优。[1]因此，劳动力产权缺失阶段的劳资关系是极度对立和冲突的，劳资关系均衡中也只有物质资本投资达到了社会最优。

7.2.2　劳动力产权残损阶段的劳资关系——要素的形式平等

当产业革命带来的生产力变革需要得到上层建筑的回应时，资产阶级破除了封建束缚而提出天赋人权，并在法律中认可了人身自由权[2]；从而，劳动者相应获得了劳动力所有权的确认和保障，劳资关系进入了新的阶段，劳动力在形式上和资本处于平等地位。在深受自然法思想影响的17、18世纪，劳资关系逐渐丧失了身份要素，成了两个平等人格间单纯的雇佣契约关系（沈同仙，2012），并最初由"意思自治"和"契约自由"为原则的私法领域的民法来调整。[3]从而，以人身依附为特征的劳资关系被以自由平等为基础的资本雇佣劳动代替，劳动力的外部选择权获得解放。从这个意义上讲，资本主义制度保护的是资本，而解放的则是劳动力。劳动力作为要素至少在形式上获得了平等，也只有获得解放的

---

[1] 两个参数的实现值取决于资方的强迫程度。理论上，被奴役的劳动者的努力程度和人力资本投资可以达到甚至超过社会最优水平，但是这伴随着非人道的手段，带来劳资双方的对立。

[2] 深受自然法学说影响，资产阶级在争取政治领导权的过程中主张天赋人权、自由平等，1689年英国的《权利法案》、1789年法国的《人权宣言》、1889年日本的"明治宪法"等是资产阶级国家对人权的起源性和代表性立法，参见：徐显明.人权的体系与分类[J].中国社会科学，2000（6）：95-104、207.

[3] 比如，1794年普鲁士普通法第869条和第894条将雇佣契约界定为"有关于劳务给付行为之契约"；1811年奥地利民法第1151条将雇佣契约规定为"关于劳务给付之有偿契约"；1896年德国民法及1911年瑞士债法都对雇佣契约作了详细规定。引自：郑尚元.雇佣关系调整的法律分界——民法与劳动法调整雇佣类合同关系的制度与理念[J].中国法学，2005（3）：80-89.

劳动力才能适应资本主义的生产方式。所以，从这一点来看，在资产阶级取代封建神权的过程中，正是资本产权革命孕育了劳动力所有权（自由权）的解放。这是资本主义进步性在劳动、资本要素之间关系的体现。

然而问题的关键在于，这并不意味着劳资双方实现了实质平等。从产权角度，在此阶段，劳动力所有权、经营权和工资权先后得到了法权的认可和保障，而劳动力剩余索取权尚待确认；只有劳资要素产权都完整地被确认和保障，劳资关系才能实现产权意义上的实质平等。从法权角度而言，宪法承认人人平等意味着劳资双方从身份人格向平等人格的转变，但是"从身份到契约"的过程中勃兴了新的身份契约和身份关系（如雇佣条件下的劳资关系），其中仍然存在着新的身份上的不平等（马俊驹，童列春，2008）。经济学和法学都把企业的本质简化为契约❶，契约的平等和自由性掩盖了企业另一方面的本质属性：即资本循环过程中的生产性（刘刚，2002），从而掩盖了劳资关系在生产和分配中的不平等（闻翔，周潇，2007）。

劳资关系第二阶段早期，即资本主义原始积累时期，法律在劳资关系中偏向资本，如18世纪英国的《结社法》限制工会、认定集体谈判为非法，美国早期承认"黄犬契约"的合法性，从而强化了资本剥削。我国资本主义经济发展早期，法律也亲资疏劳，比如1912年北京政府颁布的《中华民国暂行新刑律》、1914年的《治安警察条例》和《治安警察法》规定罢工、工人集会等集体行动为非法。❷在这样的法权背景下，表面平等的劳资契约成了异化的契约（史际春，邓峰，1997）。

片面维护自由市场竞争、单方面保护资本产权的自由性对劳动者造成了巨大

---

❶ 法学对企业的典型认识是："企业在民法上构成一个由许多单项权利（例如对每一个单个的物的所有权、对每一项受保护的发明的专利权许多的单项债权等）组成的混合体。"引自：迪特尔·施瓦布. 民法导论[M]. 郑冲，译. 北京：法律出版社，2004：246-247.这些"单项权利"就是产权，而企业是由契约缔结而成的产权"混合体"，这与经济学中的现代企业理论异曲同工。但是，法律上的企业契约论认为企业只是物质资本产权的集合，不包括劳动力产权，这体现了法权体系对劳动力产权的忽视。

❷ 《中华民国暂行新刑律》第224条规定："从事同一业务之工人，同盟罢工者，首谋处四等以下有期徒刑、拘役或300元以下罚金，服从者处30日以下拘役，或30元以下罚金。"《治安警察条例》规定禁止"劳动工人之聚集""同盟罢工"，《治安警察法》禁止工人在"有领导怠工、罢工、要求增加工资、破坏社会秩序及公共安宁者、有违反一切良好道德习惯诸情形"下进行集会。

损害❶，激发了尖锐的劳资矛盾❷，促使人权在理论和实践上开始注重对劳动者劳权的保护，从自由权本位转向了生存权本位，一方面一如既往地承认资本产权的自由性，另一方面又开创性地肯定劳动权的自由性，在人权体系上设计了二元体制（徐显明，1992）。❸这种转变体现在劳动关系法权体系中，以1802年英国《学徒健康和道德法》、1932年美国的《瓦格纳法案》为源头，出台和完善了一系列保护劳动者的劳动与社会保障法，❹以及建立了劳动争议非诉讼纠纷解决程序（ADR）与劳动争议调解制度（李雄，2013）。与西方类似，中华民国时期的劳资关系法律也明显表现出从资本向保护劳动的转变。例如，政府也出台了如《暂行工厂通则》的劳动法律，并批准了14项ILO的劳工公约。❺从此，劳动和社会保障法作为政策性特别民法抛弃了技术中立精神（谢鸿飞，2013）❻，促使劳资关系从"雇佣契约"向"劳动契约"转变（黎建飞，2012）。并且，作为特别民法的劳动法最终从坚持形式平等原则的作为私法的民法中分离出来，自成体系，保护劳动者的积极权利（Positive Rights），兼具了私法和公法的性质（董保华，2001）。

劳动和社会保障法主要救济劳动力经营权行使过程中的不当劳动行为，并制订最低工资标准，意味着法权确认和保障了劳动力经营权及收益权中的基本工资

---

❶ 马克思形象地做了这样的描述："人为的高温，充满原料碎屑的空气，震耳欲聋的喧嚣等，都同样地损害人的一切器官，更不用说在密集的机器中间所冒的生命危险了。这些机器都像四季更迭那样规则地发布自己的工业伤亡公报。"参见：马克思恩格斯全集（第44卷）[M]. 北京：人民出版社，2001：490.

❷ 列宁指出："自由是个伟大的字眼，但正是在工业自由的旗帜下进行过最具有掠夺性的战争，在劳动自由的旗帜下掠夺过劳动者。"参见：列宁全集（第6卷）[M]. 北京：人民出版社，1986：8.

❸ 这种转变的学理逻辑在于："劳动契约有身份之性质，即受雇人在从属的关系提供劳动之契约。"参见：史尚宽. 劳动法原论[M]. 台北：台湾正大印书馆，1978：14.因此，"劳动关系绝非如斯地对等人格者之间纯债权关系而已，其间含有一般债的关系中所没有的特殊的身份因素在内，同时除个人因素外，亦含有高度的社会因素。"参见：黄越钦. 劳动法新论[M]. 台北：台湾翰卢图书出版有限公司，2004：7.

❹ 主要体现在，在国际劳工组织（ILO）的推动下，劳权在西方各国法律中的普遍确立。截至2013年7月，ILO八项基本公约的批准国数目分别为：177（C029）、152（C087）、163（C098）、171（C100）、174（C105）、172（C111）、166（C138）、177（C182）。详见：www.ilo.com.

❺ 参见：中国第二档案馆编. 中华民国史档案资料（第三辑工矿业）[M]. 南京：江苏古籍出版社，1991：37.

❻ 值得指出的是，这恰符合罗尔斯正义理论中的差别原则，参见：约翰·罗尔斯. 正义论[M]. 何怀宏，何包钢，廖申白，译. 北京：中国社会科学出版社，1988：71.

权。但是，由于劳动力产权中的剩余收益权仍然没有得到承认，故称之为劳动力产权残损阶段。

　　该阶段中，资本产权对劳动力产权的侵害不再以人身依附为基础，也不仅仅依靠资本产权的核心法权形式——财产权，而是体现在资本产权的衍生法权形式——企业法中，并以公司法为典型代表。公司法确认只有股东才拥有股利分配请求权（即企业剩余索取权）❶；而股东只能是物质资本出资人，从而排斥人力资本入股。❷对于合伙制的企业形式，在出资形式上虽有所放宽，但是对劳务出资仍然设置了较大程度的限制。❸这就意味着法律规定劳资关系的合作剩余属于资本所有者，从而帮助资本侵占了劳动力收益权中的剩余价值索取权。因此，该阶段的法权体系决定了劳动力的法权强度水平不高，即法权对劳动力的产权保护不充分；又由于劳动者的人力资本存量及外部选择权仍然较小，产权强度不高，故而劳动者的谈判力 $\alpha = 0$，资本所有者的谈判力 $1 - \alpha = 1$。根据式（7-6）、式（7-7）得

$$U_L = g(H) \tag{7-12}$$

$$U_K = V_1(K) + V_2(H, \sigma) - g(H) \tag{7-13} ❹$$

　　根据式（7-13），该阶段中资本所有者的目标函数为

$$\max_K [U_K - \varphi(K)] = [V_1(K) + V_2(H, \sigma) - g(H) - \varphi(K)] \tag{7-14}$$

---

❶ 我国现行《中华人民共和国公司法》第三十五条规定："股东按照实缴的出资比例分取红利。"第一百六十七条规定："公司弥补亏损和提取公积金后所余税后利润，有限责任公司依照本法第三十五条的规定分配；股份有限公司按照股东持有的股份比例分配，但股份有限公司章程规定不按持股比例分配的除外。"

❷ 这些规定实质是资本雇佣劳动的法律预设，也是维护资本雇佣劳动的法律需要。我国《公司法》第二十七条规定："股东可以用货币出资，也可以用实物、知识产权、土地使用权等可以用货币估价并可以依法转让的非货币财产作价出资。"依此规定，非货币资产的出资须满足两项条件：可用货币估价和可转让，因此，《中华人民共和国公司法》将劳动力排除在出资方式以外。在国外立法中，除意大利等少数大陆法国家只针对无限责任公司和两合公司承认劳务出资外，对所有有限责任公司和股份有限公司都不承认劳动力出资。参见：江平．现代企业的核心是资本企业[J]．中国法学，1997（6）：26-33．

❸ 《中华人民共和国合伙企业法》第十一条规定："经全体合伙人协商一致，合伙人也可以用劳务出资。"但是，第六十四条规定："有限合伙人不得以劳务出资。"实际上还是否认了劳动力的可抵押性，对劳务出资设置限制。况且合伙企业并非现代典型的承担有限责任的法人企业形式，在以公司制为代表的主流企业中仍然完全排斥人力资本入股。所以，合伙企业对出资形式的放宽并不意味着当前的法权体系确认和保护劳动力产权中剩余权。

❹ 因此，本模型中，劳动力的外部选择权 $g(H)$ 实质是现实中的工资，相当于马克思那里的可变资本。在本阶段，剩余价值 $V_2(H, \sigma) - g(H)$ 被资方独占。

一阶条件为 $\dfrac{\mathrm{d}\varphi}{\mathrm{d}K} = \dfrac{\mathrm{d}V_1}{\mathrm{d}K}$，根据式（7-4），物质资本投资达到了社会最优水平 K^*。另外，从式（7-14）可以看出，资本所有者希望劳动者拥有的人力资本水平要满足 $\dfrac{\partial V_2}{\partial H} = \dfrac{\mathrm{d}g}{\mathrm{d}H}$，而资方希望获得的劳动努力程度为无穷大。其中的经济学含义可以从两个角度结合起来理解：一是马克思的劳动和劳动力区别论，二是不完全契约理论，并且二者是相通的。马克思认为劳动不同于劳动力，劳资签订契约时资方获得的是劳动力价值（未来一定时期内劳动力的经营权），而非有效劳动，因而通过劳动过程得以实现的劳动价值是个不可能被契约充分规定的不确定变量（在本模型中，既定的人力资本下，劳动价值取决于劳动者的事后努力水平），因此劳动合同必然是不完全契约。契约签订前，根据式（7-12），契约规定资方的劳动力成本（即劳方所得 U_L）为 $g(H)$，取决于人力资本水平，因而劳动者的人力资本构成了资方的成本约束，而劳动者的努力水平并不进入资方的预算方程。所以资本所有者希望劳动者拥有的人力资本水平只需要达到一定水平（满足 $\dfrac{\partial V_2}{\partial H} = \dfrac{\mathrm{d}g}{\mathrm{d}H}$），而希望获得的劳动努力程度为无穷大。

考察劳动者一方，根据式（7-12），其目标函数为

$$\max_{\sigma, H} [U_L - C(\sigma) - \omega(H)] = [g(H) - C(\sigma) - \omega(H)] \qquad (7\text{-}15)$$

一阶条件为 $\dfrac{\mathrm{d}C}{\mathrm{d}\sigma} = 0, \dfrac{\mathrm{d}\omega}{\mathrm{d}H} = \dfrac{\mathrm{d}g}{\mathrm{d}H}$。结合资方的人力资本要求 $\dfrac{\partial V_2}{\partial H} = \dfrac{\mathrm{d}g}{\mathrm{d}H}$，可得 $\dfrac{\mathrm{d}\omega}{\mathrm{d}H} = \dfrac{\partial V_2}{\partial H}$。根据式（7-3），劳资双方能够在人力资本方面达成一致，实现社会最优的人力资本投资水平 H^*。❶但是，根据假定（2），劳动者意愿投入的努力水平为 0，所以，劳资双方在劳动努力程度上存在目标冲突和劳资客体矛盾，同上阶段一样，劳动努力程度难以达到社会最优。因此，劳动力产权残损阶段的劳资关系仍然在劳动努力程度上存在对立，会导致劳资主体关系矛盾，但是和上阶段相比，在人力资本投资方面的劳资矛盾已经消除。另外，该阶段的劳资均衡中，除了劳动努力程度以外，物质资本投资和人力资本投资都能实现社会最优。

---

❶ 事实上，虽然在该阶段劳动者获得了形式上的人身解放，即获得了外部选择权，但是由于其人力资本水平不高并且无法分享企业剩余，所以劳动者仅根据其外部选择权获得的工资收入很低，仅仅补偿可变资本，劳动者自身可供追加的人力资本投资仍然很少。

7.2.3 劳动力产权完整阶段的劳资关系——要素的权利均衡

目前，世界范围内的劳资法权体系不平衡，大多发展中国家还在完善第二阶段的法权内容，而在许多发达国家，法权体系处于第二阶段后期并向劳动力产权完整阶段演进。发达国家的劳动和社会保障法律已经基本解决了劳动力经营权和工资权方面的矛盾（Cazes et al.，2012），而劳动力收益权中的剩余索取权问题逐步凸显，主要体现在拥有强专有性人力资本的管理劳动者和技术人员在分享企业剩余方面与资本所有者之间的矛盾，其本质是劳资要素之间剩余权的矛盾。[1]随着人力资本重要性提升，劳资要素的"主观价值"之比发生变化[2]，人力资本对分享企业剩余的要求日趋迫切。这种产权矛盾会不断累积，阻碍生产力发展并成为促进上层建筑变革的因素。[3]舒尔茨说："人的经济价值之不断增长也迫使社会额外设立一些有利于人力因素的权利。"其"设置额外权利"实质是法权确认劳动力产权束中更多的权利，提高劳动力产权的保护度。

---

[1] 值得一提的是，经济学角度的产权理论并不排除劳动者分享企业利润（实现劳动力剩余权）的可能性，企业治理结构作为一组契约已经隐含地假定缔约当事人（劳资双方）是平等的，各方都有充分实现自身权益的可能性。甚至，在资本市场发达的今天，人力资本所有者承担了更多的风险，更应该分享企业剩余作为风险补偿，企业理论中的产权及风险理论同样可以证明劳动者分享企业所有权的合理性。参见：杨瑞龙，周业安.一个关于企业所有权安排的规范性分析框架及其理论含义——兼评张维迎、周其仁及崔之元的一些观点[J].经济研究，1997（1）：12-22.

[2] 关于私法正义原则中主观价值的分析参见：易军.法律行为制度的伦理基础[J].中国社会科学，2004（6）：117-129、206-207.

[3] 现实中已经存在因为人力资本没有分享企业剩余而导致企业倒闭的例子，引发了企业理论的学者提出"关键性资源理论"。该理论指出人力资本越来越成为当代企业的关键性资源，而随着金融市场的发展，物质资本募集越来越容易，重要性大大降低。这正与本书的分析框架相容：要素拥有关键性资源的本质是拥有较大的外部选择权和较强的谈判力，从而在企业收益分配的谈判中占据优势。当人力资本成为企业的关键性资源，根据亚当斯的公平理论，如果 $\dfrac{U_L}{V_2(H,\sigma)}$ 和 $\dfrac{U_K}{V_1(K)}$ 差距过大，劳动者会感觉不公平，不努力工作甚至离开企业，从而抑制企业成长并威胁企业生存，所以人力资本所有者会拥有较大的退出威胁和谈判优势。"关键性资源理论"的代表性文献参见：Rajan R G, Zingales L. Power in a theory of the firm[J]. The Quarterly Journal of Economics, 1998, 113(2): 387-432；Rajan R G, Zingales L. The firm as a dedicated hierarchy: a theory of the origins and growth of firms[J]. The Quarterly Journal of Economics, 2001, 116(3): 805-851；Rajan R G, Zingales L. The influence of the financial revolution on the nature of firms [J]. American Economic Review, 2001, 91(2): 206-211.

为协调上述产权矛盾，法权体系不断进行着一定程度上的调整。比如，美国公司法曾做出修改，要求公司要为包括劳动者在内的利益相关者负责（崔之元，1996）。又比如，在公司法中允许知识产权等物化的人力资本作为股本入股❶，其实质就是将企业剩余的分配范围延展出物质资本所有者，从一定程度上确认劳动力的剩余索取权。这些法律方面的调整即是法权体系从第二阶段向第三阶段演进的证据和体现。虽然公司法中关于股本和股利分配的变革尚待时日，在实务中，人力资本分享企业剩余价值已经采取了很多变通的形式，如有限合伙制基金、高新技术风险企业、股票期权与期股制、雇员持股计划等。这些新型企业形式的实质是，在当前的法权体系不承认人力资本入股的现状下，给予关键人力资本所有者物质资本股份，以间接实现人力资本所有者的剩余索取权。

　　值得注意的是，在我国的中外合资公司中，由于采用了合同方式，允许当事人自行约定，现实中存在着广泛的劳务出资的情形（邓峰，2009），这体现了劳动力实现剩余权的趋势。另外，更为显著的现实背景是，由于《中华人民共和国合伙企业法》为人力资本投资"入股"创造了一定空间，合伙制（尤其是物质资本所有者作为有限合伙人的有限合伙企业）成为了人力资本密集型企业经常采用的企业形式，从一定程度上实现了对人力资本的剩余分配，甚至是劳动雇佣资本。但是，由于合伙企业不具备有限责任、独立法人、产权流转等现代公司的优势，尚未成为企业法律形态的主流。

　　企业法律形态的存在要适应经济发展，当它不能满足经济需要时，就面临改革的诉求（徐强胜，2008；王保树，2012）。目前，已有许多适应于劳资关系第三阶段的法律改革主张，例如有学者认为现代社会中的劳动者所拥有的高素质劳动比物质资本更为稀缺，股东本位制受到质疑，资本与劳动之间经济地位的变迁必然要求扩大雇员在公司中的法定权利（马俊驹，聂德宗，2000）。还有学者认为，建立在传统产业经济基础之上的资本三原则将物质资本视为企业发展的原动力，已经不适用于当前的知识经济时代，物质资本的抵押担保功能也受到质疑（冯果，2001）。❷更有学者指出，承认人力资本入股取得剩余权是放松公司法对

---

❶ 知识产权是智力劳动形成的一种无形资产，是物化或资产化的人力资本。

❷ 目前世界许多发达国家已经从一定程度上抛弃了资本三原则；2013 年 12 月 28 日，我国也修改了《中华人民共和国公司法》中有关注册资本的规定，将注册资本的实缴登记制改为认缴登记制，并放宽了注册资本的登记条件。

法定资本规制的改革趋势之一（邓峰，2009）。我们认为，合伙制的"劳务出资"优势与公司制的有限责任、独立法人等优势相结合，正是企业法律形态演进的方向。这种趋势背后的法经济学逻辑是：公司法作为一种适应性法律，会对企业生产要素的相对价格灵活应变，以适应新的利益格局（罗培新，2006），从而推动劳资关系演进到第三阶段。

第三阶段的劳资关系形态意味着要素权利的均衡。在该阶段中，法律会进一步保障劳动力收益权中的剩余权；它既保护资本产权，又完整地保障劳动力产权束中的各个部分，所以劳动力产权和资本产权都会受到法权的完全确认。而目前还远未达到这种要素权利均衡状态。在目前世界各国法律尚未明确和充分地保障劳动力剩余权的背景下，如何理解劳资关系向第三阶段的演进趋势呢？从产权角度言，随着人力资本投资增加，根据假定（3），劳动者的外部选择权会不断提高，即劳动力的产权强度增强；根据假定（5），这会导致劳动力的谈判力 α 不再为0，资本要素的谈判力 $1-\alpha$ 不再为1，从而提供了劳资双方分享合作剩余的产权条件，也就是经济基础方面的条件。❶当作为上层建筑的法权条件随之转变时，即法律完善地保障劳资产权时，劳资关系将进化到第三阶段，实现要素权利的均衡。

下面，我们讨论第三阶段劳资双方的目标规划。根据式（7-7）得

$$U_K = (1-\alpha)\big[V_1(K) + V_2(H,\sigma) - g(H) \big] + \alpha f(K) \qquad (7\text{-}16)$$

资方最优化目标是：

$$max_K[U_K - \varphi(K)] = \big\{ (1-\alpha)\big[V_1(K) + V_2(H,\sigma) - g(H) \big] + \alpha f(K) - \varphi(K) \big\}$$

$$(7\text{-}17)$$

一阶条件为 $\dfrac{d\varphi}{dK} = (1-\alpha)\dfrac{dV_1}{dK} + \alpha \dfrac{df}{dK}$。可以看出，资本所有者希望劳动者拥

---

❶ 从产权角度，企业理论的相关讨论已经较为充分地论证了这种情况的可能性，即随着谈判力的变化，劳资分配状况会不断发生边际的调整，企业剩余索取权和控制权可能会由"集中对称"走向"分散对称"分布。相关文献参见：杨瑞龙，周业安. 一个关于企业所有权安排的规范性分析框架及其理论含义——兼评张维迎、周其仁及崔之元的一些观点[J]. 经济研究，1997（1）：12-22；方竹兰. 人力资本所有者拥有企业所有权是一个趋势——兼与张维迎博士商榷[J]. 经济研究，1997（6）：36-40；刘宁. 剩余索取权的演变与现实[J]. 文史哲，1999（5）：95-99；牛德生. 从资本雇佣劳动到劳动雇佣资本——关于主流企业制度演进的逻辑[J]. 学术月刊，2000（5）：33-36.

有的人力资本水平要满足 $\dfrac{\partial V_2}{\partial H} = \dfrac{\mathrm{d}g}{\mathrm{d}H}$，资方希望获得的劳动努力程度为无穷大。

根据式（7-6）有

$$U_L = \alpha \left[V_1(K) + V_2(H, \sigma) - f(K) \right] + (1 - \alpha) g(H) \qquad (7\text{-}18)$$

劳方最优化目标为

$$\max_{\sigma, H} \left[U_L - C(\sigma) - \omega(H) \right] =$$

$$\left\{ \alpha \left[V_1(K) + V_2(H, \sigma) - f(K) \right] + (1 - \alpha) g(H) - C(\sigma) - \omega(H) \right\} \quad (7\text{-}19)$$

一阶条件为 $\dfrac{\mathrm{d}C}{\mathrm{d}\sigma} = \alpha \dfrac{\partial V_2}{\partial \sigma}$，$\dfrac{\mathrm{d}\omega}{\mathrm{d}H} = \alpha \dfrac{\partial V_2}{\partial H} + (1 - \alpha) \dfrac{\mathrm{d}g}{\mathrm{d}H}$。可以看出，劳方希望资方的物质资本投资水平满足 $\dfrac{\mathrm{d}f}{\mathrm{d}K} = \dfrac{\mathrm{d}V_1}{\mathrm{d}K}$，结合资方的一阶条件 $\dfrac{\mathrm{d}\varphi}{\mathrm{d}K} = \dfrac{\mathrm{d}V_1}{\mathrm{d}K}$，根据式（7-4），劳资双方在物质资本投资方面达成一致，实现社会最优水平 K^*。同样，结合劳动者的一阶条件（$\dfrac{\mathrm{d}\omega}{\mathrm{d}H} = \alpha \dfrac{\partial V_2}{\partial H} + (1 - \alpha) \dfrac{\mathrm{d}g}{\mathrm{d}H}$）和资方意愿（$\dfrac{\partial V_2}{\partial H} = \dfrac{\mathrm{d}g}{\mathrm{d}H}$），根据式（7-3），劳资双方能够在人力资本方面达成一致，实现社会最优的人力资本投资水平 H^*。

需要指出的是，在劳动努力水平方面，劳资双方仍然存在目标冲突[1]，但是劳动者的努力程度目标不再为0，和前面阶段相比，资方需要施加的强迫程度减轻，劳资冲突有所缓和。由于此时劳方的谈判力不再为0，资方所能够施加给劳方的强迫程度也不能像之前的阶段那样，劳动者的境遇得到一定程度的改善。根据（7-2）式和劳动者的一阶条件（$\dfrac{\mathrm{d}C}{\mathrm{d}\sigma} = \alpha \dfrac{\partial V_2}{\partial \sigma}$），当且仅当劳动者的谈判力为1时，劳动努力程度会实现社会最优，劳资关系客体方面的矛盾最小化，主体矛盾大大缓和甚至达到和谐。其原因和经济学含义可以从不完全契约理论来理解，经典不完全契约理论的GHM模型认为，在不完全契约的履约过程中，拥有产权越多的代理人的投资激励越强（Grossman，Hart，1986；Hart et al.，1990）。因此，

---

[1] 这体现了劳资冲突的必然性，这种冲突的解决只能通过让工人的联合体共同拥有资本，从而使劳动者的努力负效用计入作为"资方"的工人联合体的成本方程，此时的"资方"将不会希望劳动努力程度为无穷大。另外，劳资利益的统一性则体现在，如果资方不投资本、劳动者不提供劳动，双方的收益都会为零。

当劳动者谈判力大于0时，劳动者享受到了劳动力剩余权的回报，从而有了履约激励。根据劳方的一阶条件（$\frac{\mathrm{d}C}{\mathrm{d}\sigma} = \alpha\frac{\partial V_2}{\partial \sigma}$）和假定（2），劳动者的谈判力越强，其愿意付出的劳动努力程度越高；当其谈判力为1时，劳动者享受了所有的合作剩余，有了完全的投资激励，因此，劳动努力水平也达到社会最优。❶

7.3 劳资关系的冲突与均衡分析

将上文的分析结论总结如表7-1所示。

表7-1 劳资博弈结果

		第一阶段	第二阶段	第三阶段
法权强度	资方	OL_1	OL_1	OL_1
	劳方	0	L_1L_2	L_1L_3
产权保护度	资方	OP_1	OP_1	OP_1
	劳方	0	P_1P_2	P_1P_3
g		0	$g>0$	$g>0$
α		0	0	$0<\alpha\leqslant 1$
U_L		0	$g(H)$	$\alpha\big[V_1(K)+V_2(H,\sigma)-f(K)\big]$ $+(1-\alpha)g(H)$
U_K		$V_1(K)+V_2(H,\sigma)$	$V_1(K)+V_2(H,\sigma)-g(H)$	$(1-\alpha)$ $\big[V_1(K)+V_2(H,\sigma)-g(H)\big]$ $+\alpha f(K)$
σ	资方目标	σ^*	$+\infty$	$+\infty$
	劳方目标	0	0	$\frac{\mathrm{d}C}{\mathrm{d}\sigma}=\alpha\frac{\partial V_2}{\partial\sigma},0<\sigma\leqslant\sigma^*$
H	资方目标	H^*	H^*	H^*
	劳方目标	0	H^*	H^*

---

❶ 这一结论正体现了劳资关系的理论内核：劳动问题是有关人（Human Dimension）的问题，劳动力与其载体天然不可分割，因此，不应把劳动力看作商品，故而解决劳资冲突要充分考虑劳动者自身人的属性，给予其激励而非施加强迫。

续表

		第一阶段	第二阶段	第三阶段
K	资方目标	K^*	K^*	K^*
	劳方目标	—	—	K^*

我们可以将劳资关系的历史演进过程刻画为如图7-1所示。[1]图中横轴为产权强度，纵轴为法权强度。OAB代表资本产权；ABC代表劳动力所有权和经营权；ACD代表劳动力收益权，收益权由两部分组成：ACE代表的工资权和CDE代表的剩余权。三个阶段的法权线与纵轴的交点分别代表着OL_1、OL_2、OL_3三个不同水平的要素法权强度，三条法权线与产权线交点的横坐标分别代表着OP_1、OP_2、OP_3三个不同水平的要素产权保护度。

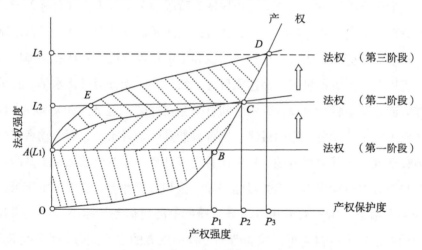

图7-1 产权和法权视角下劳资关系的历史演进

第一阶段的法权线与产权线的交叉区域OAB为资本产权，意味着法权只保障资本产权；该阶段OL_1的法权强度（即资本法权强度）下，对资本产权的保护度为OP_1，而劳动力的法权强度和产权保护度都为0。$ABCE$区域为第二阶段法律新确认的产权内容，包括两部分：ABC区域代表的劳动力所有权和经营权，ACE区

❶ 笔者发现，劳资关系的三个演进阶段恰好与马克思关于社会形态的划分不谋而合，马克思指出人类社会会经历三种形态：以人的依赖为特征的社会形态、以物的依赖为基础的人的独立形态以及自由人的联合形态，大致分别对应于本书的劳动力产权缺失阶段、劳动力产权残损阶段和劳动力产权完整阶段。参见：马克思恩格斯全集（第46卷上册）[M].北京：人民出版社，1979：104.

域代表的收益权中的基本工资权。该阶段 OL_2 的法权强度下，产权保护度为 OP_2；其中，资本法权强度和产权保护度仍为 OL_1 和 OP_1，劳动力的法权强度和产权保护度分别增加到 L_1L_2 和 P_1P_2。第三阶段中，劳资要素实现权利均衡，法权完善地保护了劳资产权束整体，劳资法权强度和产权保护度都达到最高。

根据上述对劳资关系三个演进阶段的历史分析，可以看出，无论哪个阶段，劳资双方在物质资本投资方面始终没有目标差异，并且始终能够达到社会最优水平，其原因是物质资本产权一直得到了完善的法权保障，资方有足够的投资激励。然而，劳资双方在人力资本投资和劳动努力程度方面存在目标差异。本书认为，这种目标差异是劳资冲突的本质，也是劳资客体关系方面的矛盾，并且客体关系矛盾会导致劳资主体关系矛盾，并体现为现实中的劳资矛盾。

在人力资本投资方面，劳动力产权缺失阶段的劳资双方存在目标差异，原因在于此阶段人力资本收益没有进入劳动者的效用函数，劳动者缺乏投资激励；在第二、三阶段，劳动力的所有权、经营权和工资权得到法权确认和保障以后，劳资双方可以在人力资本投资方面达成目标一致，并实现社会最优水平。在劳动努力程度方面，无论哪个阶段，劳资之间总是存在冲突，这是劳资关系冲突性的根源，其原因在于劳动负效用的最终承担者只能是劳动者本身，而劳动者愿意付出的努力程度取决于其回报激励。只有让劳动者分享合作剩余才能给予其激励，从而缩小与资方在劳动努力方面的目标差异，缓和劳资冲突。所以，由于第三阶段劳方谈判力增强，劳资双方在劳动努力程度上的目标差异缩小、冲突缓和；同时，劳动者谈判力的提高可以减弱劳动过程中资方的强迫能力，改善劳动条件。但是，只有赋予劳动者完全的谈判力才能充分激励其在劳动努力程度上达到社会最优水平。而这时虽然资方仍然希望劳动者投入更高的努力程度，但是却没有了强迫劳动者的实力，所以此时的劳资关系中只有冲突没有压迫；劳资客体关系矛盾实现最小化，主体关系达到和谐。❶

进一步地，劳资关系均衡的内涵可以理解为：特定的法权体系下，要素产权

---

❶ 这一结论与企业理论中的诸多理论有所不同，如经典的委托代理理论认为要实现最优必须将权利赋予给可以抵押物质资本的资方，参见：AlchianAA, DemsetzH.Production, information costs, and economic organization[J].The American Economic Review, 1972, 62(5): 777–795.本书则认为应该让劳动者拥有完全的谈判力，从而获得劳动努力方面的充分激励，缩小与资方的目标差异和冲突，实现劳资均衡。

投资所达到的稳态。在某一稳态中，物质资本投资、人力资本投资和劳动努力水平能否实现社会最优是衡量均衡优劣的标准，最优均衡意味着三方面的产权投资均实现社会最优。根据上文分析，在劳动力产权缺失阶段，资本产权获得了充分的法权保护，劳动力法权强度和产权强度都为0，劳资双方只在物质资本投资方面实现了最优，在人力资本投资和劳动努力程度方面均不能达到社会最优。在劳动力产权残损阶段，劳动力的法权强度有所提高，产权获得解放，劳资双方在物质资本和人力资本投资方面都实现了最优，但在劳动努力程度方面仍不可能达到社会最优。在劳动力产权完整阶段，劳资产权均获得法权的完整保护，劳资双方不仅在物质资本和人力资本投资方面实现了最优，在劳动努力水平上也有了实现最优的可能（当劳动者谈判力为1时）。因此，随着法权逐步对要素产权进行更为全面的保护，劳资关系的均衡向着不断优化的方向演进，并有可能最终实现最优均衡。下面，我们将劳资关系的冲突与均衡状况总结如表7-2所示。

表7-2　劳资冲突与均衡状况

要素	第一阶段	第二阶段	第三阶段
σ（劳动努力程度）	冲突、不最优	冲突、不最优	冲突、最优/不最优
H（人力资本投资）	冲突、不最优	和谐、最优	和谐、最优
K（物质资本投资）	和谐、最优	和谐、最优	和谐、最优

根据以上分析，我们可以得出产权和法权视角下劳资关系的运行机理（如图7-2所示）：要素法权强度和产权强度共同影响劳资双方的谈判力和外部选择权，进而决定了劳资收益，劳资双方的收益又会影响各自的投资激励，双方在物质资本投资、人力资本投资以及劳动努力程度方面的目标又最终决定了劳资关系的冲突程度和均衡状况。这正是法权和产权影响劳资关系冲突与均衡结果的逻辑链条。

图7-2　产权和法权视角下劳资关系的运行机理

7.4　老龄化对劳资关系均衡的影响分析

本章通过从产权和法权结合的视角对劳资关系的演进史进行梳理，探求劳资关系冲突的本质与均衡的实现，理清劳资关系的运行机理，以此分析老龄化对劳资关系均衡的影响。

当前我国劳资关系运行中，由于劳动者谈判力较小、劳动力产权的投资激励不足，与资方存在目标差异且不能实现社会最优，这是劳资客体关系层面的矛盾。客体矛盾反映在劳资关系主体层面上，表现为劳动过程中较高的资方强迫程度，因此，我国长期存在着劳动条件恶劣、劳资争议剧增的现象，形成了劳资主体关系紧张的局面。另外，劳资主体关系的矛盾还表现在，由于劳动力的外部选择权较小，当前劳动者只能获得取决于人力资本水平的工资，不能分享合作剩余；又由于我国劳动者整体的人力资本水平尚待提高，故而在劳资分配中处于劣势，劳资收入分配差距过大。

根据本书第3~6章的分析，在劳动者方面，第一，老龄化显著降低了我国家庭教育投资水平及其占家庭总支出的比重，并对家庭教育投资概率和规模都有显著负效应，此外为缓解老龄化而采取的放松生育政策会进一步挤出微观人力资本投资。因此，从人力资本角度分析，老龄化对劳动者的外部选择权和谈判力有负效应。第二，老龄化对我国微观家庭储蓄率的净效应为正，这意味着家庭由于老龄化而产生的预防动机大于生命周期消费模式对储蓄率的负效应，因此，老龄化对资本供给的影响为正，从外部选择权的角度，提高了劳方的谈判力。对资方而言，老龄化降低了劳动年龄人口规模，因此从外部选择权的角度，提高了资方的谈判力。因此，总体而言，基于微观人力资本与资产投资视角，老龄化对我国劳资关系均衡的影响效应尚不清晰。但是，在对我国劳资关系现状进行阶段定位和趋势把握的基础上，可以寻觅出当前我国劳资政策的基本立足点。

第一，政府的劳资关系政策目标应该是促进劳资关系实现最优均衡。因为最优均衡意味着物质资本投资、人力资本投资和劳动努力水平三方面的产权投资均达到社会最优，即劳资客体关系方面的矛盾最小化。另外，虽然劳资冲突有恒久性，但最优均衡还意味着劳资冲突的最小化，并且此时的劳资关系中只有冲突没有压迫，因此，最优均衡的意义还在于劳资主体关系和谐。故而，从劳资关系二重性的角度，即无论在经济层面还是在社会层面，最优均衡无疑是政府调整劳资关系的政策目标和基本方向。而促进劳资关系实现最优均衡,要求劳动者拥有谈判力的优势，即要从法权和产权两个方面寻求政策着力点。

第二，从法权角度，要在法权体系中实现对劳动力产权的完整保护，提高劳动力的法权强度。劳资关系最优均衡的法权条件是对劳资要素产权进行完整的确认和保障，目前法律对资本产权的保护趋于完善，而在劳动力产权保护方面明显欠缺，劳动力的法权强度有待提高。根据以上分析，对我国的劳资关系法权体系可以进行清晰的现状定位和趋势预测：我国尚处于劳动力产权残损阶段的法权完善过程中，体现在对劳动力经营权和工资权保障的不完善；同时，作为越过了工业革命的后发国家，在全球化的大背景下，我国经济发展有着与发达国家类似的知识经济特征，存在着第三阶段的劳资矛盾，体现为某些地区和行业中劳动力的剩余索取权问题凸显。因此，我国需要完善第二阶段的劳资关系法权内容，同时积极向第三阶段推进，在法权体系中努力实现对劳动力产权的完整保护。但是，作为上层建筑的法权不能超越作为经济基础衍生品的产权关系，要尊重"自生秩序"。❶所以在这个演进过程中不能侵犯财产权，避免对资本的矫枉过正，而应当遵循经济基础和上层建筑的互动规律，理顺劳资产权和法权的关系。

第三，从产权角度，要提高劳动力的外部选择权和产权强度。实现劳资关系最优均衡要求劳动者拥有谈判力的优势，而提高谈判力的基础是提高要素产权强度。因为产权强度是影响要素谈判力的重要因素，同时调整作为上层建筑的法权，也需要由作为经济基础衍生品的产权来推动。因此，从产权角度，应该提高人力资本投资，增加劳动者的外部选择权，以此提高劳动力的产权强度和谈判力。一方面，这会增强劳动者自身在劳动力产权方面的投资激励，缩小与资方的目标冲突，缓解劳资客体关系矛盾和劳动过程中的劳资主体矛盾。另一方面，提高劳动力的外部选择权和产权强度，还会提高劳动收入在劳资合作总收益中所占的比例，缓解劳资主体的收入分配矛盾。

---

❶ 这种自生秩序在法律演进上的逻辑机理是："法律不是凯恩斯主义式的人类自负的理性心智'创造'……法律乃是经由法官或法学家和行动者不断做出的发现和否定而发展起来的。"参见：邓正来.哈耶克法律哲学的研究[M].北京：法律出版社，2002：207.

第8章 结论、政策建议与研究展望

8.1 主要研究结论

本书主要研究结论如下。

（1）关于老龄化对家庭教育投资的影响。理论研究发现，即使考虑养老负担的预防动机和人力资本投资的利他偏好，老年和少儿人口抚养比对家庭教育投资仍有负效应，此外教育投资和资产投资在养老保障方面存在替代关系。实证研究发现，老龄化显著降低了我国家庭的人力资本投资水平及其占家庭总支出的比重。老龄化不仅降低了家庭投资人力资本的概率，对投资量也有显著负效应。此外，老龄化对城市家庭人力资本投资的影响更小，在使用非义务教育支出及其占家庭总支出的比重作为被解释变量的稳健性分析中，所得结论与基础回归一致。研究还发现，老龄化对人力资本投资的负效应自东向西依次增大，对低收入家庭人力资本投资的负效应显著大于中等收入家庭，而对高收入家庭的人力资本投资无显著影响。这意味着老龄化会加大我国城乡、区域和不同收入阶层间人力资本禀赋的差距，不利于缩小收入分配差距。分析结果还表明，抚幼负担对我国家庭的人力资本投资也有显著影响，对家庭投资人力资本的概率有显著正效应，而对人力资本投资量有显著负效应，并且其负效应大于老龄化的影响。此外，抚幼负担对我国农村家庭和中西部家庭的负效应显著大于城镇家庭和东部家庭，对低收入家庭人力资本投资的影响小于其他阶层家庭。抚幼负担的研究结果支持了我国家庭子女质量与数量的替代理论，这意味着为缓解老龄化而采取的放松生育政策会进一步挤出微观家庭的人力资本投资。

（2）关于老龄化对家庭劳动力迁移的影响。研究结果显示，第一，老龄化并非单向影响劳动力迁移。若只考虑老龄化的就业挤出效应，老龄化对农村劳动力迁移有负效应。如果老年人从事隔代抚育将劳动力从抚幼负担中解放出来，老龄化会促进劳动力迁移。第二，相对于学龄期未成年人而言，学龄前未成年人更依赖父母照料、会挤出父母更多的市场劳动时间，老年人为学龄前未成年人提供隔代抚育对劳动力迁移的促进作用更大；高龄、男性、健康水平较低的老年人会挤出我国农村劳动力更多的市场劳动时间，对迁移的负效应更大，同时也提供了更少的隔代抚育；中低龄、女性和较为健康的老年人对农村劳动力外出就业的影响更小或不显著，并提供了更多的隔代抚育。第三，养老压力对年轻劳动力的影响更小，隔代抚育主要促进了年轻劳动力迁移；抚幼负担对男性劳动力迁移的影响不显著，养老压力对男性劳动力外出就业的负效应小于对女性劳动力的影响，说明家庭养老抚幼负担更多由女性劳动力承担；养老压力对高学历劳动力迁移没有显著影响，老龄化的就业挤出和隔代抚育效应主要作用于高中以下学历的农村劳动力。第四，养老压力对我国农村劳动力迁移的负效应自东向西依次减小，并且其影响主要作用于资产水平较低的底层家庭。

（3）关于老龄化对家庭储蓄的影响。分析结果显示，第一，老龄化对我国微观家庭储蓄率有显著正效应，这意味着家庭由于老龄化而产生的预防动机大于生命周期消费模式对储蓄率的负效应，中国以此收获了第二次人口红利。第二，老龄化对家庭是否选择储蓄和储蓄规模都有显著正效应，这意味着第二次人口红利效应同时体现在微观储蓄的参与决策和数量决策。此外，老龄化对三种不同类型的储蓄额和储蓄率都有显著正效应，对三种不同类型的消费额和消费率的影响显著为负，由此证明了以上结论的稳健性。第三，老龄化对各收入阶层、区域和城乡家庭储蓄的影响都显著为正，但在收入水平较低的家庭和农村、中西部地区更为显著，这也间接印证了老龄化对微观储蓄率的正效应源于第二次人口红利的预防动机。

（4）关于老龄化对家庭金融资产投资的影响。研究结果表明，第一，老龄化对我国家庭金融资产投资规模无显著影响，但会改变微观金融资产投资结构：老龄化会显著增加家庭现金和金融机构存款占家庭金融总资产的比重，同时对家庭风险性较高的金融资产投资有负效应，并显著降低其占家庭金融总资产的比重。这说明老龄化会促使家庭将更多的金融资产配置为现金和金融机构存款这类较为传统和风险性最低的资产，同时挤出风险性较高的金融资产投资。第二，老龄化对风险性较高的金融资产投资的影响同时体现在参与决策和数量决策，既降低了家庭投资风险性较高资产的概率，也会促使已经选择这类资产投资的家庭降低投资数量。第三，老龄化对不同类型金融资产投资的影响存在显著的异质性，对现金和金融机构存款投资比重的影响显著为正，对风险性较高资产投资的负效应主要体现为降低股票资产投资，对基金和金融衍生品投资影响不显著，对政府债券投资的影响显著为正。

（5）针对老龄化条件下劳资关系均衡的动态演化，通过对广义劳资关系的演进过程进行逻辑分析，研究发现劳资关系演进经历了三个不同质的阶段，劳资主体双方在人力资本投资和劳动努力程度方面的目标差异是劳资冲突的内在根源。劳资关系均衡实质是特定的法权体系下要素产权投资所达到的稳定状态，而劳资关系的最优均衡依存于物质资本、人力资本和劳动努力水平三方面的产权投资均实现社会最优。本书结论是劳资要素的法权和产权共同影响劳资关系的均衡结果，劳资关系冲突性具有恒久性，当要素法权对产权进行完整保护并且劳动者拥有完全的谈判力时，劳资关系实现冲突最小化从而达到最优均衡，同时实现劳资客体关系矛盾最小化和主体关系和谐。基于老龄化对微观人力资本与资产投资影响的分析结论，本书指出：在劳动者方面，老龄化显著降低了我国家庭教育投资水平及其占家庭总支出的比重，为缓解老龄化而采取的放松生育政策会进一步挤出微观人力资本投资。因此，从人力资本角度来看，老龄化对劳动者的外部选择权和谈判力有负效应。此外，老龄化对我国微观家庭储蓄率的净效应为正，这意味着老龄化对资本供给的影响为正，从外部选择权的角度，提高了劳方的谈判力。对资方而言，老龄化降低了劳动年龄人口规模，因而从外部选择权的角度，提高了资方的谈判力。

8.2 政策建议

基于以上研究结论，本书提出如下政策建议。

（1）老龄化条件下促进教育投资和人力资本成长的政策。第一，在评估老龄化对我国劳动力市场的影响时，不应仅关注老龄化对劳动力数量的影响，更应重视其对我国人力资本投资和劳动力质量的负效应，这会影响我国人力资本积累和全要素生产率，进而影响老龄化条件下我国的经济增长潜力。因此，随老龄化加剧我国应加大公共教育投资力度，以抵消老龄化对微观人力资本投资的负面影响。第二，老龄化会增大我国城乡、区域和阶层间的人力资本禀赋差距，这要求我国应更加有针对性地帮扶受老龄化影响较大的农村、中西部、低收入家庭等弱势群体，提高其教育投资水平，以缩小区域和阶层间的人力资本禀赋差距和收入分配差距。第三，由于子女数量和质量存在替代关系，且抚幼负担比养老压力对人力资本投资的负效应更大，因此，我国当前为解决老龄化而采取的放松生育政策会对微观人力资本投资进一步产生挤出效应。因此，应针对相关政策辅以配套措施，比如为二胎家庭提供更多的教育资助，减小抚幼负担对人力资本投资的负效应。

（2）老龄化条件下促进劳动力迁移和有效利用人力资本的政策。第一，在评估老龄化对我国农村劳动力迁移的影响时，不应仅关注老龄化的就业挤出效应，更应看到我国传统的逆反哺代际模式中还存在隔代抚育机制，这会抵消就业挤出的负效应甚至促进劳动力迁移。因此，应充分利用我国家庭的这一传统代际模式，在日益严重的老龄化进程中充分发挥隔代抚育的积极作用，通过促进农村劳动力转移就业提高其劳动力参与率，进一步发掘人口红利。研究发现，拥有养老保险和健康水平较高的老年人更有助于劳动力迁移，因此，完善农村养老和医疗保障制度是切实有效的措施。第二，从老年人福利角度，应认识到农村劳动力外出就业在减少老年人所获照料的同时，还会增加其照料孙辈未成年人的家务劳动，并且这一负担主要由女性和低龄老年人承担，为减小劳动力迁移对老年人带来的双重压力，应重点帮扶这部分老年人。第三，从劳动力特征角度，老龄化对我国农村的女性、高龄和低学历劳动力迁移的负效应更显著，此外这一负效应主要作用于资产水平较低的底层家庭。因此，老龄化条件下进一步发掘农村剩余劳动力潜力，应更加有针对性地重点支持这部分劳动力转移就业。

（3）老龄化条件下科学合理利用第二次人口红利的政策。第一，以资本积累和资本市场视角考察老龄化对中国经济的影响时，不应仅关注老龄化对第一次人口红利的不利影响，还应重视老龄化的预防储蓄动机创造的第二次人口红利，客观、科学研判老龄化对中国资本积累和经济的净效应。第二，中国应积极利用老龄化创造的第二次人口红利，有效利用未雨绸缪偏好带来的新增储蓄，提高其利用效率，促进资本转化和资本形成，推动经济持续增长。第三，在第二次人口红利的利用方面，需要注意其阶层、城乡和区域的结构性差异，更加有针对性地制定政策措施，合理利用第二次人口红利为中国经济带来的缓冲期，加快要素市场调整和经济体制改革，提前评估并科学应对老龄化对中国经济的长期影响。

（4）老龄化条件下因应微观金融资产投资偏好的金融市场政策。第一，在评估老龄化对资本市场的影响时，不应仅关注老龄化对储蓄率的影响，也应重视其金融资产投资效应，科学评估老龄化对金融市场发展的影响，积极主动采取措施促进老龄化进程中金融市场健康发展。第二，老龄化对微观家庭金融资产投资结构有显著影响，并对不同类型金融资产的影响存在异质性，这从微观层面证实了老龄化对金融市场结构的潜在影响，因此，银行、证券公司、基金公司、金融衍生品交易机构等不同类型的金融机构应有针对性地采取不同措施应对老龄化带来的冲击。第三，老龄化条件下家庭金融资产配置的风险偏好会降低，更倾向于减少风险性较高的资产投资，这意味着我国金融市场需要因应老龄化发展而加强金融创新，推出更为符合老龄化条件下家庭投资偏好的金融产品。

（5）老龄化条件下劳资关系的均衡协调政策。在劳动者方面，从人力资本角度，老龄化对劳动者的外部选择权和谈判力有负效应；而从外部选择权的角度，老龄化提高了劳方的谈判力。对资方而言，老龄化降低了劳动年龄人口规模，因此，从外部选择权的角度，提高了资方的谈判力。本书指出，我国劳资关系调控的政策立足点是：以劳资关系最优均衡为目标，在法权体系中努力实现对劳动力产权的完整保护，在产权方面提高劳动者的外部选择权和产权强度，从法权和产权两方面提高劳动者的谈判力。

8.3　研究不足与展望

本书针对老龄化条件下家庭人力资本与资产投资特征和影响因素，细致考察了老龄化对家庭教育、劳动力迁移、储蓄、金融资产投资的影响机制和效应，以此提出了老龄化条件下系统促进人力资本投资和物质资本增长的理论机制和实现路径。但受数据、现有研究方法和研究能力所限，本书仍存在一些值得进一步深入探究的问题，可作为未来的研究方向。

第一，关于老龄化对家庭教育投资的影响，有待于更细致地区分正规教育与在职培训支出。本书使用了家庭教育总支出和非义务教育支出作为被解释变量，这两个变量均包含在职培训支出。由于数据库中缺少具体的在职培训信息，因此未能细致分析老龄化对正规教育和在职培训支出影响的异质性。对家庭而言，在职培训的投资决策、成本分担与收益机制与正规教育均有所不同，这可能促使老龄化对二者的影响机制和效应存在差异。未来需要在获得相关更细致的数据的基础上，对这一问题进行进一步深入探讨。

第二，关于老龄化条件下家庭人力资本的隔代投资机制，有待于进一步量化测算代际交换强度。隔代抚育是一种重要的人力资本隔代投资机制，本书在探究老龄化对家庭劳动力迁移的影响时，将老年与少儿人口的交叉项作为解释变量，以此分析老年人的隔代抚育效应。但这一变量能够捕捉的信息较为有限，现有数据中缺乏老年人隔代抚育的劳动时间、隔代经济转移规模等信息，无法对代际交换强度进行量化测算。如可获得家庭不同代际之间的劳务与经济交换信息，则能够更清晰地刻画出老龄化条件下家庭代际关系的特征与演化趋势，今后的研究中值得对这一问题进行追踪探索。

第三，关于老龄化对家庭资产投资的影响，本书重点分析了家庭储蓄（流量）、现金和金融机构存款（存量）、股票、基金、债券、金融衍生品等资产投资情况，没有考察土地、采矿权、房产等不动产。这是因为，我国土地为国有或集体所有、难以量化评估土地使用权的经济价值，数据库中也缺乏完善的信息；此外土地和采矿权并非我国家庭主要的资产投资渠道。关于老龄化对房地产投资的影响，则受数据和现有研究方法所限，难以得出科学和有价值的结论：一方面，房地产价值具有多种计量标准，而数据库仅使用了受访者的主观估计值作为房地产价值，无法保证其准确性和客观性；另一方面，房地产兼具投资品和消费品属性，对家庭而言难以区分投资性购房和消费性购房，如果将房产全部作为投资品，则会高估房产的实际投资偏好。更为重要的是，家庭房地产投资与家庭规模和结构紧密相关，购房置产可能直接意味着部分家庭成员不"同灶吃饭"（CFPS对家庭成员的界定标准），促使家庭分离、规模缩小，影响家庭年龄结构系数，由此导致老龄化系数的估计结果存在内生性。因此，未来需要在相关数据和研究方法能够妥善处理以上问题的基础上，对老龄化条件下家庭不动产投资展开进一步研究。

附　　录

附表 1　Heckman 两阶段模型回归结果

模型	Heckman Selection Model 1	Heckman Selection Model 1	Heckman Selection Model 2	Heckman Selection Model 2	Heckman Selection Model 3	Heckman Selection Model 3	Heckman Selection Model 4	Heckman Selection Model 4
变量	whether edu_expense >0	edu_ expense	whether edu_ expense>0	edu_ expense	whether edu_ratio> 0	edu_ratio	whether edu_ratio>0	edu_ratio
percentage_ 60	−0.011*** (0.001)	−18.571*** (3.632)			−0.011*** (0.001)	−0.001*** (1.15e−04)		
urban* percentage_ 60	0.004*** (0.001)	9.660* (4.961)			0.004*** (0.001)	3.56e−04** (1.58e−04)		
percentage _65			−0.010*** (0.001)	−10.003** (4.518)			−0.010*** (0.001)	−3.25e−04** (1.44e−04)
urban* percentage_ 65			0.004*** (0.002)	13.896** (6.521)			0.004*** (0.002)	3.78e−04* (2.07e−04)
percentage_ 14	0.013*** (0.001)	−114.887*** (3.496)	0.014*** (0.001)	−115.150*** (3.533)	0.013*** (0.001)	−0.004*** (1.11e−04)	0.014*** (0.001)	−0.004*** (1.12e−04)
urban* percentage_ 14	0.006*** (0.002)	26.145*** (4.797)	0.006*** (0.002)	26.010*** (4.824)	0.006*** (0.002)	0.001*** (1.52e−04)	0.006*** (0.002)	0.001*** (1.53e−04)
urban	−0.012 (0.046)	−512.556*** (152.834)	0.014 (0.044)	−506.422*** (150.067)	−0.012 (0.046)	−0.032*** (0.005)	0.014 (0.044)	−0.030*** (0.005)
number_ family	0.099*** (0.011)	52.197* (30.348)	0.106*** (0.011)	28.468 (30.525)	0.099*** (0.011)	0.001 (0.001)	0.106*** (0.011)	0.001 (0.001)
number_ school	1.630*** (0.030)	990.527*** (98.984)	1.633*** (0.029)	919.871*** (99.201)	1.630*** (0.030)	0.027*** (0.003)	1.633*** (0.029)	0.025*** (0.003)
number_ insurance	−0.012 (0.014)	−50.214 (38.668)	−0.015 (0.014)	−62.091 (38.822)	−0.012 (0.014)	−0.002* (0.001)	−0.015 (0.014)	−0.002** (0.001)

续表

模型	Heckman Selection Model 1	Heckman Selection Model 1	Heckman Selection Model 2	Heckman Selection Model 2	Heckman Selection Model 3	Heckman Selection Model 3	Heckman Selection Model 4	Heckman Selection Model 4
变量	whether edu_expense>0	edu_expense	whether edu_expense>0	edu_expense	whether edu_ratio>0	edu_ratio	whether edu_ratio>0	edu_ratio
total_asset	3.65e-07***	1.37e-04	3.67e-07***	9.81e-05	3.65e-07***	-3.56e-08***	3.67e-07***	-3.66e-08***
	(5.35e-08)	(1.54e-04)	(5.34e-08)	(1.54e-04)	(5.35e-08)	(4.88e-09)	(5.34e-08)	(4.90e-09)
net_income	1.17e-06*	0.019***	1.27e-06**	0.019***	3.65e-07*	-4.33e-07***	1.27e-06**	-4.28e-07***
	(6.00e-07)	(0.002)	(5.99e-07)	(0.002)	(6.00e-07)	(5.41e-08)	(5.99e-07)	(5.43e-08)
saving_rate	-0.039***	-341.673***	-0.041***	-343.201***	-0.039***	0.002**	-0.041***	0.002**
	(0.007)	(21.038)	(0.007)	(21.141)	(0.007)	(0.001)	(0.007)	(0.001)
whether_ji-zu	0.035	218.555***	0.033	221.208***	0.035	0.001	0.033	0.001
	(0.028)	(81.004)	(0.028)	(81.367)	(0.028)	(0.003)	(0.028)	(0.003)
isei_head	-0.002	13.097***	-0.002*	13.148***	-0.002	1.31e05	-0.002*	1.38e-05
	(0.001)	(3.288)	(0.001)	(3.304)	(0.001)	(1.55e-04)	(0.001)	(1.05e-04)
edu_head	0.029**	226.276***	0.032**	223.255***	0.029**	0.005***	0.032**	0.005***
	(0.014)	(40.486)	(0.014)	(40.679)	(0.014)	(0.001)	(0.014)	(0.001)
age_head	-0.001	240.946***	0.007	247.581***	-0.001	0.007***	0.007	0.008***
	(0.006)	(17.553)	(0.006)	(17.614)	(0.006)	(0.001)	(0.006)	(0.001)
age_headsq	-9.29e-05	-2.227***	-2.23e-04***	-2.328***	-9.29e-05	-6.92e-05***	-2.23e-04***	-7.20e-05***
	(6.92e-05)	(0.210)	(6.85e-05)	(0.211)	(6.92e-05)	(6.68e-06)	(6.85e-05)	(6.70e-06)
whether_work_head	-0.145***	-77.925	-0.107***	-32.096	-0.145***	-0.003	-0.107***	-0.002
	(0.041)	(126.048)	(0.040)	(126.116)	(0.041)	(0.004)	(0.040)	(0.004)
number_hospital	-0.144***		-0.154***		-0.144***		-0.154***	
	(0.027)		(0.027)		(0.027)		(0.027)	
年份虚拟变量	显著	显著	显著	显著	显著	显著	显著	显著
省份虚拟变量	显著	显著	显著	显著	显著	显著	显著	显著
常数项	1.629***	-2 001.097***	1.583***	-1 929.291***	1.629***	-0.044***	1.583***	-0.043***
	(0.077)	(234.712)	(0.076)	(236.230)	(0.077)	(0.007)	(0.076)	(0.008)
mills lambda	-1 238.069***	-1 238.069***	-1 395.462***	-1 395.462***	-0.039***	-0.039***	-0.044***	-0.044***
	(165.895)	(165.895)	(164.924)	(164.924)	(0.005)	(0.005)	(0.005)	(0.005)
样本量	22 820	22 820	22 820	22 820	22 820	22 820	22 820	22 820

注：***、**、*分别附表示在1%、5%和10%的水平上显著，括号中为标准误，下同。

附表2　稳健性分析——非义务教育支出回归结果

模型	Panel Tobit Model	Fractional Response Model	Heckman Selection Model 5	Heckman Selection Model 5	Heckman Selection Model 6	Heckman Selection Model 6
变量	edu_expense_2	edu_ratio_2	whether edu_expense_2>0	edu_expense_2	whether edu_ratio_2>0	edu_ratio_2
percentage_60	−41.423***	−0.006***	−0.012***	−19.446***	−0.012***	−0.001***
	(3.996)	(0.001)	(0.001)	(5.487)	(0.001)	(1.73e−04)
percentage_14	−53.510***	−0.015***	−0.001	−119.337***	−0.001	−0.004***
	(4.453)	(0.001)	(0.001)	(3.826)	(0.001)	(1.21e−04)
urban*percentage_60	12.224**	0.003***	0.003**	11.553**	0.003**	4.04e−04**
	(5.622)	(0.001)	(0.001)	(5.634)	(0.001)	(1.77e−04)
urban*percentage_14	6.802	0.003***	0.003**	16.903***	0.003**	0.001***
	(6.365)	(0.001)	(0.002)	(5.419)	(0.002)	(1.71e−04)
urban	−104.586	−0.105***	0.015	−299.951*	0.015	−0.028***
	(181.716)	(0.023)	(0.043)	(165.010)	(0.043)	(0.005)
number_family	512.955***	0.047***	0.113***	114.940***	0.113***	0.002
	(39.438)	(0.005)	(0.010)	(41.028)	(0.010)	(0.001)
number_school	6 508.131***	0.596***	0.778***	780.201***	0.778***	0.015**
	(99.886)	(0.013)	(0.021)	(187.254)	(0.021)	(0.006)
number_insurance	−255.142***	−0.032***	−0.003	−58.949	−0.003	−0.003**
	(56.205)	(0.007)	(0.013)	(42.466)	(0.013)	(0.001)
total_asset	0.001***	−9.78e−08***	2.83e−07***	−9.09e−05	2.83e−07***	−3.75e−08***
	(2.03e−04)	(2.55e−08)	(4.78e−08)	(1.82e−04)	(4.78e−08)	(5.74e−09)
net_income	0.018***	−2.01e−06***	1.67e−06***	0.014***	1.67e−06***	−4.31e−07***
	(0.002)	(3.15e−07)	(5.37e−07)	(0.002)	(5.37e−07)	(6.06e−08)
saving_rate	−456.399***	−0.006	−0.039***	−308.579***	−0.039***	0.001
	(29.037)	(0.004)	(0.007)	(25.017)	(0.007)	(0.001)
whether_jizu	370.218***	0.023	0.029	265.407***	0.029	0.003
	(114.750)	(0.015)	(0.025)	(90.156)	(0.025)	(0.003)
isei_head	20.614***	3.35e−04	−0.001	16.348***	−0.001	−4.31e−07
	(4.543)	(0.001)	(0.001)	(3.630)	(0.001)	(1.15e−04)
edu_head	412.259***	0.051***	0.056***	170.013***	0.056***	0.004**
	(54.639)	(0.007)	(0.013)	(46.656)	(0.013)	(0.001)
age_head	595.333***	0.058***	−0.016***	264.640***	−0.016***	0.008***
	(27.730)	(0.005)	(0.005)	(20.515)	(0.005)	(0.001)

续表

模型	Panel Tobit Model	Fractional Response Model	Heckman Selection Model 5	Heckman Selection Model 5	Heckman Selection Model 6	Heckman Selection Model 6
变量	edu_expense_2	edu_ratio_2	whether edu_expense_2>0	edu_expense_2	whether edu_ratio_2>0	edu_ratio_2
age_headsq	−6.447*** (0.325)	−0.001*** (5.87e−05)	1.06e−04* (6.26e−05)	−2.519*** (0.241)	1.06e−04* (6.26e−05)	−7.92e−05*** (7.61e−06)
whether_work_head	−298.922* (177.004)	−0.051** (0.024)	−0.173*** (0.037)	−43.221 (146.363)	−0.173*** (0.037)	−2.98e−04 (0.005)
number_hospital			−0.090*** (0.025)		−0.090*** (0.025)	
年份虚拟变量	显著	显著	显著	显著	显著	显著
省份虚拟变量	显著	显著	显著	显著	显著	显著
常数项	−21 116.06*** (1 028.134)	−3.095*** (0.148)	1.755*** (0.069)	−3 542.647*** (267.302)	1.755*** (0.069)	−0.088*** (0.008)
mills lambda			−1 140.889** (475.120)		−0.049*** (0.015)	
样本量	23 512	23 201	22 820	22 820	22 820	22 820

附表3　分区域回归结果

模型	Panel Tobit Model		
样本	东部家庭	中部家庭	西部家庭
变量	edu_ratio	edu_ratio	edu_ratio
percentage_60	−0.005 6*** (0.001)	−0.006 1*** (0.001)	−0.007*** (0.001)
percentage_14	−0.012*** (0.001)	−0.014*** (0.001)	−0.017*** (0.001)
urban*percentage_60	0.002** (0.001)	0.002 (0.001)	0.002* (0.001)
urban*percentage_14	0.003*** (0.001)	0.002 (0.002)	0.004*** (0.001)
urban	−0.086** (0.035)	−0.024 (0.047)	−0.142*** (0.038)

续表

模型	Panel Tobit Model		
样本	东部家庭	中部家庭	西部家庭
变量	edu_ratio	edu_ratio	edu_ratio
number_family	0.052***	0.055***	0.015**
	(0.008)	(0.011)	(0.007)
number_school	0.369***	0.468***	0.387***
	(0.018)	(0.025)	(0.015)
number_insurance	−0.002	−0.032***	−0.023**
	(0.010)	(0.012)	(0.010)
total_asset	−1.66e−08	−1.66e−07***	−1.73e−07***
	(3.15e−08)	(5.46e−08)	(3.98e−08)
net_income	−1.75e−06***	−1.83e−06***	−1.95e−06***
	(4.38e−07)	(5.89e−07)	(4.38e−07)
saving_rate	−0.011*	−0.004	0.008
	(0.006)	(0.007)	(0.005)
whether_jizu	0.004	0.009	0.033*
	(0.022)	(0.026)	(0.020)
isei_head	0.001	−0.002*	0.001
	(0.001)	(0.001)	(0.001)
edu_head	0.058***	0.062***	0.037***
	(0.010)	(0.013)	(0.010)
age_head	0.065***	0.059***	0.036***
	(0.008)	(0.010)	(0.006)
age_headsq	−0.001***	−0.001***	−3.61e−04***
	(9.10e−05)	(1.24e−04)	(6.67e−05)
whether_work_head	−0.014	−0.040	−0.047
	(0.037)	(0.042)	(0.031)
年份虚拟变量	显著	显著	显著
省份虚拟变量	显著	显著	显著
常数项	−3.212***	−2.399***	−2.307***
	(0.162)	(0.373)	(0.132)
样本量	8 550	5 432	9 219

附表4　不同收入水平家庭回归结果

模型	Panel Tobit Model			
样本	低收入家庭	中低收入家庭	中高收入家庭	高收入家庭
变量	edu_ratio	edu_ratio	edu_ratio	edu_ratio
percentage_60	−0.007 6***	−0.006 7***	−0.007 0***	−1.84e−04
	(0.001)	(0.001)	(0.001)	(0.002)
percentage_14	−0.012***	−0.015***	−0.016***	−0.014***
	(0.001)	(0.001)	(0.001)	(0.002)
urban*percentage_60	−1.12e−04	0.002*	0.004***	−0.002
	(0.001)	(0.001)	(0.001)	(0.002)
urban*percentage_14	−0.001	0.003*	0.004**	0.007***
	(0.002)	(0.001)	(0.001)	(0.002)
urban	0.041	−0.107**	−0.080**	−0.133***
	(0.060)	(0.046)	(0.040)	(0.044)
number_family	0.022**	0.032***	0.026**	0.041***
	(0.009)	(0.009)	(0.010)	(0.014)
number_school	0.344***	0.354***	0.482***	0.436***
	(0.020)	(0.020)	(0.020)	(0.027)
number_insurance	−0.022*	−0.012	−0.017	−0.037***
	(0.013)	(0.012)	(0.011)	(0.013)
total_asset	−1.26e−07	−8.19e−08	−1.50e−07***	−6.77e−08**
	(8.59e−08)	(5.62e−08)	(4.13e−08)	(3.37e−08)
net_income	2.67e−06*	−1.55e−06**	−2.13e−06***	−8.33e−07
	(1.37e−06)	(7.39e−07)	(5.77e−07)	(5.23e−07)
saving_rate	0.001	−0.002	−0.019**	−0.023**
	(0.005)	(0.007)	(0.009)	(0.011)
whether_jizu	0.013	0.033	−0.006	0.038
	(0.027)	(0.023)	(0.025)	(0.028)
isei_head	−0.001	3.45e−04	−0.001	2.74e−04
	(0.002)	(0.001)	(0.001)	(0.001)
edu_head	0.071***	0.057***	0.031**	0.052***
	(0.015)	(0.013)	(0.012)	(0.013)

模型	Panel Tobit Model			
样本	低收入家庭	中低收入家庭	中高收入家庭	高收入家庭
变量	edu_ratio	edu_ratio	edu_ratio	edu_ratio
age_head	0.034***	0.034***	0.060***	0.102***
	(0.007)	(0.007)	(0.008)	(0.012)
age_headsq	−3.39e−04***	−3.63e−04***	−0.001***	−0.001***
	(8.46e−05)	(8.59e−05)	(1.00e−04)	(1.44e−04)
whether_work_head	−0.042	0.028	−0.056	−0.113**
	(0.040)	(0.035)	(0.039)	(0.053)
年份虚拟变量	显著	显著	显著	显著
省份虚拟变量	显著	显著	显著	显著
常数项	−3.289***	−1.652***	−2.779***	−4.039***
	(0.234)	(0.582)	(0.272)	(0.254)
样本量	5 241	6 177	6 187	5 583

附表5　细分未成年人和老年人特征的回归结果

模型	Panel Tobit Model			
变量	number_migrant	number_migrant	number_migrant	number_migrant
number_60	−0.142***			
	(0.025)			
number_60*number_05	0.101***			
	(0.026)			
number_05	−0.112***			
	(0.024)			
number_60*number_615	0.099***			
	(0.021)			
number_615	−0.102***			
	(0.027)			
number_6075		−0.029		
		(0.051)		
number_6075*number_16		0.117***		
		(0.017)		
number_76		−0.168***		
		(0.028)		

续表

模型	Panel Tobit Model			
变量	number_migrant	number_migrant	number_migrant	number_migrant
number_76*number_16		0.017		
		(0.038)		
number_60_ma			−0.268***	
			(0.045)	
number_60_ma*number_16			0.073**	
			(0.029)	
number_60_fe			−0.025	
			(0.044)	
number_60_fe*number_16			0.128***	
			(0.031)	
number_60_healthy				−0.144***
				(0.027)
number_60_healthy*number_16				0.107***
				(0.017)
number_60_unhealthy				−0.141**
				(0.071)
number_60_unhealthy*number_16				0.060
				(0.042)
number_1659	0.303***	0.301***	0.300***	0.302***
	(0.011)	(0.011)	(0.011)	(0.011)
total_asset	0.000***	0.000***	0.000***	0.000***
	(0.000)	(0.000)	(0.000)	(0.000)
number_school	0.085***	0.087***	0.087***	0.088***
	(0.020)	(0.018)	(0.018)	(0.018)
number_insurance60	0.161***	0.160***	0.160***	0.160***
	(0.016)	(0.016)	(0.016)	(0.016)
number_insurance59	0.301***	0.301***	0.299***	0.302***
	(0.018)	(0.018)	(0.018)	(0.018)
number_hospital	−0.015	−0.015	−0.013	−0.004
	(0.024)	(0.024)	(0.025)	(0.027)
whether_jizu	0.057**	0.057**	0.057**	0.058**
	(0.026)	(0.026)	(0.026)	(0.026)

模型	Panel Tobit Model			
变量	number_migrant	number_migrant	number_migrant	number_migrant
edu_head	0.168***	0.167***	0.167***	0.168***
	(0.012)	(0.012)	(0.012)	(0.012)
age_head	0.039***	0.040***	0.039***	0.040***
	(0.005)	(0.005)	(0.005)	(0.005)
age_headsq	−0.001***	−0.001***	−0.001***	−0.001***
	(0.000)	(0.000)	(0.000)	(0.000)
年份虚拟变量	显著	显著	显著	显著
省份虚拟变量	显著	显著	显著	显著
常数项	1.127***	1.127***	1.127***	1.127***
	(0.012)	(0.012)	(0.012)	(0.012)
样本量	19 026	19 026	19 026	19 026

附表6　对劳动力进行分年龄、性别和教育水平的回归结果

模型	Panel Tobit Model					
分类	年龄差异		性别差异		教育差异	
	年轻劳动力	年长劳动力	男性劳动力	女性劳动力	高中以上学历劳动力	高中以下学历劳动力
变量	number_migrant_1640	number_migrant_4159	number_migrant_ma	number_migrant_fe	number_migrant_h	number_migrant_uh
number_60	−0.068**	−0.216***	−0.097***	−0.103***	−0.046	−0.115***
	(0.027)	(0.064)	(0.029)	(0.021)	(0.030)	(0.028)
number_60*number_16	0.048***	0.063	0.044***	0.112***	0.012	0.096***
	(0.017)	(0.044)	(0.014)	(0.018)	(0.020)	(0.018)
number_16	0.039*	−0.206***	0.007	−0.207***	0.079***	−0.156***
	(0.020)	(0.042)	(0.016)	(0.022)	(0.023)	(0.020)
number_1659_h	0.937***					
	(0.020)					
number_1659_uh		0.401***				
		(0.012)				
number_1659_ma			0.468***			
			(0.015)			
number_1659_fe				0.542***		
				(0.020)		

模型	Panel Tobit Model					
分类	年龄差异		性别差异		教育差异	
	年轻劳动力	年长劳动力	男性劳动力	女性劳动力	高中以上学历劳动力	高中以下学历劳动力
number_1640					0.639*** (0.015)	
number_4159						1.446*** (0.048)
total_asset	0.000*** (0.000)	0.000*** (0.000)	0.000*** (0.000)	0.000*** (0.000)	0.000*** (0.000)	0.000*** (0.000)
number_school	−0.150*** (0.022)	0.179*** (0.020)	0.018 (0.016)	0.190*** (0.020)	−0.158*** (0.020)	0.019 (0.046)
number_insurance60	0.102*** (0.017)	0.109*** (0.017)	0.128*** (0.013)	0.066*** (0.017)	0.133*** (0.016)	0.102*** (0.031)
number_insurance59	0.180*** (0.019)	0.226*** (0.019)	0.220*** (0.015)	0.197*** (0.020)	0.218*** (0.019)	0.167*** (0.036)
number_hospital	−0.049* (0.029)	−0.012 (0.026)	0.011 (0.020)	−0.056** (0.027)	−0.006 (0.026)	0.028 (0.049)
whether_jizu	0.002 (0.032)	0.065** (0.028)	0.042* (0.022)	0.051* (0.030)	0.062** (0.029)	0.046 (0.057)
edu_head	0.360*** (0.015)	−0.088*** (0.014)	0.131*** (0.010)	0.102*** (0.013)	0.120*** (0.013)	0.215*** (0.024)
age_head	0.007 (0.006)	0.045*** (0.005)	0.041*** (0.004)	0.032*** (0.006)	−0.060*** (0.005)	0.065*** (0.012)
age_headsq	−0.000*** (0.000)	−0.001 (0.000)	−0.001 (0.000)	−0.001 (0.000)	0.000*** (0.000)	−0.001*** (0.000)
年份虚拟变量	显著	显著	显著	显著	显著	显著
省份虚拟变量	显著	显著	显著	显著	显著	显著
常数项	−2.520*** (0.265)	−0.891*** (0.299)	−1.321*** (0.225)	−1.784*** (0.288)	0.367 (0.267)	−6.379*** (0.879)
样本量	19 026	19 026	19 026	19 026	19 026	19 026

附表7　分区域和阶层的回归结果

模型	Panel Tobit Model					
样本	分区域回归			分阶层回归		
	东部家庭	中部家庭	西部家庭	低资产家庭	中资产家庭	高资产家庭
变量	number_migrant	number_migrant	number_migrant	number_migrant	number_migrant	number_migrant
number_60	−0.182***	−0.136***	−0.132***	−0.191***	−0.057	−0.048
	(0.043)	(0.043)	(0.044)	(0.063)	(0.043)	(0.037)
number_60*number_16	0.084***	0.139***	0.084***	0.156***	0.055**	0.059*
	(0.028)	(0.031)	(0.026)	(0.035)	(0.026)	(0.031)
number_16	−0.100***	−0.066*	−0.122***	−0.128***	−0.002	−0.035
	(0.034)	(0.034)	(0.031)	(0.044)	(0.030)	(0.031)
number_1659	0.326***	0.312***	0.274***	0.276***	0.302***	0.392**
	(0.019)	(0.019)	(0.018)	(0.025)	(0.018)	(0.157)
total_asset	0.000***	0.000***	0.000***	0.000***	0.000***	0.000
	(0.000)	(0.000)	(0.000)	(0.000)	(0.000)	(0.000)
number_school	0.049	0.085***	0.088***	0.165***	0.070**	−0.314
	(0.033)	(0.032)	(0.030)	(0.039)	(0.029)	(0.286)
number_insurance60	0.119***	0.178***	0.172***	0.181***	0.147***	0.125
	(0.028)	(0.027)	(0.026)	(0.038)	(0.026)	(0.193)
number_insurance59	0.269***	0.279***	0.334***	0.343***	0.288***	0.608
	(0.029)	(0.029)	(0.035)	(0.048)	(0.031)	(0.694)
number_hospital	0.012	−0.038	−0.004	0.017	−0.015	−0.021
	(0.046)	(0.041)	(0.039)	(0.054)	(0.040)	(0.309)
whether_jizu	0.098**	0.010	0.074*	0.070	0.101**	−0.991***
	(0.048)	(0.042)	(0.044)	(0.062)	(0.043)	(0.274)
edu_head	0.114***	0.134***	0.237***	0.174***	0.141***	0.144
	(0.020)	(0.021)	(0.021)	(0.032)	(0.020)	(0.145)
age_head	0.054***	0.039***	0.031***	0.012	0.027***	0.101
	(0.009)	(0.009)	(0.008)	(0.010)	(0.008)	(0.064)
age_headsq	−0.001***	−0.001***	−0.001***	−0.001***	−0.001***	−0.001
	(0.000)	(0.000)	(0.000)	(0.000)	(0.000)	(0.001)

模型	Panel Tobit Model					
样本	分区域回归			分阶层回归		
	东部家庭	中部家庭	西部家庭	低资产家庭	中资产家庭	高资产家庭
变量	number_migrant	number_migrant	number_migrant	number_migrant	number_migrant	number_migrant
年份虚拟变量	显著	显著	显著	显著	显著	显著
省份虚拟变量	显著	不显著	显著	显著	显著	显著
常数项	−1.538*** (0.224)	−1.792*** (0.222)	−2.467*** (0.232)	−0.429 (1.158)	0.162 (0.724)	−3.673** (1.676)
样本量	4 866	6 306	7 854	6 305	6 361	6 285

附表8 稳健性分析——对不同类型储蓄的回归结果

模型	Two-Way FE Model				
变量	savings	saving_rate2	savings2	saving_rate3	saving3
percentage_60	48.665*** (15.204)	0.576*** (0.115)		0.490*** (0.085)	
percentage_65			63.499*** (13.686)		44.144*** (11.973)
percentage_14	114.106*** (33.514)	0.746*** (0.195)	96.755*** (27.987)	0.342** (0.148)	16.777 (24.220)
number_school	−582.342 (628.608)	−6.297* (3.244)	−1.4e+03** (535.085)	1.235 (2.538)	406.326 (471.540)
number_work	1 144.113*** (275.221)	−3.619** (1.655)	1 034.486*** (234.958)	−4.477*** (1.278)	616.307*** (211.562)
family_size	−2.5e+03*** (370.123)	−24.351*** (2.776)	−2.5e+03*** (329.197)	−17.170*** (1.922)	−1.6e+03*** (262.825)
number_insurance60	−461.652 (359.604)	−5.845*** (2.046)	191.173 (316.855)	−4.809*** (1.594)	188.227 (281.660)
number_insurance59	−268.606 (403.421)	−5.370*** (1.984)	174.837 (356.737)	−2.691* (1.589)	303.485 (323.546)
number_hospital	−4.8e+03*** (531.853)	−27.245*** (3.254)	−4.6e+03*** (450.096)	−3.439 (2.394)	−1.3e+03*** (383.614)

模型	Two-Way FE Model				
变量	savings	saving_rate2	savings2	saving_rate3	saving3
lnnetincome	1.7e+04***	195.319***	1.7e+04***	145.472***	1.7e+04***
	(306.372)	(2.340)	(266.550)	(1.785)	(238.453)
lntotal_asset	−894.723***	−6.937***	−562.906***	−7.738***	−663.731***
	(256.005)	(1.773)	(215.081)	(1.299)	(182.590)
whether_jizu	−1.5e+03***	−3.978	−1.0e+03**	−3.580	−690.723*
	(540.300)	(3.524)	(459.883)	(2.662)	(401.980)
年份虚拟变量	显著	显著	显著	显著	显著
省份虚拟变量	显著	显著	显著	显著	显著
常数项	−1.6e+05***	−1.8e+03***	−1.6e+05***	−1.3e+03***	−1.5e+05***
	(9 498.684)	(34.991)	(7 611.237)	(26.214)	(5 966.120)
样本数	25 679	24 965	24 965	24 965	24 965

附表9　稳健性分析——对消费的回归结果

模型	Two-Way FE Model					
变量	consumption_rate	consumption	consumption_rate2	consumption2	consumption_rate3	consumption3
percentage_60	−0.707***	−63.039***	−0.576***	−47.804***	−0.490***	−37.870***
	(0.134)	(15.728)	(0.115)	(12.707)	(0.085)	(10.164)
percentage_14	−0.903***	−141.953***	−0.746***	−117.411***	−0.342**	−22.254
	(0.223)	(34.075)	(0.195)	(27.372)	(0.148)	(21.922)
number_school	2.492	252.662	6.297*	1 349.737***	−1.235	−562.474
	(3.761)	(627.896)	(3.244)	(504.520)	(2.538)	(418.180)
number_work	2.574	−628.638**	3.619**	−430.466*	4.477***	4.156
	(1.908)	(278.732)	(1.655)	(220.764)	(1.278)	(183.809)
family_size	26.219***	3 432.908***	24.351***	3 353.185***	17.170***	2 382.262***
	(3.006)	(422.387)	(2.776)	(370.832)	(1.922)	(267.269)
number_insurance60	7.547***	1 709.229***	5.845***	1 210.155***	4.809***	1 106.221***
	(2.368)	(360.867)	(2.046)	(280.581)	(1.594)	(237.438)
number_insurance59	6.559***	979.408**	5.370***	648.526**	2.691*	465.295*
	(2.306)	(382.184)	(1.984)	(301.789)	(1.589)	(253.069)

模型	Two-Way FE Model					
变量	consumption_rate	consumption	consumption_rate2	consumption2	consumption_rate3	consumption3
number_hospital	25.612***	4 492.671***	27.245***	4 709.172***	3.439	967.552***
	(3.748)	(536.306)	(3.254)	(438.882)	(2.394)	(339.377)
lnnetincome	−222.385***	2 490.696***	−195.319***	2 034.575***	−145.472***	1 957.047***
	(2.701)	(312.057)	(2.340)	(250.092)	(1.785)	(199.799)
lntotal_asset	8.474***	1 508.436***	6.937***	1 090.774***	7.738***	1 241.138***
	(2.021)	(267.260)	(1.773)	(218.460)	(1.299)	(169.849)
whether_jizu	6.580	1 920.459***	3.978	1 133.191***	3.580	869.456**
	(4.090)	(542.292)	(3.524)	(439.675)	(2.662)	(357.573)
年份虚拟变量	显著	显著	显著	显著	显著	显著
省份虚拟变量	显著	显著	显著	显著	显著	显著
常数项	2 218.210***	−2.7e+03	1 931.498***	−3.3e+03	1 410.528***	−1.1e+04***
	(42.808)	(6 726.499)	(34.991)	(5 138.196)	(26.214)	(3 446.251)
样本数	25 679	25 679	24 965	24 965	24 965	24 965

附表10 分阶层回归结果

模型	Two-Way FE Model			
样本	低收入家庭	中低收入家庭	中高收入家庭	高收入家庭
变量	saving_rate	saving_rate	saving_rate	saving_rate
percentage_60	0.988***	0.867***	0.621***	0.363**
	(0.338)	(0.263)	(0.210)	(0.159)
percentage_14	0.668	0.902**	1.057***	0.540*
	(0.592)	(0.406)	(0.335)	(0.328)
number_school	−18.012*	−4.600	4.101	5.702
	(9.664)	(6.279)	(5.789)	(6.788)
number_work	−0.757	−4.180	−1.372	−1.632
	(4.531)	(3.596)	(2.721)	(3.603)
family_size	−36.032***	−32.924***	−21.582***	−16.725***
	(8.745)	(4.596)	(3.852)	(4.186)
number_insurance60	−6.612	−10.497**	−3.476	−4.202
	(7.258)	(4.526)	(3.425)	(3.087)

模型	Two-Way FE Model			
样本	低收入家庭	中低收入家庭	中高收入家庭	高收入家庭
变量	saving_rate	saving_rate	saving_rate	saving_rate
number_insurance59	1.667	−7.695	−6.071*	−5.816*
	(8.324)	(5.396)	(3.234)	(2.974)
number_hospital	−52.699***	−26.264***	−15.135**	−10.921**
	(9.347)	(7.174)	(6.121)	(4.921)
lnnetincome	294.993***	228.774***	177.974***	154.061***
	(5.663)	(4.491)	(5.478)	(6.794)
lntotal_asset	−5.252	−13.303***	−5.833*	−7.957***
	(5.043)	(3.768)	(3.193)	(2.978)
whether_jizu	−22.639**	−10.686	0.746	−2.039
	(11.426)	(7.360)	(5.701)	(5.369)
年份虚拟变量	显著	显著	显著	显著
省份虚拟变量	显著	显著	显著	显著
常数项	−2.6e+03***	−2.0e+03***	−1.7e+03***	−1.5e+03***
	(66.720)	(57.107)	(60.129)	(78.533)
样本数	6 306	6 470	6 495	6 408

附表11　分区域回归结果

模型	Two-Way FE Model				
样本	分城乡回归		分东、中、西部回归		
	城镇家庭	农村家庭	东部家庭	中部家庭	西部家庭
变量	saving_rate	saving_rate	saving_rate	saving_rate	saving_rate
percentage_60	0.548***	0.789***	0.454**	0.634**	0.892**
	(0.158)	(0.218)	(0.206)	(0.272)	(0.381)
percentage_14	0.833***	0.930***	0.987**	0.834*	0.832
	(0.297)	(0.333)	(0.431)	(0.492)	(0.564)
number_school	7.318	−10.108*	7.976	7.127	7.412
	(5.343)	(5.292)	(7.977)	(9.306)	(9.368)
number_work	−3.438	−1.852	−13.784***	4.580	1.395
	(2.922)	(2.548)	(4.486)	(4.688)	(5.155)

模型	Two-Way FE Model				
样本	分城乡回归		分东、中、西部回归		
	城镇家庭	农村家庭	东部家庭	中部家庭	西部家庭
变量	saving_rate	saving_rate	saving_rate	saving_rate	saving_rate
family_size	−31.192***	−22.048***	−35.896***	−34.477***	−26.110***
	(3.993)	(4.008)	(6.022)	(6.512)	(6.889)
number_insurance60	−8.867***	−6.675*	−6.657	−10.191**	−2.460
	(3.161)	(3.576)	(4.631)	(5.036)	(6.767)
number_insurance59	−5.823**	−7.217*	−1.638	−10.949**	2.039
	(2.739)	(4.045)	(3.843)	(4.611)	(6.159)
number_hospital	−20.932***	−29.472***	−22.527***	−26.797***	−20.259**
	(5.069)	(5.538)	(8.340)	(7.647)	(9.142)
lnnetincome	224.986***	220.526***	227.295***	221.329***	225.743***
	(4.091)	(3.667)	(7.249)	(6.021)	(6.927)
lntotal_asset	−9.156***	−7.524**	−9.985**	−5.618	−17.456***
	(2.682)	(3.114)	(3.967)	(4.278)	(5.825)
whether_jizu	−4.881	−8.550	1.681	−13.744*	−14.933
	(5.449)	(6.151)	(8.446)	(7.840)	(11.046)
年份虚拟变量	显著	显著	显著	显著	显著
省份虚拟变量	显著	显著	显著	显著	显著
常数项	−2.1e+03***	−2.0e+03***	−2.1e+03***	−2.1e+03***	−2.0e+03***
	(48.130)	(44.955)	(84.522)	(73.633)	(88.145)
常数项	−2.1e+03***	−2.0e+03***	−2.1e+03***	−2.1e+03***	−2.0e+03***
	(48.130)	(44.955)	(84.522)	(73.633)	(88.145)
样本数	12 478	13 201	7 367	9 080	9 200

附表12　家庭现金和金融机构存款投资比重回归结果

模型	Panel FRM Model					
变量	ratio_cash	ratio_cash	ratio_cash	ratio_cash	ratio_cash	ratio_cash
percentage_60	0.004***					
	(0.001)					

续表

模型	Panel FRM Model					
变量	ratio_cash	ratio_cash	ratio_cash	ratio_cash	ratio_cash	ratio_cash
number_60		0.144***				
		(0.039)				
whether_60			0.201***			
			(0.061)			
percentage_65				0.004***		
				(0.001)		
number_65					0.123***	
					(0.044)	
whether_65						0.146**
						(0.064)
percentage_14	−0.003*			−0.003*		
	(0.002)			(0.002)		
number_14		−0.035			−0.031	
		(0.038)			(0.038)	
whether_14			−0.082			−0.081
			(0.053)			(0.053)
urban	0.196***	0.190***	0.192***	0.198***	0.192***	0.194***
	(0.054)	(0.054)	(0.054)	(0.054)	(0.054)	(0.054)
family_size	0.025	−0.000	0.004	0.021	0.005	0.010
	(0.018)	(0.021)	(0.020)	(0.018)	(0.021)	(0.019)
number_work	0.040	0.048	0.048	0.045	0.053	0.052
	(0.034)	(0.034)	(0.034)	(0.034)	(0.034)	(0.034)
number_insurance60	0.043	0.047	0.071	0.102	0.104	0.120*
	(0.071)	(0.071)	(0.068)	(0.068)	(0.068)	(0.067)
number_insurance59	−0.022	−0.023	−0.027	−0.031	−0.032	−0.033
	(0.030)	(0.030)	(0.030)	(0.030)	(0.030)	(0.030)
expense	−0.000***	−0.000***	−0.000***	−0.000***	−0.000***	−0.000***
	(0.000)	(0.000)	(0.000)	(0.000)	(0.000)	(0.000)
total_asset	−0.000**	−0.000**	−0.000**	−0.000**	−0.000**	−0.000**
	(0.000)	(0.000)	(0.000)	(0.000)	(0.000)	(0.000)

模型	Panel FRM Model					
变量	ratio_cash	ratio_cash	ratio_cash	ratio_cash	ratio_cash	ratio_cash
netincome	0.000	0.000	0.000	0.000	0.000	0.000
	(0.000)	(0.000)	(0.000)	(0.000)	(0.000)	(0.000)
saving_rate	−0.000	−0.000	−0.000	−0.000	−0.000	−0.000
	(0.000)	(0.000)	(0.000)	(0.000)	(0.000)	(0.000)
whether_house	0.096	0.098	0.096	0.104	0.105	0.100
	(0.078)	(0.078)	(0.078)	(0.078)	(0.078)	(0.078)
whether_eco	0.011	0.011	0.012	0.010	0.012	0.012
	(0.080)	(0.080)	(0.080)	(0.080)	(0.080)	(0.080)
edu_head	−0.000	−0.001	−0.000	−0.001	−0.001	−0.000
	(0.006)	(0.006)	(0.006)	(0.006)	(0.006)	(0.006)
age_head	0.001	0.002	0.002	0.002	0.003	0.003
	(0.002)	(0.002)	(0.002)	(0.002)	(0.002)	(0.002)
whether_work_head	−0.024	−0.041	−0.046	−0.041	−0.055	−0.056
	(0.069)	(0.068)	(0.069)	(0.069)	(0.069)	(0.069)
年份虚拟变量	不显著	不显著	不显著	不显著	不显著	不显著
省份虚拟变量	显著	显著	显著	显著	显著	显著
常数项	1.103***	1.137***	1.113***	1.121***	1.112***	1.099***
	(0.242)	(0.243)	(0.242)	(0.237)	(0.238)	(0.239)
样本数	16 891	16 891	16 891	16 891	16 891	16 891

附表13　家庭风险性较高的金融资产投资比重回归结果

模型	Panel FRM Model					
变量	ratio_riskasset	ratio_riskasset	ratio_riskasset	ratio_riskasset	ratio_riskasset	ratio_riskasset
percentage_60	−0.003**					
	(0.001)					
number_60		−0.098**				
		(0.044)				

续表

模型	Panel FRM Model					
变量	ratio_riskasset	ratio_riskasset	ratio_riskasset	ratio_riskasset	ratio_riskasset	ratio_riskasset
whether_60			−0.184*** (0.071)			
percentage_65				−0.006*** (0.001)		
number_65					−0.188*** (0.057)	
whether_65						−0.277*** (0.083)
percentage_14	−0.000 (0.002)			−0.000 (0.002)		
number_14			−0.046 (0.068)			−0.056 (0.069)
whether_14		−0.050 (0.058)			−0.062 (0.060)	
urban	0.625*** (0.098)	0.633*** (0.098)	0.635*** (0.098)	0.627*** (0.098)	0.637*** (0.098)	0.638*** (0.098)
family_size	−0.019 (0.026)	0.013 (0.031)	0.009 (0.028)	−0.017 (0.026)	0.023 (0.032)	0.015 (0.028)
number_work	−0.100** (0.042)	−0.107** (0.042)	−0.104** (0.041)	−0.099** (0.042)	−0.109*** (0.041)	−0.107*** (0.041)
number_insurance60	0.014 (0.082)	0.006 (0.082)	0.008 (0.081)	−0.003 (0.080)	−0.003 (0.081)	−0.012 (0.080)
number_insurance59	0.117*** (0.035)	0.118*** (0.034)	0.121*** (0.034)	0.119*** (0.034)	0.119*** (0.034)	0.122*** (0.034)
expense	0.000*** (0.000)	0.000*** (0.000)	0.000*** (0.000)	0.000*** (0.000)	0.000*** (0.000)	0.000*** (0.000)
total_asset	0.000*** (0.000)	0.000*** (0.000)	0.000*** (0.000)	0.000*** (0.000)	0.000*** (0.000)	0.000*** (0.000)
netincome	0.000 (0.000)	0.000 (0.000)	0.000 (0.000)	0.000 (0.000)	0.000 (0.000)	0.000 (0.000)

模型	Panel FRM Model					
变量	ratio_riskasset	ratio_riskasset	ratio_riskasset	ratio_riskasset	ratio_riskasset	ratio_riskasset
saving_rate	0.000	0.000	0.000	0.000	0.000	0.000
	(0.000)	(0.000)	(0.000)	(0.000)	(0.000)	(0.000)
whether_house	−0.214**	−0.217**	−0.217**	−0.225***	−0.226***	−0.222**
	(0.087)	(0.087)	(0.087)	(0.087)	(0.087)	(0.087)
whether_eco	0.141**	0.141**	0.145**	0.144**	0.143**	0.147**
	(0.072)	(0.071)	(0.071)	(0.072)	(0.072)	(0.072)
edu_head	0.062***	0.062***	0.062***	0.063***	0.063***	0.063***
	(0.009)	(0.009)	(0.009)	(0.009)	(0.009)	(0.009)
age_head	0.010***	0.009***	0.009***	0.012***	0.011***	0.010***
	(0.002)	(0.002)	(0.002)	(0.002)	(0.003)	(0.002)
whether_work_head	0.033	0.048	0.044	0.042	0.056	0.054
	(0.077)	(0.077)	(0.076)	(0.076)	(0.076)	(0.076)
年份虚拟变量	显著	显著	显著	显著	显著	显著
省份虚拟变量	显著	显著	显著	显著	显著	显著
常数项	−3.606***	−3.665***	−3.650***	−3.690***	−3.759***	−3.725***
	(0.264)	(0.268)	(0.266)	(0.264)	(0.267)	(0.267)
样本数	16 855	16 855	16 855	16 855	16 855	16 855

附表14 家庭风险性较高的金融资产投资决策的Heckman两阶段模型回归结果

模型	Heckman Selection Model 1	Heckman Selection Model 1	Heckman Selection Model 2	Heckman Selection Model 2	Heckman Selection Model 3	Heckman Selection Model 3
变量	whether_riskasset	risk_asset	whether_riskasset	risk_asset	whether_riskasset	risk_asset
percentage_60	−0.003**	−241.157**				
	(0.001)	(114.791)				
number_60			−0.209***	−14 560.471***		
			(0.048)	(6 333.331)		

模型	Heckman Selection Model 1	Heckman Selection Model 1	Heckman Selection Model 2	Heckman Selection Model 2	Heckman Selection Model 3	Heckman Selection Model 3
变量	whether_ riskasset	risk_asset	whether_ riskasset	risk_asset	whether_ riskasset	risk_asset
whether_60					−0.317*** (0.072)	−26 648.082** (10 492.836)
percentage_14	0.004** (0.002)	148.913 (182.412)				
number_14			0.065 (0.050)	1 484.285 (4 232.115)		
whether_14					0.102* (0.061)	4 058.683 (5 716.371)
urban	0.547*** (0.076)	3.6e+04* (1.8e+04)	0.554*** (0.076)	3.5e+04* (1.8e+04)	0.553*** (0.076)	3.7e+04* (1.9e+04)
family_size	−0.093*** (0.022)	−5.1e+03 (3 179.724)	−0.080*** (0.026)	−2.6e+03 (2 877.773)	−0.077*** (0.024)	−3.1e+03 (2 988.536)
number_work	−0.095** (0.041)	−5.9e+03 (4 189.746)	−0.101** (0.041)	−6.4e+03 (4 146.153)	−0.102** (0.040)	−6.8e+03 (4 480.238)
number_insurance60	−0.064 (0.080)	6 348.953 (6 111.021)	−0.084 (0.080)	7 392.699 (6 110.630)	−0.069 (0.079)	7 174.287 (6 369.081)
number_insurance59	0.199*** (0.032)	1.1e+04* (6 129.405)	0.204*** (0.032)	1.0e+04* (6 009.368)	0.201*** (0.032)	1.1e+04* (6 446.661)
expense	0.000*** (0.000)	0.231 (0.144)	0.000*** (0.000)	0.224 (0.142)	0.000*** (0.000)	0.241 (0.152)
total_asset	0.000*** (0.000)	0.061*** (0.019)	0.000*** (0.000)	0.061*** (0.018)	0.000*** (0.000)	0.063*** (0.020)
netincome	0.000*** (0.000)	0.239 (0.153)	0.000*** (0.000)	0.230 (0.144)	0.000*** (0.000)	0.246 (0.156)
saving_rate	0.000 (0.000)	−3.592 (22.596)	0.000 (0.000)	−3.273 (21.842)	0.000 (0.000)	−4.176 (23.329)

模型	Heckman Selection Model 1	Heckman Selection Model 1	Heckman Selection Model 2	Heckman Selection Model 2	Heckman Selection Model 3	Heckman Selection Model 3
变量	whether_riskasset	risk_asset	whether_riskasset	risk_asset	whether_riskasset	risk_asset
whether_house	−0.314*** (0.079)	−2.5e+04** (1.1e+04)	−0.315*** (0.079)	−2.4e+04** (1.0e+04)	−0.316*** (0.079)	−2.6e+04** (1.1e+04)
whether_eco	0.195*** (0.069)	1.5e+04** (7 089.749)	0.194*** (0.069)	1.5e+04** (6 791.658)	0.195*** (0.069)	1.6e+04** (7 369.211)
edu_head	0.073*** (0.008)	4 121.065* (2 214.295)	0.073*** (0.008)	4 063.495* (2 134.521)	0.072*** (0.008)	4 275.931* (2 299.793)
age_head	0.015*** (0.003)	1 121.825** (468.344)	0.013*** (0.002)	1 035.943** (402.377)	0.014*** (0.002)	1 106.769** (453.090)
whether_work_head	0.166** (0.081)	6 025.870 (7 919.780)	0.182** (0.081)	6 356.759 (7 916.812)	0.180** (0.081)	7 195.941 (8 493.899)
number_hospital	−0.047 (0.060)		−0.054 (0.060)		−0.048 (0.060)	
年份虚拟变量	不显著	不显著	不显著	不显著	不显著	不显著
省份虚拟变量	显著	显著	显著	显著	显著	显著
常数项	−4.072*** (0.243)	−2.7e+05* (1.4e+05)	−4.198*** (0.248)	−2.5e+05* (1.3e+05)	−4.076*** (0.244)	−2.9e+05* (1.5e+05)
mills lambda	6.7e+04* (3.6e+04)		5.8e+04* (3.2e+04)		7.0e+04* (3.7e+04)	
样本数	16 953	16 953	16 953	16 953	16 953	16 953

附表15　对不同类型金融资产投资规模的回归结果

模型	Tobit Model				
变量	cash_asset	stock	fund	govbond	derivatives
percentage_60	−10.484 (33.197)	−523.138** (209.872)	−56.321 (124.107)	38.985* (25.950)	−411.939** (680.768)
percentage_14	41.988 (65.702)	373.368 (386.311)	2.007 (259.172)	163.291 (454.815)	1 221.282 (1 287.535)

模型	Tobit Model				
变量	cash_asset	stock	fund	govbond	derivatives
urban	111.196	5.9e+04***	3.2e+04***	−6.7e+03	−5.8e+04
	(1 969.546)	(1.7e+04)	(9 670.481)	(1.3e+04)	(4.5e+04)
family_size	−1.3e+03*	−6.5e+03	−5.5e+03*	−5.0e+03	−2.7e+04
	(711.207)	(4 315.337)	(2 922.377)	(4 806.590)	(1.7e+04)
number_work	−316.893	−2.6e+04***	6 064.386	1.7e+04**	−3.7e+04
	(1 162.474)	(8 450.796)	(4 807.461)	(7 636.629)	(3.1e+04)
number_insurance60	5.5e+04***	−8.6e+03	318.150	−2.7e+05	1.0e+05
	(9 260.543)	(4.7e+04)	(2.6e+04)	(0)	(9.3e+04)
number_insurance59	−2.1e+03	2.3e+04***	9 125.671**	−1.8e+04	−2.4e+04
	(1 652.949)	(7 393.009)	(4 583.856)	(1.1e+04)	(3.3e+04)
expense	0.078**	0.702***	0.217*	−0.032	0.315
	(0.037)	(0.185)	(0.122)	(0.209)	(0.626)
total_asset	0.094***	0.097***	0.062***	0.051***	0.130**
	(0.004)	(0.016)	(0.010)	(0.019)	(0.057)
netincome	0.178***	0.369	−0.046	0.205	0.846
	(0.043)	(0.228)	(0.147)	(0.223)	(0.740)
saving_rate	−12.671**	44.804	25.022	−5.111	−7.529
	(5.657)	(47.818)	(27.791)	(40.592)	(125.556)
whether_house	−2.3e+04***	−5.2e+04***	−2.0e+04*	8 539.010	−5.3e+04
	(3 083.823)	(1.6e+04)	(1.1e+04)	(2.5e+04)	(5.0e+04)
whether_eco	4 523.462	2.0e+04	3.0e+04***	−1.2e+04	8 525.738
	(3 814.635)	(1.3e+04)	(8 342.659)	(2.0e+04)	(5.4e+04)
edu_head	164.526	5 661.625***	3 882.524***	4 313.296***	−1.2e+03
	(223.613)	(1 504.865)	(935.547)	(1 659.115)	(4 663.739)
age_head	128.527	2 074.440***	1 118.547***	1 044.441**	−1.7e+03
	(78.585)	(527.715)	(328.099)	(518.704)	(1 662.603)
whether_work_head	2 350.968	4.1e+04**	−5.8e+03	−1.4e+04	−4.5e+03
	(2 569.909)	(1.7e+04)	(1.0e+04)	(1.7e+04)	(5.5e+04)
省份虚拟变量	显著	显著	显著	不显著	不显著

续表

模型	Tobit Model				
变量	cash_asset	stock	fund	govbond	derivatives
常数项	−4.8e+03	1.2e+05***	7.2e+04***	6.5e+04***	2.2e+05
	(1.1e+04)	(6614.631)	(5182.063)	(1.1e+04)	(1.5e+05)
样本数	8 328	8 328	8 328	8 327	8 334

附表16　对不同类型金融资产投资比重的回归结果

模型	FRM Model				
变量	ratio_cash	ratio_stock	ratio_fund	ratio_govbond	ratio_derivatives
percentage_60	0.003***	−0.003*	−0.002	0.003*	−0.004
	(0.001)	(0.002)	(0.002)	(0.002)	(0.003)
percentage_14	−0.003*	0.000	−0.003	−0.005	0.011**
	(0.002)	(0.003)	(0.003)	(0.003)	(0.005)
urban	0.113**	0.653***	0.459***	0.202	0.070
	(0.046)	(0.143)	(0.150)	(0.233)	(0.266)
family_size	0.071***	−0.044	−0.048	−0.014	−0.200***
	(0.017)	(0.044)	(0.042)	(0.087)	(0.059)
number_work	0.001	−0.198***	0.079	0.090	−0.088
	(0.028)	(0.072)	(0.053)	(0.094)	(0.113)
number_insurance60	0.045	0.007	−0.124	−3.414***	0.336
	(0.159)	(0.397)	(0.255)	(0.200)	(0.385)
number_insurance59	−0.003	0.127**	0.084	−0.280	−0.118
	(0.034)	(0.059)	(0.067)	(0.183)	(0.127)
expense	−0.000***	0.000***	0.000***	0.000	0.000
	(0.000)	(0.000)	(0.000)	(0.000)	(0.000)
total_asset	−0.000***	0.000***	0.000***	0.000***	0.000***
	(0.000)	(0.000)	(0.000)	(0.000)	(0.000)
netincome	−0.000***	0.000**	−0.000	−0.000	0.000*
	(0.000)	(0.000)	(0.000)	(0.000)	(0.000)
saving_rate	0.000	0.000	0.000	0.000	0.001
	(0.000)	(0.000)	(0.000)	(0.000)	(0.001)

续表

模型	FRM Model				
变量	ratio_cash	ratio_stock	ratio_fund	ratio_govbond	ratio_derivatives
whether_house	0.164**	−0.327**	−0.093	0.579	−0.517**
	(0.068)	(0.134)	(0.154)	(0.379)	(0.254)
whether_eco	−0.124*	0.290***	0.247**	−0.360	−4.161***
	(0.070)	(0.099)	(0.119)	(0.376)	(0.578)
edu_head	−0.001	0.024**	0.048***	0.096***	−0.046**
	(0.005)	(0.012)	(0.012)	(0.025)	(0.022)
age_head	−0.002	0.008*	0.011***	0.012	−0.009
	(0.002)	(0.004)	(0.004)	(0.008)	(0.005)
whether_work_head	0.006	0.251*	−0.081	−0.072	−0.114
	(0.062)	(0.139)	(0.134)	(0.153)	(0.275)
省份虚拟变量	显著	显著	不显著	显著	显著
常数项	2.292***	−3.874***	−4.258***	−5.553***	−1.785***
	(0.226)	(0.438)	(0.417)	(1.004)	(0.448)
样本数	8 302	8 302	8 302	8 297	8 302

参考文献

AGARWAL S, DRISCOLL J C, GABAIX X, et al., 2009. The age of reason: Financial decisions over the life cycle and implications for regulation[J]. Brookings papers on economic activity, 2: 51–117.

AGARWAL S, MAZUMDER B, 2013. Cognitive abilities and household financial decision making [J]. American economic journal: Applied economics, 5 (1): 193–207.

ALDA M, 2017. The relationship between pension funds and the stock market: Does the aging population of Europe affect it?[J]. International review of financial analysis, 49 (1) :83–97.

ALDERS P, BROER D P, 2005. Ageing, fertility, and growth[J]. Journal of public economics, 89 (5): 1075–1095.

ALESSIE R, ANGELINI V, PASINI G, 2014. Is it true love? Altruism versus exchange in time and money transfers[J]. De economist, 162 (2): 193–213.

ANAM M, CHIANG S H, 2007. Rural–urban migration of family labor: A portfolio model[J]. The journal of international trade & economic development, 16 (3): 325–335.

ANASURI S, 2016. Co-resident grandchildren with grandparents: A phenomenological inquiry of their perceptions toward old and aging[J]. Journal of international studies and development, forthcoming: 1–33.

ANDERSSON B, 2001. Scandinavian evidence on growth and age structure[J]. Regional studies, 35 (5): 377–390.

AQUILINO W S, 2006. Family relationships and support systems in emerging adulthood[M]// Emerging adults in the America: Coming of age in the 21st century. Washington, DC, US: American Psychological Association: 193–217.

ARROW K J, LEVIN S A, 2009. Intergenerational resource transfers with random offspring numbers [J]. Proceedings of the national academy of sciences, 106 (33): 13702–13706.

AZARIADIS C, LAMBERTINI L, 2003. Endogenous debt constraints in lifecycle economies[J]. The review of economic studies, 70 (3): 461–487.

BALESTRINO A, 1997. Education policy in a non-altruistic model of intergenerational transfers with endogenous fertility[J]. European journal of political economy, 13 (1): 157–169.

BANKS J, OLDFIELD Z, 2007. Understanding pensions: Cognitive function, numerical ability and retirement saving[J]. Fiscal studies, 2007: 143–170.

BARDASI E, JENKINS S P, RIGG J A, 2000. Retirement and the economic well-being of the elderly: a British perspective[Z]. ISER working paper series, 2000.

BARZEL Y, 1977. An economic analysis of slavery[J]. Journal of law and economics, 20 (1): 87–110.

BECKER G S, MURPHY K M, SPENKUCH J L, 2014. The manipulation of children's preferences, old-age support, and investment in children's human capital[J]. Journal of labor economics, 34 (S2): S3–S30.

BECKER G S, MURPHY K M, TAMURA R, 1990. Human capital, fertility, and economic growth [J]. Journal of political economy, 98 (5): S12–S37.

BERNHEIM B D, SKINNER J, WEINBERG S, 2001. What accounts for the variation in retirement wealth among US households? [J]. American economic review, 91 (4): 832–857.

BETTIO F, SIMONAZZI A, VILLA P, 2006. Change in care regimes and female migration: The 'care drain' in the Mediterranean[J]. Journal of european social policy, 16 (3): 271–285.

BINSTOCK R H, 2010. From compassionate ageism to intergenerational conflict? [J]. The gerontologist, 50 (5): 574–585.

BLOOM D E, CANNING D, GRAHAM B, 2003. Longevity and life-cycle savings[J]. The Scandinavian journal of economics, 105 (3): 319–338.

BLOOM D E, EGGLESTON K N, 2014. The economic implications of population ageing in China and India: Introduction to the special issue[J]. The journal of the economics of ageing, 4: 1–7.

BOGAN V L, 2015. Household asset allocation, offspring education, and the sandwich generation [J]. American economic review, 105 (5): 611–615.

BÖRSCH-SUPAN A, LUSARDI A, 2003. Saving: A cross-national perspective[M]// Life-cycle savings and public policy: A cross-national study in six countries. San Diego, US: Academic press: 1-32.

BOVER O, CASADO J M, COSTA S, et al., 2015. The distribution of debt across euro area countries: The role of individual characteristics, institutions and credit conditions[Z]. ECB working paper No. 1639.

BOYLE P A, YU L, WILSON R S, et al., 2012. Poor decision making is a consequence of cognitive decline among older persons without Alzheimer's disease or mild cognitive impairment[J]. PLOS ONE, 7 (8): 1-5.

BRAMLEY G, CHAMPION T, FISHER T, 2006. Exploring the household impacts of migration in Britain using panel survey data[J]. Regional studies, 40 (8): 907-926.

BRENNA E, DI NOVI C, 2016. Is caring for older parents detrimental to women's mental health? The role of the European North - South gradient[J]. Review of economics of the household, 14 (4): 745-778.

BRILLI Y, DEL BOCA D, PRONZATO C D, 2016. Does child care availability play a role in maternal employment and children's development? Evidence from Italy[J]. Review of economics of the household, 14 (1): 27-51.

BROWN S L, NESSE R M, VINOKUR A D, et al., 2003. Providing social support may be more beneficial than receiving it results from a prospective study of mortality[J]. Psychological science, 14 (4): 320-327.

BROWNING M, LUSARDI A, 1996. Household saving: Micro theories and micro facts[J]. Journal of economic literature, 34 (4): 1797-1855.

BRUIN DE BRUIN W, PARKER A M, FISCHHOFF B, 2012. Explaining adult age differences in decision-making competence[J]. Journal of behavioral decision making, 25 (4): 352-360.

BRUNI M L, UGOLINI C, 2016. Delegating home care for the elderly to external caregivers? An empirical study on Italian data[J]. Review of economics of the household, 14 (1): 155-183.

BURNETTE D, SUN J, SUN F, 2013. A comparative review of grandparent care of children in the US and China[J]. Ageing international, 38 (1): 43-57.

BURTON L C, ZDANIUK B, SCHULZ R, et al., 2003. Transitions in spousal caregiving[J]. The gerontologist, 43 (2): 230-241.

CARD D, LEMIEUX T, 2000. Adapting to circumstances: The evolution of work, school, and living arrangements among North American youth[M]//BLANCHFLOWER D G, FREEMAN R B (eds). Youth employment and joblessness in advanced countries. Chicago, US: University of Chicago press: 171-214.

CAZES S, KHATIWADA S, MALO M, 2012. Employment protection and collective bargaining: beyond the deregulation agenda[Z]. ILO employment sector employment working paper No. 133.

CAVALLO E, SÁNCHEZ G, VALENZUELA P, 2016. Gone with the wind: demographic transitions and domestic saving[Z]. IDB working paper series No.IDB-WP-688.

CHAMON M D, PRASAD E S, 2010. Why are saving rates of urban households in China rising?[J]. American economic journal: Macroeconomics, 2 (1): 93-130.

CHANG H, DONG X, MACPHAIL F, 2011. Labor migration and time use patterns of the left-behind children and elderly in rural China[J]. World development, 39 (12): 2199-2210.

CHEN F, LIU G, MAIR C A, 2011. Intergenerational ties in context: Grandparents caring for grandchildren in China[J]. Social forces, 90 (2): 571-594.

CHEN M K, 2013. The effect of language on economic behavior: Evidence from savings rates, health behaviors, and retirement assets[J]. American economic review, 103 (2): 690-731.

CHETTY R, FINKELSTEIN A, 2013. Social insurance: Connecting theory to data[A]// AUERBACH A J, RAJ C, MARTIN F, et al. (eds). Handbook of public economics 5. Amsterdam, The Netherlands: Elsevier: 111-193.

CHOU R J A, 2011. Filial piety by contract? The emergence, implementation, and implications of the "family support agreement" in China[J]. The gerontologist, 51 (1): 3-16.

COILE C, MILLIGAN K, 2009. How household portfolios evolve after retirement: The effect of aging and health shocks[J]. Review of income and wealth, 55 (2): 226-248.

CONG Z, SILVERSTEIN M, 2008. Intergenerational time-for-money exchanges in rural China: Does reciprocity reduce depressive symptoms of older grandparents?[J]. Research in human development, 5 (1): 6-25.

CONG Z, SILVERSTEIN M, 2011. Intergenerational exchange between parents and migrant and non-migrant sons in rural China[J]. Journal of marriage and family, 73 (1): 93-104.

CONNELLY R, MAURER-FAZIO M, 2016. Left behind, at-risk, and vulnerable elders in rural China[J]. China economic review, 37: 140-153.

CONNIDIS I A, KEMP C L, 2008. Negotiating actual and anticipated parental support: Multiple sibling voices in three-generation families[J]. Journal of aging studies, 22 (3): 229–238.

COX D, 1990. Intergenerational transfers and liquidity constraints[J]. The quarterly journal of economics, 105 (1): 187–217.

CURTIS C C, LUGAUER S, MARK N C, 2017. Demographics and aggregate household saving in Japan, China, and India[J]. Journal of macroeconomics, 51 (1): 175–191.

DAATLAND S O, VEENSTRA M, HERLOFSON K, 2012. Age and intergenerational attitudes in the family and the welfare state[J]. Advances in life course research, 17 (3): 133–144.

DAVIS E P, LI C, 2003. Demographics and financial asset prices in the major industrial economies [Z]. Brunel university economics and finance working papers.

DE JONG G F, 2000. Expectations, gender, and norms in migration decision-making[J]. Population studies, 54 (3): 307–319.

DE NARDI M, FRENCH E, JONES J B, 2016. Savings after retirement: a survey[J]. Annual review of economics, 8 (1): 177–204.

DEMIRGÜÇ-KUNT A, KLAPPER L F, PANOS G A, 2016. Saving for old age[Z]. World bank policy research working paper No.7693.

DEVANEY S A, ANONG S T, WHIRL S E, 2007. Household savings motives[J]. Journal of consumer affairs, 41 (1): 174–186.

DOUGLASS M, 2006. Global Householding in Pacific Asia[J]. International development Planning Review, 28 (4): 421–446.

DUFLO E, SAEZ E, 2003. The role of information and social interactions in retirement plan decisions: Evidence from a randomized experiment[J]. The Quarterly journal of economics, 118 (3): 815–842.

EHRLICH I, KIM J, 2007. Social security and demographic trends: Theory and evidence from the international experience[J]. Review of economic dynamics, 10 (1): 55–77.

EHRLICH I, LUI F T, 1991. Intergenerational trade, longevity, and economic growth[J]. Journal of political economy, 99 (5): 1029–1059.

ERMISCH J F, 2003. An economic analysis of the family[M]. Princeton, US: Princeton University press.

FAN J X, XIAO J J, XU Y, 1998. Student attitudes toward free markets: China and the United

States compared[J]. Social transition in China: 189-212.

FENGBO C, LUCAS H, BLOOM G, et al., 2016. Household structure, left-behind elderly, and rural migration in China[J]. Journal of agricultural and applied economics, 48 (3): 1-19.

FINGERMAN K L, CHENG Y P, BIRDITT K, et al., 2012. Only as happy as the least happy child: multiple grown children's problems and successes and middle-aged parents' well-being[J]. The journals of gerontology series B: Psychological sciences and social sciences, 67 (2): 184-193.

FINGERMAN K L, PITZER L M, CHAN W, et al., 2010. Who gets what and why? Help middle-aged adults provide to parents and grown children[J]. The Journals of gerontology series B: Psychological sciences and social sciences, 66B (1): 87 - 98.

FINKE M S, HOWE J S, HUSTON S J, 2017. Old age and the decline in financial literacy[J]. Management science, 63 (1): 213-230.

FOGLI A, 2000. Endogenous labor market rigidities and family ties[Z]. New York university working paper.

FRIED L P, 2016. Building a third demographic dividend: Strengthening intergenerational well-being in ways that deeply matter[J]. Public policy & aging report, 26 (3): 78-82.

FRIEDMAN M, 1957. A Theory of the Consumption Function[M]. Princeton, US: Princeton University press.

FULLER-THOMSON E, MINKLER M, 2000. African American grandparents raising grandchildren: A national profile of demographic and health characteristics[J]. Health & social work, 25 (2): 109-118.

FURSTENBERG JR F F, 2010. On a new schedule: Transitions to adulthood and family change[J]. The future of children, 20 (1): 67-87.

GALASSO V, 2006. The political future of social security in aging societies[M]. Cambridge, Massachusetts, US: MIT press.

GALLANI S, KRISHNAN R, WOOLDRIDGE J, 2015. Applications of fractional response model to the study of bounded dependent variables in accounting research[Z]. Harvard business school accounting & management unit working paper, 2015 (16-016).

GAUDECKER H VON M, 2015. How does household portfolio diversification vary with financial literacy and financial advice?[J]. The journal of finance, 70 (2): 489-507.

GLAZER A, KONDO H, 2014. Governmental transfers and altruistic private transfers[J]. Journal of population economics，28（2）：509–533.

GROSSBARD S，2014. A note on altruism and caregiving in the family：Do prices matter?[J]. Review of economics of the household，12（3）：487–491.

GROSSMAN S J，HART O D，1986. The costs and benefits of ownership：A theory of vertical and lateral integration[J]. Journal of political economy，94（4）：691–719.

GUISO L，HALIASSOS M，JAPPELLI T，2002. Household portfolios[M]. Cambridge，Massachusetts，US：MIT press.

HARON S A，SHARPE D L，ABDEL–GHANY M，et al.，2013. Moving up the savings hierarchy：Examining savings motives of older Malay muslim[J]. Journal of family and economic issues，34（3）：314–328.

HART O D，MOORE J，1990. Property rights and the nature of the firm[J]. Journal of political economy，98（6）：1119–1158.

HAYASHI F，ITO T，SLEMROD J，1988. Housing finance imperfections，taxation，and private saving：A comparative simulation analysis of the United States and Japan[J]. Journal of the Japanese and international economies，2（3）：215–238.

HEATON J，LUCAS D，2000. Portfolio choice in the presence of background risk[J]. The economic journal，110（460）：1–26.

HILGERT M A，HOGARTH J M，BEVERLY S G，2003. Household financial management：The connection between knowledge and behavior[Z]. Federal reserve bulletin No.89.

HIRST M，2005. Carer distress：A prospective，population–based study[J]. Social science & medicine，61（3）：697–708.

HJÄLM A，2012. "Because we know our limits"：Elderly parents' views on intergenerational proximity and intimacy[J]. Journal of aging studies，26（3）：296–308.

HO C，2015. Grandchild care，intergenerational transfers，and grandparents' labor supply[J]. Review of economics of the household，13（2）：359–384.

HORIOKA C Y，WATANABE W，1997. Why do people save? A micro–analysis of motives for household saving in Japan[J]. The economic journal，107（442）：537–552.

HORIOKA C Y，2010. Aging and saving in Asia[J]. Pacific economic review，15（1）：46–55.

HORN J L，CATTELL R B，1967. Age differences in fluid and crystallized intelligence[J]. Acta psychologica，26（1）：107–129.

HSEE C K, WEBER E U, 1999. Cross-national differences in risk preference and lay predictions[J]. Journal of behavioral decision making, 12 (1) :165 - 179.

HSU J W, WILLIS R, 2013. Dementia risk and financial decision making by older households: The impact of information[J]. Journal of human capital, 7 (4): 340–377.

HULLEY H, MCKIBBIN R, PEDERSEN A, et al., 2012. Means-tested income support, portfolio choice and decumulation in retirement[J]. Economic record, 89 (284) :31 - 52.

HURD M D, 1987. Savings of the elderly and desired bequests[J]. American economic review, 77 (3): 298–312.

HURD M D, 2001. Portfolio holdings of the elderly[M]// Household portfolios. Cambridge, Massachusetts, US: MIT press: 431–472.

IGARASHI H, HOOKER K, COEHLO D P, et al., 2013. My nest is full: Intergenerational relationships at midlife[J]. Journal of aging studies, 27 (2): 102–112.

INGERSOLL-DAYTON B, NEAL M B, HA J, et al., 2003. Redressing inequity in parent care among siblings[J]. Journal of marriage and family, 65 (1): 201–212.

IWAISAKO T, ONO A, SAITO A, et al., 2016. Impact of population aging on household savings and portfolio choice in Japan[Z]. Institute of economic research at Hitotsubashi University working paper.

JOHAR M, MARUYAMA S, NAKAMURA S, 2015. Reciprocity in the formation of intergenerational coresidence[J]. Journal of family and economic issues, 36 (2): 192–209.

KAPLAN G, 2012. Moving back home: Insurance against labor market risk[J]. Journal of political economy, 120 (3): 446–512.

KATONA G, 1975. Psychological economics[M]. New York, US: Elsevier.

KELLEY A C, SCHMIDT R M, 1996. Saving, dependency and development[J]. Journal of population economics, 9 (4): 365–386.

KEYNES J M, 1936. The general theory of employment, interest and money[M]. London, UK: Macmillan.

KHODYAKOV D, CARR D, 2009. The impact of late-life parental death on adult sibling relationships: Do parents' advance directives help or hurt?[J]. Research on aging, 31 (5) :495–519.

KLIMAVICIUTE J, PERELMAN S, PESTIEAU P, et al., 2017. Caring for dependent parents: Altruism, exchange or family norm?[J]. Journal of population economics, forthcoming: 1–39.

KOGOVSEK M, KOGOVSEK M, 2013. Retaining mature knowledge workers: The quest for human capital investments[J]. Procedia-social and behavioral sciences, 106 (1): 2280-2288.

KOHLER M, CONNOLLY E, SMITH K, 2004. The composition and distribution of household assets and liabilities: Evidence from the 2002 HILDA survey[J]. Reserve bank of australia bulletin, April: 1-11.

KORNIOTIS G M, KUMAR A, 2011. Do older investors make better investment decisions?[J]. The review of economics and statistics, 93 (1): 244-265.

LAI N M S, TUNG A C, 2015. Who supports the elderly? The changing economic lifecycle reallocation in Taiwan, 1985 and 2005[J]. The journal of the economics of ageing, 5: 63-68.

LEE R, MASON A, 2006. What is the demographic dividend[J]. Finance & development, 43 (3): 16-17.

LEFF N H, 1969. Dependency rates and savings rates[J]. American economic review, 59 (5): 886-896.

LEOPOLD T, RAAB M, 2013. The temporal structure of intergenerational exchange: A within-family analysis of parent–child reciprocity[J]. Journal of aging studies, 27 (3): 252-263.

LI H, ZHANG J, ZHANG J, 2007. Effects of longevity and dependency rates on saving and growth: Evidence from a panel of cross countries[J]. Journal of development economics, 84 (1): 138-154.

LIN J P, YI C C, 2013. A comparative analysis of intergenerational relations in East Asia[J]. International sociology, 28 (3): 297-315.

LIN Z, PEI X, 2016. Intergenerational exchange of resources and elderly support in rural China[J]. The international journal of aging and human development, 83 (2): 108-127.

LIU H, 2014. The quality–quantity trade-off: evidence from the relaxation of China's one-child policy[J]. Journal of population economics, 27 (2): 565-602.

LIU J, 2014. Ageing, migration and familial support in rural China[J]. Geoforum, 51: 305-312.

LIU J, 2016. Ageing in rural China: Migration and care circulation[J]. The journal of Chinese sociology, 3 (1): 1-19.

LOVE D A, PALUMBO M G, SMITH P A, 2009. The trajectory of wealth in retirement[J]. Journal of public economics, 93 (1): 191-208.

LU N, XU L, LOU V W Q, et al., 2016. Intergenerational relationships and the trajectory of depressive symptoms among older Chinese adults in rural migrant families[J]. Aging & mental health, 20: 1-8.

LUSARDI A, MITCHELL O S, 2007. Baby boomer retirement security: The roles of planning, financial literacy, and housing wealth[J]. Journal of monetary economics, 54 (1): 205-224.

LUSARDI A, MITCHELL O S, 2014. The economic importance of financial literacy: Theory and evidence[J]. Journal of economic literature, 52 (1): 5-44.

LUSARDI A, MITCHELL O S, CURTO V, 2014. Financial literacy and financial sophistication in the older population[J]. Journal of pension economics and finance, 13 (4): 347-366.

MAESTAS N, MULLEN K J, POWELL D, 2016. The effect of population aging on economic growth, the labor force and productivity[Z]. National bureau of economic research No. w22016.

MAHRINGER H, ZULEHNER C, 2015. Child-care costs and mothers' employment rates: an empirical analysis for Austria[J]. Review of economics of the household, 13 (4): 837-870.

MALISZEWSKA M, AHMED S A, CRUZ M, et al., 2016. Cashing in the demographic dividend [C]. Global trade analysis project annual meeting, 2016.

MCELROY M B, 1985. The joint determination of household membership and market work: The case of young men[J]. Journal of labor economics, 3 (3): 293-316.

MCNAMARA T K, GONZALES E, 2011. Volunteer transitions among older adults: The role of human, social, and cultural capital in later life[J]. The journals of gerontology series B: Psychological sciences and social sciences, 66 (4): 490-501.

MODIGLIANI F, BRUMBERG R, 1954. Utility analysis and the consumption function: An interpretation of cross-section data[A]// Post Keynesian economics. New Brunswick, US: Rutgers University press: 388-436.

MODIGLIANI F, CAO S L, 2004. The Chinese saving puzzle and the life-cycle hypothesis[J]. Journal of economic literature, 42 (1): 145-170.

MOLINA J A, 2014. Altruism and monetary transfers in the household: inter-and intra-generation issues[J]. Review of economics of the household, 12 (3): 407-410.

MONTÉN A, THUM M, 2010. Ageing municipalities, gerontocracy and fiscal competition[J]. European journal of political economy, 26 (2): 235-247.

MORRISSEY T W, 2017. Child care and parent labor force participation: A review of the research literature[J]. Review of economics of the household, 15 (1): 1-24.

MORTENSEN J, SPIESS C K, SCHNEIDER T, et al., 2004. Health care and female employment: A potential conflict?[Z]. European network of economic policy research institutes.

MU R, DE BRAUW A, 2015. Migration and young child nutrition: Evidence from rural China[J]. Journal of population economics, 28 (3): 631-657.

MU R, VAN DE WALLE D, 2011. Left behind to farm? Women's labor re-allocation in rural China [J]. Labour economics, 18 (s1): S83-S97.

MULLIGAN C B, SALA-I-MARTIN X, 2003. Social security, retirement, and the single-mindedness of the electorate[Z]. National bureau of economic research working paper No.9691.

MUNSHI K, ROSENZWEIG M, 2016. Networks and misallocation: Insurance, migration, and the rural-urban wage gap[J]. The american economic review, 106 (1): 46-98.

ORB A, DAVEY M, 2005. Grandparents parenting their grandchildren[J]. Australasian journal on ageing, 24 (3): 162-168.

PAPKE L E, WOOLDRIDGE J M, 1996. Econometric methods for fractional response variables with an application to 401 (k) plan participation rates[J]. Journal of applied econometrics, 11 (6): 619-632.

PAPKE L E, WOOLDRIDGE J M, 2008. Panel data methods for fractional response variables with an application to test pass rates[J]. Journal of econometrics, 145 (1): 121-133.

PESTIEAU P, CANTA C, 2014. Long-Term care insurance and family[J]. BE journal of economic analysis & policy, 14 (2):401‐428.

POLLAK R A, 1985. A transaction cost approach to families and households[J]. Journal of economic literature, 23 (2): 581-608.

POTERBA J, 2004. The impact of population aging on financial markets[Z]. National bureau of economic research working paper No. w12004.

POTERBA J, VENTI S, WISE D A, 2013. Health, education, and the postretirement evolution of household assets[J]. Journal of human capital, 7 (4): 297-339.

POTERBA J M, 2014. Retirement security in an aging population[J]. American economic review, 104 (5): 1-30.

POTERBA J M, SAMWICK A A, 2001. Household portfolio allocation over the life cycle[A]// Aging issues in the United States and Japan. Chicago, US: University of Chicago press: 65-104.

PRICE K A, TINKER A M, 2014. Creativity in later life[J]. Maturitas, 78 (4): 281-286.

PROFETA P, 2002. Retirement and social security in a probabilistic voting model[J]. International tax and public finance, 9 (4): 331–348.

RANGEL A, 2003. Forward and backward intergenerational goods: Why is social security good for the environment?[J]. American economic review, 93 (3): 813–834.

ROSEN S, 1986. The theory of equalizing differences[M]// Handbook of labor economics 1. Amsterdam, The Netherlands: Elsevier 1986: 641–692.

ROSENZWEIG M R, ZHANG J, 2009. Do population control policies induce more human capital investment? Twins, birth weight and China's "one-child" policy[J]. The review of economic studies, 76 (3): 1149–1174.

SCHREIBER S, BEBLO M, 2016. Leisure and housing consumption after retirement: New evidence on the life-cycle hypothesis[Z]. SOEP Paper No.849.

SCHULTZ T P, 2005. Productive benefits of health: Evidence from low-income countries[Z]. Yale University economic growth center discussion paper No.903.

SCHULZ R, SHERWOOD P R, 2008. Physical and mental health effects of family caregiving[J]. Journal of social work education, 44 (s3): 105–113.

SEMYONOV M, LEWIN-EPSTEIN N, 2001. The impact of parental transfers on living standards of married children[J]. Social indicators research, 54 (2): 115–137.

SETTLES B H, ZHAO J, MANCINI K D, et al., 2009. Grandparents caring for their grandchildren: Emerging roles and exchanges in global perspectives[J]. Journal of comparative family studies, 40 (5): 827–848.

SHESHINSKI E, 2006. Longevity and aggregate savings[Z]. Centre of the study of rationality discussion paper No.519.

SIMPSON P A, GRELLER M M, STROH L K, 2002. Variations in human capital investment activity by age[J]. Journal of vocational behavior, 61 (1): 109–138.

SINAI T, SOULELES N S, 2007. Net worth and housing equity in retirement[Z]. National bureau of economic research No. w13693.

SMITH J P, MCARDLE J J, WILLIS R, 2010. Financial decision making and cognition in a family context[J]. The economic journal, 120 (548): F363–F380.

SØRENSEN R J, 2013. Does aging affect preferences for welfare spending? A study of peoples' spending preferences in 22 countries, 1985 - 2006[J]. European journal of political economy,

29 (1): 259-271.

SPICER A, STAVRUNOVA O, THORP S, 2016. How portfolios evolve after retirement: evidence from Australia[J]. Economic record, 92 (297): 241-267.

STEIN C H, ABRAHAM K M, BONAR E E, et al., 2011. Family ties in tough times: How young adults and their parents view the US economic crisis[J]. Journal of family psychology, 25 (3): 449.

SZINOVACZ M E, DAVEY A, 2007. Changes in adult child caregiver networks[J]. The gerontologist, 47 (3): 280-295.

TARLOW B J, WISNIEWSKI S R, BELLE S H, et al., 2004. Positive aspects of caregiving: Contributions of the REACH project to the development of new measures for Alzheimer's caregiving [J]. Research on aging, 26 (4): 429-453.

UNITED NATIONS, 2017. World population ageing 2017[R/OL]. http://www.un.org/en/development/ desa/population/publications/.

VAN DER GAAG N, BEER J, 2015. From demographic dividend to demographic burden: The impact of population ageing on economic growth in Europe[J]. Tijdschrift voor economische en sociale geografie, 106 (1) :94-109.

VAN HOUTVEN C H, COE N B, SKIRA M M, 2013. The effect of informal care on work and wages [J]. Journal of health economics, 32 (1): 240-252.

VELD-MERKOULOVA Y V, 2011. Investment horizon and portfolio choice of private investors[J]. International review of financial analysis, 20 (2): 68-75.

WANG W, LI Q, LIEN D, 2016. Human capital, political capital, and off-farm occupational choices in rural China[J]. International review of economics & finance, 42: 412-422.

WEI S J, ZHANG X, 2011. The competitive saving motive: Evidence from rising sex ratios and savings rates in China[J]. Journal of political economy, 119 (3): 511-564.

WOLFF J L, KASPER J D, 2006. Caregivers of frail elders: Updating a national profile[J]. The gerontologist, 46 (3): 344-356.

WU S, ASHER A, MEYRICKE R, et al., 2015. Age pensioner profiles: A longitudinal study of income, assets and decumulation[Z]. ARC centre of excellence in population ageing research working paper No. 2015/17.

XIAO J J, FAN J X, 2002. A comparison of saving motives of urban Chinese and American workers [J]. Family and consumer sciences research journal, 30 (4): 463-495.

XIAO J J，NORING F E，1994. Perceived saving motives and hierarchical financial needs[J]. Financial counseling and planning，5（1）：25–44.

YAARI M E，1965. Uncertain lifetime，life insurance，and the theory of the consumer[J]. The review of economic studies，32（2）：137–150.

YAO R，XIAO J J，LIAO L，2015. Effects of age on saving motives of Chinese Urban consumers[J]. Journal of family and economic issues，36（2）：224–238.

YOGO M，2016. Portfolio choice in retirement：Health risk and the demand for annuities，housing，and risky assets[J]. Journal of monetary economics，80（1）：17–34.

ZENG Z，XIE Y，2014. The effects of grandparents on children's schooling：Evidence from rural China[J]. Demography，51（2）：599–617.

ZHANG J，ZHANG J，2001. Longevity and economic growth in a dynastic family model with an annuity market[J]. Economics letters，72（2）：269–277.

ZHANG J，ZHANG J，LEE R，2001. Mortality decline and long-run economic growth[J]. Journal of public economics，80（3）：485–507.

ZHANG N，CHANDOLA T，BÉCARES L，et al.，2015. Intergenerational obligations：The paradox for left-behind boys by parental migration in rural China[Z]. CMIST working paper series.

ZHAO Y，1999. Leaving the countryside：Rural-to-urban migration decisions in China[J]. The american economic review，89（2）：281–286.

ZHU X，WHALLEY J，ZHAO X，2014. Intergenerational transfer，human capital and long-term growth in China under the one child policy[J]. Economic modelling，40（1）：275–283.

蔡昉，2009. 未来的人口红利——中国经济增长源泉的开拓[J]. 中国人口科学（1）：2–10.

蔡昉，2016. 认识中国经济减速的供给侧视角[J]. 经济学动态（4）：14–22.

陈皆明，1998. 投资与赡养——关于城市居民代际交换的因果分析[J]. 中国社会科学（6）：131–149.

陈璐，范红丽，赵娜，等，2016. 家庭老年照料对女性劳动就业的影响研究[J]. 经济研究（3）：176–189.

陈彦斌，郭豫媚，姚一旻，2014. 人口老龄化对中国高储蓄的影响[J]. 金融研究（1）：71–84.

陈游，2014. 中国社会老龄化背景下商业银行养老金融业务创新的机遇——借鉴美国经验[J]. 现代经济探讨（6）：69–73.

陈友华，2013. 社会变迁与老年文化重构[J]. 人口与发展，19（5）：78–88.

陈雨露，马勇，徐律，2014. 老龄化、金融杠杆与系统性风险[J]. 国际金融研究（9）：3-14.

陈志武，2013. 儒家文化、金融发展与家庭定位[J]. 社会科学论坛（7）：168-178.

崔之元，1996. 美国二十九个州公司法变革的理论背景[J]. 经济研究（4）：35-40，60.

邓峰，2009. 资本约束制度的进化和机制设计——以中美公司法的比较为核心[J]. 中国法学
　　（1）：99-109.

丁继红，应美玲，杜在超，2013. 我国农村家庭消费行为研究——基于健康风险与医疗保障视
　　角的分析[J]. 金融研究（10）：154-166.

董保华，2001. 社会法原论[M]. 北京：中国政法大学出版社.

董丽霞，赵文哲，2011. 人口结构与储蓄率：基于内生人口结构的研究[J]. 金融研究（3）：1-14.

董香书，肖翔，2016. 人口红利演变如何影响中国工业化[J]. 中国人口·资源与环境，26（9）：
　　20-27.

杜本峰，2007. 人口老龄化对金融市场的影响分析[J]. 经济问题（6）：111-113.

樊纲治，王宏扬，2015. 家庭人口结构与家庭商业人身保险需求——基于中国家庭金融调查
　　（CHFS）数据的实证研究[J]. 金融研究（7）：170-189.

范叙春，朱保华，2012. 预期寿命增长、年龄结构改变与我国国民储蓄[J]. 人口研究，36
　　（4）：18-28.

费孝通，1983. 家庭结构变动中的老年赡养问题——再论中国家庭结构的变动[J]. 北京大学学报
　　（哲学社会科学版），20（3）：7-16.

封铁英，高鑫，2013. 新农保政策主导下的农村养老方式选择偏好及其融合效应研究[J]. 经济社
　　会体制比较（6）：107-120.

冯果，2001. 论公司资本三原则理论的时代局限[J]. 中国法学（3）：16-25.

郭凯明，颜色，2016. 延迟退休年龄、代际收入转移与劳动力供给增长[J]. 经济研究（6）：
　　128-142.

郭凯明，张全升，龚六堂，2011. 公共政策、经济增长与不平等演化[J]. 经济研究（s2）：5-15.

郭庆旺，贾俊雪，赵志耘，2007. 中国传统文化信念、人力资本积累与家庭养老保障机制[J]. 经
　　济研究（8）：58-72.

何小勤，2013. 农业劳动力老龄化研究——基于浙江省农村的调查[J]. 人口与经济（2）：69-77.

贺菊煌，2003. 人口变动对经济的影响[J]. 数量经济技术经济研究，20（12）：1-6.

姜向群，刘妮娜，2014. 老年人长期照料模式选择的影响因素研究[J]. 人口学刊，36（1）：16-23.

蒋承，赵晓军，2009. 中国老年照料的机会成本研究[J]. 管理世界（10）：80-87.

解垩，2014. 中国老年人保障与代际间向上流动的私人转移支付——时间照料与经济帮助[J]. 世界经济文汇（5）：69-83.

康传坤，2012. 人口老龄化会阻碍城市化进程吗?——基于中国省级面板数据的实证研究[J]. 世界经济文汇（1）：91-105.

黎建飞，2012. 从雇佣契约到劳动契约的法理和制度变迁[J]. 中国法学（3）：103-114.

李超，2013. 我国劳动力短缺的结构性特征[N]. 中国社会科学报，2013-04-11（A06）.

李代，张春泥，2016. 外出还是留守?——农村夫妻外出安排的经验研究[J]. 社会学研究（5）：139-163.

李芬，风笑天，2016. 照料"第二个"孙子女?——城市老人的照顾意愿及其影响因素研究[J]. 人口与发展，22（4）：87-96.

李海峥等（中央财经大学中国人力资本与劳动经济研究中心），2016. 中国人力资本报告（2016）[R].

李海峥等（中央财经大学中国人力资本与劳动经济研究中心），2017. 中国人力资本报告（2017）[R].

李健元，孙刚，李刚，2011. 中美人口数量代际变化对中美股票市场和房地产市场的影响研究[J]. 管理世界（8）：171-172.

李金波，聂辉华，2011. 儒家孝道、经济增长与文明分岔[J]. 中国社会科学（6）：41-55.

李雄，2013. 我国劳动争议调解制度的理性检讨与改革前瞻[J]. 中国法学（4）：158-168.

刘柏惠，2014. 我国家庭中子女照料老人的机会成本——基于家庭动态调查数据的分析[J]. 人口学刊，36（5）：48-60.

刘昌平，邓大松，殷宝明，2008. "乡-城"人口迁移对中国城乡人口老龄化及养老保障的影响分析[J]. 经济评论（6）：31-38.

刘刚，2002. 企业的异质性假设——对企业本质和行为基础的演化论解释[J]. 中国社会科学（2）：56-68，206.

刘国斌，杜云昊，2015. 人口老龄化对县域经济的影响研究[J]. 人口学刊，37（2）：77-86.

刘铠豪，刘渝琳，2015. 破解中国高储蓄率之谜——来自人口年龄结构变化的解释[J]. 人口与经济（3）：43-56.

刘文，张琪，2017. 人口老龄化对人力资本投资的"倒U"影响效应——理论机制与中日韩比较研究[J]. 中国人口·资源与环境（11）：39-51.

刘永平，陆铭，2008a. 从家庭养老角度看老龄化的中国经济能否持续增长[J]. 世界经济，31

（1）：65-77.

刘永平，陆铭，2008b. 放松计划生育政策将如何影响经济增长——基于家庭养老视角的理论分析[J]. 经济学（季刊）（3）：1271-1300.

卢亚娟，Calum G Turvey，2014. 中国家庭风险资产持有的影响因素及城乡差异[J]. 财贸经济，35（9）：72-81.

陆旸，蔡昉，2016. 从人口红利到改革红利：基于中国潜在增长率的模拟[J]. 世界经济，39（1）：3-23.

罗培新，2006. 公司法学研究的法律经济学含义——以公司表决权规则为中心[J]. 法学研究（5）：44-57.

马俊驹，聂德宗，2000. 公司法人治理结构的当代发展——兼论我国公司法人治理结构的重构[J]. 法学研究（2）：78-90.

马俊驹，童列春，2008. 私法中身份的再发现[J]. 法学研究，30（5）：74-85.

马焱，李龙，2014. 照料老年父母对城镇已婚中青年女性就业的影响[J]. 人口与经济（2）：39-47.

毛毅，2012. 老龄化对储蓄和社会养老保障的影响研究[J]. 人口与经济（3）：91-99.

彭希哲，胡湛，2011. 公共政策视角下的中国人口老龄化[J]. 中国社会科学（3）：121-138.

彭希哲，胡湛，2015. 当代中国家庭变迁与家庭政策重构[J]. 中国社会科学（12）：113-132.

沈同仙，2012. 论完善我国不当解雇的法律救济措施[J]. 中国法学（6）：99-112.

石金群，2016. 转型期家庭代际关系流变：机制、逻辑与张力[J]. 社会学研究（6）：191-213.

石莹，赵建，2012. 人口老龄化、养老金市场发展与商业银行养老金业务策略[J]. 理论导刊（6）：65-69.

史际春，邓峰，1997. 合同的异化与异化的合同——关于经济合同的重新定位[J]. 法学研究（3）：38-51.

史晓丹，2013. 我国人口老龄化趋势对储蓄率的影响研究[J]. 南方经济，31（7）：56-63.

宋璐，李树茁，李亮，2008. 提供孙子女照料对农村老年人心理健康的影响研究[J]. 人口与发展，14（3）：10-18.

孙涛，黄少安，2010. 非正规制度影响下中国居民储蓄、消费和代际支持的实证研究——兼论儒家文化背景下养老制度安排的选择[J]. 经济研究（s1）：51-61.

孙新华，王艳霞，2013. 交换型代际关系：农村家际代际关系的新动向——对江汉平原农村的定性研究[J]. 民俗研究（1）：134-142.

童玉芬，2014. 人口老龄化过程中我国劳动力供给变化特点及面临的挑战[J]. 人口研究，38

（2）：52-60.

童玉芬，李玉梅，刘传奇，2014. 我国城镇化进程中的城乡人口老龄化趋势及政策启示[J]. 人口与经济（6）：12-21.

童玉芬，王静文，2018. 当前和今后一段时期我国的劳动力市场与就业形势[J]. 劳动经济评论，11（1）：1-16.

汪伟，2010. 计划生育政策的储蓄与增长效应：理论与中国的经验分析[J]. 经济研究（10）：63-77.

汪伟，2017. 人口老龄化、生育政策调整与中国经济增长[J]. 经济学（季刊）（1）：67-96.

汪伟，艾春荣，2015. 人口老龄化与中国储蓄率的动态演化[J]. 管理世界（6）：47-62.

王保树，2012. 公司法律形态结构改革的走向[J]. 中国法学（1）：106-116.

王德文，蔡昉，张学辉，2004. 人口转变的储蓄效应和增长效应——论中国增长可持续性的人口因素[J]. 人口研究，28（5）：2-11.

王金营，付秀彬，2006. 考虑人口年龄结构变动的中国消费函数计量分析——兼论中国人口老龄化对消费的影响[J]. 人口研究，30（1）：29-36.

王亚章，2016. 人口老龄化对宏观经济的影响——基于隔代抚养机制的考察[J]. 人口与发展（3）：13-23.

王跃生，2013. 中国城乡家庭结构变动分析—基于2010年人口普查数据[J]. 中国社会科学，2013（12）：60-77.

王跃生，2014. 中国城乡老年人居住的家庭类型研究——基于第六次人口普查数据的分析[J]. 中国人口科学（1）：20-32.

王跃生，2015. 当代家庭结构区域比较分析——以2010年人口普查数据为基础[J]. 人口与经济（1）：34-48.

闻翔，周潇，2007. 西方劳动过程理论与中国经验:一个批判性的述评[J]. 中国社会科学（3）：29-39.

吴义根，贾洪文，2012. 我国人口老龄化与金融资产需求结构的相关性分析[J]. 西北人口，33（2）：125-128.

舒尔茨，1990. 论人力资本投资［M］. 吴珠华，等，译. 北京：北京经济学院出版社.

夏淼，吴义根，2011. 人口老龄化与我国金融结构的变迁[J]. 西北人口，32（2）：124-128.

谢鸿飞，2013. 民法典与特别民法关系的建构[J]. 中国社会科学（2）：98-116，206.

谢宇，胡婧炜，张春泥，2014. 中国家庭追踪调查：理念与实践[J]. 社会，34（2）：1-32.

徐国栋，2011.论民事屈从关系——以菲尔麦命题为中心[J].中国法学（5）：159-175.

徐强胜，2008.企业形态的法经济学分析[J].法学研究（1）：30-39.

徐显明，1992.生存权论[J].中国社会科学（5）：39-56.

杨菊华，何炤华，2014.社会转型过程中家庭的变迁与延续[J].人口研究，38（2）：36-51.

游士兵，任静儒，赵雨，2016.我国人口老龄化加速发展对城市化发展速度的影响[J].中国人口·资源与环境，26（6）：169-176.

余静文，梁润，王勋，2014.金融抑制背后的人口年龄结构因素——基于跨国数据的经验研究[J].金融研究（2）：1-15.

俞宪忠，2013.家庭人力资本投资与劳动力代际权益配置[J].浙江学刊（5）：171-177.

袁磊，2015.人口变动、劳动参与率演进与劳动力供给发展[J].劳动经济评论，8（2）：28-43.

袁志刚，宋铮，2000.人口年龄结构、养老保险制度与最优储蓄率[J].经济研究（11）：24-32.

袁志刚，余静文，2014.中国人口结构变动趋势倒逼金融模式转型[J].学术月刊（10）：55-65.

曾毅，陈华帅，王正联，2012.21世纪上半叶老年家庭照料需求成本变动趋势分析[J].经济研究（10）：134-149.

张川川，John Giles，赵耀辉，2014.新型农村社会养老保险政策效果评估——收入、贫困、消费、主观福利和劳动供给[J].经济学（季刊）（10）：203-230.

张克中，江求川，2013.老龄化、退休与消费——中国存在"退休-消费之谜"吗?[J].人口与经济（5）：10-18.

郑妍妍，李磊，刘斌，2013."少子化""老龄化"对我国城镇家庭消费与产出的影响[J].人口与经济（6）：19-29.

周晶，韩央迪，Weiyu Mao，等，2016.照料孙子女的经历对农村老年人生理健康的影响[J].中国农村经济（7）：81-96.

周其仁，1996.市场里的企业:一个人力资本与非人力资本的特别合约[J].经济研究（6）：71-80.

周祝平，刘海斌，2016.人口老龄化对劳动力参与率的影响[J].人口研究，40（3）：58-70.

朱勤，魏涛远，2016.中国人口老龄化与城镇化对未来居民消费的影响分析[J].人口研究，40（6）：62-75.